U0580035

柳田国男文集

王 京 主编

关于婚姻

[日]柳田国男 著

史 歌 译

こんいんのはなし

北京师范大学出版集团
BEIJING NORMAL UNIVERSITY PUBLISHING GROUP
北京师范大学出版社

体例

1. 本丛书中，原文民俗词汇以日文假名书写时全部以日语罗马字表示。

2. 为尽量接近日语原来的发音，用日语罗马字表示时采用"黑本式"注音方式，与键盘输入时使用的"训令式"相比，以下假名较为特殊：し shi、ち chi、つ tsu、ふ fu、じ ji、しゃ sha、しゅ shu、しょ sho、ちゃ cha、ちゅ chu、ちょ cho、じゃ ja、じゅ ju、じょ jo。

3. 拨音ん n、促音为子音双写（如にっき nikki），长音不加 u（如とうきょう tokyo）。

4. 作助词时はwa、へe、をwo。

5. 原文中的旧假名写法，改为新假名写法后注音，如なほらひ naorai。

6. 单词中分节较为明确时，适当采取空格的形式分段，避免日语罗马字表音过长，如"yaki meshi（烧饭）"。

7. 本丛书中，原文民俗词汇使用汉字时全部以简体字表示。

8. 本丛书中，原文中有特殊意义的词语、民俗词汇、引用内容，均以引号标注。

9. 本丛书中，所有的脚注均为译者注，不再另外标明。另为柳田国男原注的，在正文中用"1""2""3"等标明。

10. 本丛书中出现的日本历史时代及分期(如江户、中世等)与公历纪年的对应关系，请参照书后的附录一。

11. 本丛书中出现的日本古国名及其略称(如萨摩、信州等)与现代都道府县的对应关系，请参照书后的附录二。

王　京

中文版序

　　柳田国男在日本可谓家喻户晓，不仅作为历史人物被记录，出现在历史书上，而且也是鲜活的存在，向我们提示着思考现代社会的视点、框架与方法。他关注日本社会与文化的历史，开拓了民俗学这门崭新的学问，在长达半个世纪的学术活动中，留下了数目浩繁的论著。这些研究将从未被思考、也从未被知晓的普通人生活文化的历史呈现在我们眼前，人们对日本社会及文化的认识也为之一新。如今，在思考日本的社会与文化时，从柳田的著作中学习已是必不可少的一个步骤。不仅在日本国内如此，对于世界各地的日本研究者而言，这也已成为基本的方法。

　　世界各地凡是懂得日语、可以阅读日语书籍的日本研究者，毫无疑问，都是柳田国男著作的读者。而无法阅读日语的人们，则缺少接触和了解柳田国男的机会。柳田的文章文体甚为独特，被翻译成他国语言的难度很大，所以，尝试翻译者众多，但实际出版者寥寥。包括英语在内，译为各国语言公开发行的柳田著作，数量并不多，且翻译对象又往往限定于极少的几本著作；中文世界的情况也同样如此。至今，除了日语以外，尚没有以其他语言刊行，并能够帮助理解柳田学问整体面貌的著作集问世。本次出版的"柳田国男文集"（以下简称"文集"）在此方面是一次有益的尝试，可谓意义深远。

1875 年，柳田国男出生于西日本中心城市大坂（今大阪）以西约 70 千米的农村地区。旧时的交通要道由此通过，略有一些"町场"（城镇）的气氛。柳田的父亲并非农民，而是居住于农村的知识分子，靠在私塾教授汉学为生。家中贫苦，生活也不稳定。柳田国男排行第六，有好几个哥哥，大都勤奋读书，之后赴东京继续求学。大哥成为医生后没有回乡，而是在东京西北 40 多千米的农村地区开业行医。柳田小学毕业之后就来到大哥身边，受其照顾。柳田从小生长的故乡与后来移居的地方虽然都是农村，但无论景观还是人们的生活，都迥然不同。这一体验，对他日后的学问形成产生了巨大的影响。

随后柳田来到东京，进入社会精英的摇篮——东京帝国大学，在相当于今天法学部的地方学习，专业是农政学。1900 年，柳田和当时东京帝国大学的大多数毕业生一样，成了明治政府的一名官员，最初供职于农商务省农务局。1908 年，柳田因公前往九州地区，进行了为期 2 个月的巡视。在此期间，他探访了深山之中的地区，接触到还在进行刀耕火种和狩猎的村落，感到惊讶，也深为感动。当时日本农业政策的主要对象是在平原地区种植稻米的农民，柳田得知在此之外，还有立足不同的生产劳动，有着不同文化背景的人们时，产生了浓厚的兴趣。这是他迈向民俗学的第一步。之后，柳田白天作为官员任职于政府部门，晚上及休假时间则研究深山之中的"山人"的生活文化，发表了一系列文章。1919 年，柳田辞去了官职。

1929 年 10 月开始的世界经济危机首先在美国爆发，不久就挟着巨大的破坏力席卷了日本。城市中工厂的工人大量失业，纷纷回到家乡农村。而承受着沉重经济打击的农村，还要接收这些归乡者，状况更为悲惨。面对农村的惨状，柳田以回答"农民因何而贫"作为最重要的课题，开始了新的研究，确立了之后被称为"经世济民之学"的民俗学。其研究对象不再是居于深山的人们，而是生活在日本列岛的占人口大多数的农民。他将作为民俗承担者的、以稻米种植为生活基础的农民称为"常民"。为了调查常民的生活文化，弄清常民的历史，柳田对包括家庭与生产劳动、衣食住行、婚丧嫁娶、节日与信仰等在内的常民生活的各个方面展开了研究，并探索和树立了与之相应的研究方法。

1945 年，日本战败，开始建设新社会。柳田认识到第二次世界大战后日本人自我认识的重要性，大力推动这方面的研究。柳田提出了"海上之路"这一假说，主张日本人的祖先是从冲绳出发，乘着"黑潮"（日本暖流）沿岛北上，最后扩散到日本列岛各处的。柳田逝于 1962 年 8 月 8 日。在民俗学领域的长期开拓，以及从历史维度理解日本社会及文化的不懈努力，凝结成其身后庞大的著述。伴随着上述使命感的变化，其民俗学著作的涉及面也甚广。本"文集"是从柳田国男卷帙浩繁的著述中精选了有助理解日本社会及文化的不可或缺的篇目而成。相信读者若能将本"文集"置于左右，必要时阅读或参照，一定能对柳田有深入的理解。

在阅读柳田著作时需要注意以下几个问题。

柳田民俗学，是收集与比较日本各地现行或尚有传承的民俗现象，通过它们之间的差异来阐明历史变迁过程的比较研究。比较研究虽然是所有学问均会采用的方法，但柳田的比较研究在将变迁过程作为其结果这一点上较为特殊。柳田将这种具有限定性的比较研究法称为"重出立证法"。比较的标准是地区差异，其假说是离中央较近处的民俗较新，距离中央越远处的民俗较古老，即新文化产生于中央，并向四面八方扩散，因为到离中央较远处需要花费较长时间，抵达较迟，所以古老的状态被保留在了远方，这便是"周圈论"。在柳田的著作中，常常会列举大量日本列岛各地的类似事例，甚至令人颇感倦烦。但各地事例之间的相同及不同之处，正是他导出答案的线索，也是其研究不可或缺的步骤。

在提示各地的民俗之时，柳田十分重视指示这一现象或事物的词语。日语虽然是与中文完全不同的语言，但一直以来，有着使用学自中国的汉字来表记现象或事物的传统。一般而言，人们也习惯从汉字入手来理解词语的含义。但柳田重视的并非汉字。他认为，通过外来的汉字及其意思是无法理解日本普通民众生活背后的文化的，因此非常重视这些词语的日语发音。他将各地表现民俗现象及事物的日语称为"民俗词汇"，以记录和比较日本各地的民俗词汇为基本方法。以语言为切入点进行比较研究是柳田民俗学的一大特色。但正因为柳田运用了这种方法，从而使将他的著作介绍到世界的工作变得十分困难。本次中文版"文集"的出版，翻译工作中最大的难关正在于此。承担翻译任务的译者们想方设法地使日本的民俗词汇在中文语境中能够得以体现。读者阅读时或许觉得文章记述颇有烦冗之处，其原因也在于此。

中文版"文集"得以刊行的首要意义在于可以通过这些著作增进读者对日本社会及文化的理解；能够凭借遍布日本列岛的日常生活

文化的种种内容，帮助读者理解日本人的生活文化。作为知识分子的思想家或文学家笔下的日本，往往容易偏于表面，而柳田民俗学则试图从内部把握日本人的生活，是一种内在理解。这种理解并不停留于表面，而是潜入日本人的内心，关注他们的意识、观念，以及作为其外在表现的行为、态度，并将这些与作为其结果的秩序与制度综合起来，从而诠释日本社会、日本文化的内涵。读者通过阅读柳田的著作，一定能够了解日本社会及文化的特色，同时也注意到与中国社会、文化的不同。

第二个意义在于读者可以通过对柳田民俗学方法的理解和批判性讨论，获得重新思考中国同类学问的方法论的契机。民俗学形成于 19 世纪的欧洲，之后传播到世界各地，在各自国家和地区都经历了一条充满个性的发展道路。中国也形成了具有中国特色的民俗学，与同样受到欧洲影响的柳田民俗学可谓大相径庭。在加强各自特色、谋求学问的深化与发展之际，参照或批判性地思考其他国家和地区的民俗学，充分吸收其成果，借以充实自身的学问内容，是不可欠缺的工作。中文版"文集"的出版，为之奠定了基础。可以说，中文版"文集"的出版，使得对柳田民俗学乃至日本民俗学理论及方法论的批判性讨论成为可能。本"文集"必将对中国民俗学的进一步发展做出重要贡献。

最后，请允许我作为日本的一名民俗学者，衷心地感谢勇敢挑战这一困难重重的翻译工作并出色完成任务的译者们；同时，向积极策划、出版本"文集"的北京师范大学出版社致以崇高的敬意。真切希望本"文集"能够拥有广大受众，得到大家的喜爱！

福田亚细男

2018 年 2 月

目录

序 ／1

"拥有家庭"这件事 ／6

膝下无子与子孙绕膝 ／19

女性的生计 ／45

"yobai"的衰颓 ／63

锦木与游山 ／83

"出女"与"出女房" ／100

"抢媳妇" ／129

"媒人"以及这个社会 ／167

婚礼的起源 ／216

"婿入"考 ／247

附录一　日本历史时代及分期　／ 327

附录二　日本古国名及其略称与都道府县对应表　／ 329

序

　　在《关于婚姻》的十篇小文中，最后一篇《"婿入"考》①是先于其他几篇撰写的。距现在大约二十多年前，也就是昭和三年（1928）春天的史学会大会上，我将其作为一个新的想法提出来并做了报告。之后，我在发言稿的基础上进行了些许增补，文章有幸被收录于三宅米吉②先生的古稀纪念论文集中。或许是因为"'婿入'考"这个题目过于标新立异，这篇文章在同行中颇受关注，我也常常被人劝说将其付梓。但该文分量不足，自己也才学有限，故颇感惶恐，便在懒散中荒废了许多时日。

---

　　①　关于"婿入り"一词的译法已有"招婿""入赘"等，但均受中文已有概念的影响，不能准确地表述出日文"婿入り"作为一种婚姻方式的内在含义。为了避免误解，本书中将"婿入り"按照日文汉字译出，与后文的"嫁入"相对照，希望读者能够在文脉中体会"婿入り"的真正含义。

　　②　三宅米吉（1860—1929），明治至昭和时代的日本历史学家、教育家。

没承想，《"婿入"考》的撰写却成为一个契机，使我更多地注意到这个方面的民间传承，相关资料也层出不穷。我对这些资料进行了分类整理和比较研究，最初是以"常民婚姻史料"为标题在某本杂志上连载，十几年前，我又与大间知笃三君①一起整理出《婚姻习俗语汇》一卷并公开出版。因为出版册数很少，如今已难以寻得。但现在接近两倍数量的增补版已在筹备之中，我也在期待着出版界尽快重回正常的运行轨道②。

　　在进行上述婚姻习俗词汇的分类整理的过程中，我不由自主地对某些话题产生了兴趣，一直想要尝试着写下一些拙见，却饱受拖延症困扰，久久未能实现。后来我突然觉得必须要下笔写些什么，于是笔耕不辍，仅花费一年时间就得以完成。这便是《"婿入"考》以外的九篇文章。我的动力究竟何在，恐怕还要靠读者们自己从这本书中品读发现。作为本书的作者，我想要事先说明的是，我不讲没有铁证的捕风捉影之理，但同时我认为有些事实通过在不久的将来出现的词汇就可以被佐证，于是我想要尽量避免烦琐冗长的列举，

---

　　①　大间知笃三（1900—1970），日本的民俗学者。

　　②　柳田撰写这本书的时间在昭和二十一年（1946）前后，正值日本战败之时。战争使出版界受到重创，战后的日本百废待兴，故此处提到期待出版界重回正轨。

或者说，我仅仅是轻松愉快且简单扼要地陈述了一些自己的"感想"而已。因此，或许有人会批评我的这一研究作为学问不成体统，然而我却不以为然。因为我拥有比各位学富五车的大咖更为重要的读者，我定会在不做无稽之谈的前提下，尽可能地"取悦"他们。

此外，本书的许多话题都是相互关联的。如若按照顺序依次论述，则每次都要重复同样的论点。我也曾尝试着就其中一个论点详细论述而其他则一笔带过，后来却发现仅有几个非常重要的论点被提到过两次左右。所以，详细列举虽然会让文章变得冗长，却也不失为一个好的方法。二十年前完成的《"婿入"考》略有欠缺，很多地方是后来才补充了论据，但立论从根本上站得住脚，并且能够让我这个老朽一吐为快，对我来说也算是个意外的收获。因此我乐观地认为，或许不少读者不必绞尽脑汁、冥思苦想，也能轻松地完成本书的阅读。

为本书起一个什么样的标题，这个问题着实困扰了我很久。"未婚者读本"听起来个性十足，但有些过于露骨，而且与我著书的本意相去甚远。虽然我设定的目标读者确实是未婚者，但同时，我希望那些对年轻人的婚后生活牵肠挂肚的长辈们，也能够对本书抱有些许的热情。受众局限于某个特定群体的话，显然有助于集中、深入地探讨男女之间的问题。但我丝毫没有将本书写成一本"闺中秘术"的意图，恰恰相反，我认为现在正是让这个话题登上大雅之堂，在光天化日之下供人品论的时候。父母子女、兄弟姐妹能够在同一屋檐下放声朗读，这才是我们的磊落应该到达的程度。一部分"风流倜傥"之辈或许会觉得这简直是隔靴搔痒，而他们自以为是的大男子主义观点也丝毫无助于对未来的婚姻问题的研究。因此对于这类读者，我选择置之不理。

按照当初的计划，本书中应该还有更多的章节和话题。例如，作为"嫁入"①方式的"ashiire""hashidori""ikimatagi"，拥有古老历史的"mukokakushi"和"yomemagirakashi"②，以及"muko no kuinige"③和"hiza tatenaoshi"④等分布于全国各地的奇特习俗无时无刻不在撩动

---

① "嫁入"婚与"婿入"婚曾是日本的两种婚姻方式。"嫁入"指的是婚后生活以在男方家为主的婚姻，以及与之伴随的一系列以此为中心的习俗；"婿入"原本与"嫁入"相反，但是在日本婚姻制度的演变过程中，出现了许多并未严格遵循此种形式的现象，因此不能一概而论。关于"嫁入"与"婿入"的一系列问题，正文中均有详细的论述，此处不再赘述。

② "yomemagirakashi"日文原文为"嫁まぎらし"，"magirashi"是"蒙混过关、掩饰过去"的意思。该词指的是在娶亲时为了守护新娘作为女性的矜持而不让新郎能够轻易接近新娘的做法。

③ "muko no kuinige"日文原文为"婿の食い逃げ"，也写作"婿逃げ""婿の尻逃げ"，指的是新郎在初次"婿入"的宴席中途默默逃脱的风俗。与后文中出现的"婿の尻逃げ"同义。

④ 上述未加注的罗马字表记会在后文中出现，为了让读者更直观地理解它们的意思，请参照后文中的注解。

着我的研究欲望。但以上习俗的来由我未能彻底弄清，因此也就只好暂且将它们束之高阁了。以上习俗不仅作为民俗学领域的课题有着深刻的意义，也是未来开展研究的重要线索，其学术价值绝不逊于本书中已经涉及的话题。然而目前能够达到的这种程度的阐述对于实际的政策参考来说并无太大作用。我相信，今后不断涌现的学问新秀定能开拓这一研究沃野，收获新的硕果，学术研究将前途无量。

柳田国男

"拥有家庭"这件事

　　有越来越多的人认为，自然与人生时而相生，时而相克。为何人们会有此看法？人世间沧海桑田，草木却繁茂依旧。纵然是有人吟唱"国破山河在"，更有人感慨吾辈岂非笑对世间烦恼？因此，人们总是情不自禁地对自然与人生的关系产生那样的想法。但或许另有原因。长久以来，对于提高自己的悟性从而能够将人生视为自然现象的一个片段这件事，我们已经懈怠了。

　　怎样的生活才称得上是生活的本来面目？迄今为止，有令人眼花缭乱的各色说法。统一概括的工作极尽烦琐，因此我们一直都在试图回避。然而冷静来看的话，会发现自然本身也处在发展变化中。有时，受到内力和外力的共同影响，一些应该改变的部分终究无法保持不变。进一步讲，我们可以认为企图退回本来的状态并非自然之道。毋庸置疑，处境与经历完全相异的事物之中是不可能存在一个所谓"范本"的。

究竟什么状态才是我们的"本来"状态，恐怕只能千辛万苦探寻一番吧。

经过此次尝试，日本人的预言能力被打了个零分。如今，人们仍然会期盼可期之事，然而经过这次打击，已经很难相信那些事情并非南柯一梦。但即使这样，也无法坐视不管。因为某些问题必须当下立即解决，迈出的第一步将决定整体的方向，一旦开始就无法改变或重来。其中，如何使本国的语言得以传承、让新的爱国之心得以发扬、让前代生活的鉴赏方式得以延续等问题便是如此。但是，另有一些更为棘手的问题。这些问题容易被人们忽视，或者被认为会"不治而愈"。民俗学在二十年前就开始着手解决却至今还没有结论的、有关婚姻制度基础的问题便是其中之一。像这样大量社会因素盘根错节，乍一看仿佛能够轻易地各自得到解决，在面临世事变化的转折点时尤其会产生重要影响的问题实属罕见。虽说是"制度"，却难以仅受"法令"的左右，每个个体亟须了解的新的事实大量存在，而对这些事实的无知则会大大拖后问题的解决进度。如今，幸运的是还未有人信口开河，我们可以尽可能多地搜集参考资料。然而我认为，与其关注与我们相隔甚远的战胜国①的先例，

---

① 此文写于 1946 年，正值第二次世界大战结束不久。结合上下文，这里的"战胜国"应该指的是英国、美国等西方国家。

不如从身边自然界的古老形态入手更为稳妥。这同时也是熬过眼下的艰难时节、获得平静生活的一条必经之路吧。

一

从我现在居住的小山丘远眺，入目的是甲州和相州的绵绵群山。最近，随处可闻黄莺高亢嘹亮的歌声，从不停歇。人们注意到，这些鸟儿在梅花盛开的时节里曾到我们的小院中做客，而此前持续了半月左右的啁啾低鸣突然转变为昂扬春歌，于是城里人都认为这里便是黄莺的生活舞台，并将后山峡谷间传出的鸟鸣声称为"流莺之声"。然而事实上，它们一生中最重要的工作是飞入群山之后才开始的。凡是时常造访深山的人们无一不知，在鸟儿清脆的鸣叫声响起的地方一定有黄莺的巢穴。在鸟类中，自然有雌鸟和雄鸟分工合作，有的负责给鸟蛋保温，有的则负责搬运食物；或者雌鸟负责守家，雄鸟则负责觅食等。但仍有不少人认为有少数几种鸟类是雄鸟全然不顾雌鸟的劳苦，每天只沉溺于"吟诗作赋"的，其中就包括黄莺。然而我们只要认真倾听那歌声便能理解，这也是某种意义上的分工合作，而不是不负责任的行为。也就是说，它们正用自己的歌声竭尽全力对外宣称：这里是我们的家。

由于黄莺会一直死守自己的一亩三分地，因此我从未见过它们之间爆发"战争"。也许它们之间根本就没有必要打仗，因为同类们大都不愿意与自己的伙伴分享同一个山谷。但偶尔它们的判断也会失误。有时偏巧有足够的空间能够容纳两个以上家庭，因此那些叫声听起来仿佛只是毫无意义的精神亢奋。但毫无疑问的是，它们想要保持舒适的距离、营造安静的家庭氛围这一共同愿望，正是通过嘹亮的歌声得以实现的。

据说在木曾，一处山谷必定只有一对知更鸟栖息。也就是说，知更鸟的鸣叫声在山谷中响起时，是不会有其他同类前往筑巢的。云雀、棕扇尾莺等也很少有相邻的巢穴。这些鸟类看似在广阔的天空中自由地乘风翱翔引吭高歌，但其实它们的飞行路线会始终以自己的巢穴为圆心。由于食物偏好、雏鸟数量以及发育时间等因素，鸟儿们有时不得不扩大自己的领地，甚至与其他鸟的领地重合。此外，能力较强的成鸟还能够到很远的地方觅食。但恐怕这些都属于历史的发展变化，鸟类最初都会选择食物来源丰富的地方作为自家的"婴儿房"。这一点与毛虫以及食心虫等物种相同。

二

诸如鸭类还有信天翁等体形较大、集体筑巢的鸟类会拥有共同的领地，而雉鸡则是各自割据一方。初春时节，雉鸡中的雄性会发出高亢而刺耳的鸣叫声，这显然是小伙子们准备为爱而战的宣言。但雉鸡往往会在实施家庭计划之前先占据领地，其争夺领地的目的也比一夫一妻的鸟类要更加复杂。若我的观察不出差错的话，此时勇敢的雄性雉鸡则会选择冒险。也就是说，它们会孤身潜入其他鸟群，并试图赶走鸟群的领袖。在这种情况下，入侵者也会先一展歌喉，立下战书。当两处雉鸡的鸣叫声逐渐合流，二者便会开始激烈的厮杀，并最终以其中一方落荒而逃而告终。胜出的一方占有那片领地，并与幸存下来的雌鸟共同经营那一个个简陋的巢穴。

这种方式并没有赋予雌性选择的权利，且看起来是以强权为基础的举动。因此，即使同是鸟类，这种行为也显得更加野蛮，继而仿佛可以想象鸟类世界中也存在着某种"文明的进步"。然而，这种"文明的进步"的步骤以及过渡期等要素却不那么容易得到证实。虽然诸如鹿、海狗等兽类也是一样，它们为了建立家庭必先经历战斗，就算是制造出再多的"寡妇"也在所不惜，但是综合考虑到孩子的数量和体质以及需要排除外部障碍等因素，这或许是为了种群能够绵延下去的必不可少的条件，又或者仅仅是它们难以克服的惰性罢了。不论这是它们生存的需要，还是以此为基础的感情表达，只要我们还未弄清事情的全部真相，就不能仅仅立足于人类的习惯，草率地将"鸠占鹊巢"视为不负责任的行为。

三

即便如此，动物与人类在家庭生活中彼此相似的地方也多得令人意外。甚至有时会让人觉得我们如今正在行走的道路起源于难以想象的遥远的过去。我们很少能够窥见虎、狼的求偶行为，而猫、狗、牛、马之辈则看起来过于放纵，但这种现象也已经在变化之中。作为在静谧的林间持续着贴近自然的生活的物种，鸟类还尚未匆忙地抛弃古老的习性。因此在春心萌动的时节里，它们会稍稍放松警惕，并不在意接受人类的观察。我曾在九州南端的长崎之鼻附近见到过在初夏的蒙蒙细雨中情意绵绵共筑爱巢的蓝矶鸫夫妇。据我观察，这种鸟进入发情期之后，皮肤会变成醒目的大红色，但事实果真如此吗？在退潮之后的小小的岩石顶端，一只蓝矶鸫正展翅昂首，高声鸣叫。最初我以为那是雏鸟在呼唤食物的到来，却见到另一只鸟盘旋而下。这时我才明白飞来的那只并不是鸟妈妈，而是雌鸟在回应岩石上那只雄鸟的"tsumadoi"①。由此我判断它们的巢穴应该就在附近。此前我也曾在此地郊外的一处庭院中目睹过类似的事情，并在《谈雀》一文中提到过。小鸟在决定自己的终身大事时会选择黎明来临之时这一天地间最为静谧的时刻，这的的确确是它们与生俱来的生活习性。某天清晨，我偶然在这一时刻从梦中苏醒，望着一夜未闭的窗子外的树梢间透出的渐渐明亮的曙光，此时，有两只鸟儿轻轻落在离我最近的那根树枝的一端。看身形是普通的伯劳鸟，但它们的叫声和动作却与平时不同。一只在那根树枝上一动不动，而另一只则数次向树下飞去，穿过灌木丛，又飞到地面上落下，最终又飞回到原来的那根树枝上，一边慢慢地贴近停在树枝上的那只鸟，一边不断地发出鸣叫声。那叫声非常低沉，我也无法理解其中含义。但就像听外国人讲话一样，虽然不解其意，根据其前后反反复复的举动，却也能多多少少把握一二。我想象着它们仿佛在低声交谈，说着"啾啾，啾啾，在此处安家可好？""啾啾，啾啾，此处虫儿遍地跑"。如此看来，那其中一只鸟不断拍打翅膀

---

① "tsumadoi"是日本古代的一种婚姻形式。夫妇别居，男女各自与自己的母亲和兄弟姐妹同住，男方在晚上潜入女方家中，短则翌日清晨离开，长则逗留多日，再返回自己家中。子女一般随母亲生活，男性则负责妻儿的生活费用。

的情形，果然与在萨摩海边见到的蓝矶鸫的举动无比相似。

四

麻雀数目庞大，且毫无"羞耻心"，因此只要稍稍用心观察，便能够得到在黄莺、日本歌鸲等鸟类那里无法搜集到的参考资料。根据目前为止的观察，它们常常看似并不会特意"择木而栖"，而实际上却为了得到对方的协助而心机算尽。比如，我曾在院子前面的一棵高大的落叶松的树干上放置了一个人工鸟巢，但或许是由于这个位置不够隐蔽，很长时间都没有鸟儿飞来定居。后来遭受了严重的灾害，鸟儿繁殖的季节也已过半，本该是从各家各户的屋檐下开始传出嗷嗷待哺的雏鸟们清脆的鸣叫声的时节了。但或许是终于撑不下去了，一只晚婚的麻雀将筑巢用的草叶衔在嘴里，停在我做的鸟巢的入口处，一整天都在竭尽全力地呼朋唤友。一开始，许多同类都会在它的附近来回盘旋却并未有回应召唤的意思。而不知何时，这只麻雀已经与自己的伴侣出双入对了，它们频繁地出入于那个圆形的入口。我从未想过去关注这个爱情故事的大结局，因此早已把鸟儿的事抛在脑后，却在若干天之后的某个早上发现人工鸟巢顶部的木板已经被掀开，有气无力地耷拉着，鸟巢里面已经空空如也。

看来，可怜的麻雀已成了枭类猛禽的盘中餐了。

　　将鸟巢建在如此危机重重之地，其责任不在麻雀而在我。对于它们来说，没有"今年找不到合适的住处，大不了再等等看"的余地，因此这一点我尤其不能放任不管。虽然建造人工鸟巢在某种意义上是"狗拿耗子多管闲事"，但其最初的动机却在于人类对大自然的和平与繁荣的渴望。不幸的是，只因自以为是的人类缺乏建造鸟巢的基本知识，一族麻雀就惨遭灭门。或许其中失败的根源，就在于我把鸟巢挂在了一根极细的树干上，使其暴露在各路虎视眈眈的猎食者的视线中吧。鸟类自己建筑的巢穴一般只有一个出入口，这个巧妙的设计能够使危险系数减少到原来的四分之一。连这点基本常识都没有的人却去帮倒忙，实在是鸟儿的不幸。

五

　　类似的事情如果放在人类身上，就更加能够凸显这一"经验"的重要性了。翻遍《源氏物语》《竹取物语》这样的经典，完全无法看出坠入爱河的男女会因为"食""住"这两个生存问题而烦恼不已。因此，有越来越多的人认为这个问题原本就是毫无价值的。然而，身处这个灾后重生的艰难时世中，我们有必要重新审视这个问题的本质。上述文献所记载的古代的求婚，其居所的安全受到法律的保障，丰富的食物也唾手可得。至少有专门的人来提前研究、讨论这些最基本的生活条件。于是，究竟是无心插柳的恋爱游戏还是终身大事的谨慎决断，其二者之间的界线却随着文明的进步而逐渐变得模糊了。换言之，那种上流阶层的奢华生活即使得以被文学作品表述，也无法成为实际生活的范本。

即将独自生活的年轻人们，必须学会如何脚踏实地地进行思考。这一必要性并不是凭空想象的，而是存在着各种各样的证据。他们在全心全意坠入爱河之前，其实就已经知晓这段感情的结局了。他们将生儿育女摆在第一位，而两人能够情投意合则只是锦上添花罢了。没有人会在生儿育女的避风港都毫无着落的时候就与对方海誓山盟。毫无疑问，"食""住"对于婚姻契约（katarai）来说，是最为重要的前提条件。

也有人给婚姻契约起了个时髦的名字，叫作"dango"。"dango"就是"谈合"①，也就是双方将各自的想法告知对方。虽然鸟类在沉默中决定自己的去留，但归根结底，双方都是需要做出一个判断

---

① "谈合"，日文中的原意是商量、磋商。原文中以片假名出现的部分，在译文中以罗马字出现。

的。但是，仅靠自己做判断总是难免失败，于是越来越多的年轻男女开始借助父母、兄长们的力量，认为这样会更加稳妥。因为他们拥有更多的阅历，也是自己最亲近的人。这又是人类之间的某种制度了。如此一来，"谈合之子"①就成了"失败婚姻的纪念品"，渐渐地，这个词语所蕴含的感情色彩开始带有极其负面的意味。虽然也有人称其为"心善之子""无欲之子"，但生出没有父亲的私生子，对于当今的女性来说也是极大的耻辱。或许这便是"鸟巢惨案"的人类版吧。也就是说，在进行正式的婚姻契约之前，女性们从未被赋予"演习"的机会，这一点让人深感忧虑。

六

若对自然生长繁衍的物种进行比较，我们可以发现上述现象并不是自古以来就有的。如果每个人类个体在即将成为社会的一员时都没有对这个问题进行思考，那么就很可能会退回到比鸟、虫还要低等的生物阶段。那些弱不禁风的物种万万不敢在没有固定居所和

---

① 这里指的是仅经过"谈合"而不是正式的婚姻，女方怀孕生下的孩子，一般其父亲不愿承认，也就是私生子。

充足食物的地方繁衍后代。人类则更是早已明确知晓自己能够繁衍后代，且后代的子孙还会不断地繁衍下去。即便制度被每个时代的局限性所禁锢，无法寄予更高的期待，我们也至少必须认真思考，过去的人们竭尽全力利用现有资源，为自己创造生存条件的原动力究竟何在。或许，这种努力正是我们人类千古一贯的自然习性吧。

在鸿蒙初开、天地混沌之时，绝没有燕子于屋宇歇脚、麻雀于檐下安居的习性。这些鸟类均从自身的切实需求出发，通过"谈合"的形式开始筑造下一处新的居所。人类也是一样，为了能够丰衣足食、子孙绵延，人们开垦种植水稻的良田以积攒家用，条件具备以后则开始着手建立家庭，依靠国家对这一家庭状态的外部支撑，其作为政治的重要组成部分长久地存续下去。除非有更加安全稳定的其他选项，否则人们不会做出改变。

"家督"①这一概念如今变得十分复杂，因此其真正的语义已无从考证。我认为可以把这个词理解为"土地"，它能够生产出刚刚独立生活的男女所不可或缺的富余食物，以及必须分配给弱小的黄发垂髫的生存养分。当然，针对"家督"曾有过许多尝试，其规模也一

---

① "家督"一般指家父长制中的家长权。在不同时代，"家督"的含义有所不同。"家督"一般由嫡子来继承。

直都在扩大，但在我国，它古老的形态依然残存着。例如，人们认为家家户户的祖先神都居于高山或短山的草庵之中①，远远地守望着山脚下日夜在田间劳作的人们。再比如，人们在每年水稻种植的开始与结束之时，会祭祀从山间降于田地并化为"田之神"的春神，以及从田地返回山中化为"山之神"的秋神。说到底，这是因为这些安居乐业之人的"心理准备"已经延伸到了比自己漫长的一生还要遥远的以后。不论当下的年轻人是否依照祖先的经验行事，我们都无须怀疑，日本人的婚姻契约曾多么单纯直率，并且与广阔自然无限接近。不仅如此，我们最终还要用学问的力量去证明这一点。

（昭和二十一年九月 《世界》）

---

① "高山短山"和"草庵"（读音 iori，也写作"庐"，原本写作"伊保理"）均出自神道的"大祓词"，其中描述"国津神居于高山短山之端，将高山的草庵与短山的草庵分拨开来"。作者认为由此人们认为神灵都居于此地。

膝下无子与子孙绕膝

一

　　当我们终于沉下心来尝试思考问题时，首先浮现于脑海的恐怕就是生活如何能够永久持续下去的问题。经历了这次难以预料的重大变革①之后，究竟有哪些要素还能永存下去呢？又会有多少部分能够永恒不变，可以称为国家乃至民族的永存呢？以我们自己的意志以及判断力，能够自由地使其永存或者中止的领域又能够延伸到何种程度呢？或许关于以上问题的争论还会保持一段时间的热度，但是，如果将学问作为解决问题的手段而加以利用的话，按照正确的步骤，则必须以此为入口开始深入探讨。因此我认为解决此类问

---

① 如前所述，应指第二次世界大战。

题是有轻重缓急之分的。我们有必要尽可能选择大多数人关心的共同话题，尝试着自然顺畅、浅显易懂地展开这一崭新且困难重重的公开讨论。

在日本，家庭作为连接个人与国家的中间单位究竟能发挥多大的作用，这不仅是战前就已经遗留下来的问题，今后将是更为惨烈的舆论斗争的战场。但不可思议的是，人们似乎对某一个最为普通的事实视而不见。人们忘记了家庭是以婚姻为开始的，是由将要走入社会的男女共同经营的。于是我们并没有让这些家庭的经营者充分思考这个问题，却只有上了年纪的老者在自以为是地品头论足。不管结论如何，这种讨论方式本身就欠缺足够的公平。

我们想要决定的是未来的家庭状态。制度在每个时代都会遭到批判，而在批判基础上做出的修改，却往往稍有滞后。现如今讨论家庭必要性的人们，多半是结婚数年甚至数十年的已婚者，他们对枯燥琐碎的家庭生活已颇感厌倦。如果仅让这些人思考这一问题，则不可能得到客观公正的结论。当然，我们不能只是让那些对未来充满玫瑰色幻想的人去空谈自己对家庭的美好想象，在这一点上，年长者的阅历和经验还有足够的用武之地。而即便是那些置身事外的旁观者，也应该有发挥作用的机会。

二

为了让人充分思考，将一些令人意外的事实列举出来进行比较观察，倒不失为一个良策。今年，似乎是由于城市空气中悬浮着大量DDT①的粉末，蜂虻类昆虫在郊外一带肆虐，令人苦不堪言。昆虫们的牵线搭桥者寥寥无几，其结果就是家家户户菜园里的南瓜都只开花不结果。清晨那喧闹一时的低俗的恋爱游戏，仿佛成了对追求时髦的揶揄讽刺。

我家二层的窗外，掩映着一棵石榴树。十几年前刚刚移栽过来的时候，枝头结满了沉甸甸的果实。一天，有位访客仰望此树，感叹道："看起来有些蔫儿啊。"我对他的这句话颇为在意，于是让不专业的花匠一下子施了好多肥。结果，好好的石榴树变成了"石榴花树"，结出的果子连供奉鬼子母神都不够。至今在每年正月十五前一天的晚上，各地村庄都会实行"narukanaranuka""naranaki""tatakikiruzo"②等"威吓法"，今年我决定一试究竟，但实践之后依

---

① DDT 是一种有机氯类杀虫剂。

② 这几句都是"威吓"植物的话，意为"你是结果还是不结果""你真是一棵不结果的没用的树""不结果的话就砍了你"之类。

然没有什么效果。

南瓜和石榴之类一般都拥有一位守护者——人类。虽然这个守护者只是为了满足自己对美味果实的欲望，并且有时也会智商下线做出愚蠢的举动，但至少他们能够保证这种植物不至于走到灭绝的地步。而那些不知名的花草树木，只能依靠自己的力量自生自灭。即使来自外部的净是砍伐、掘根、焚烧、踩踏等让它们断子绝孙的力量，它们也依然能够生生不息。以上事实是一个最为直观的例子，说明人类是无法在忽视法则的情况下行事的。当然，最初会备下大量的种子，只能指望其中少数种子能够存活下来。但在这一庞大的群体当中，不管是多么弱小的个体，只要将其置于易于存活的环境中，它就会最大限度地利用这珍贵的机会。这一能力是与生俱来的。

我想要指出的是，人类制度与园艺之术是非常相似的。虽然没有人一开始就想要违背自然之道行事，但人类的智慧也会时常出现差错，从而导致无法达到预期的效果。或者受限于周边的各种制约，明知此种做法为好，却又迫不得已地支持计划之外的其他做法。其他国家的经历我仅仅有所耳闻，不做过多评判。但在日本的婚姻史中，确实存在着若干令人扼腕叹息的不快经历。我认为，我们之所以必须彻底探寻这段历史，是因为"实际之学问"的出现在当下尤为迫切。然而，对此进行论证仍需一定的技巧。对于此项工作，从任何一个角度说我都不是一个合适的人选。但那些超越历代制度的事物，以及那些即便是无情草木也能够从遥远过去共同传承下来的事物是真实存在的。我想要与那些即将立身此世的人就这一事实畅谈一番。

三

在一般人的印象中，日本女性在婚姻中的形象是极其单纯且逆来顺受的。但实际上这是一种误解。这是近世以后才被刻意强调的、局限于武士等部分阶层中的某种习惯的残留。将其看作全体国民生活的代表性特点从根本上来说是不合逻辑的。在武家社会中，上述习惯曾经是有存在的必要性的。基于这种观念的某种教育方法逐渐扎根并一直延伸到已无此必要的时代，使得以其他方式为基础的必要性被强制抹杀了。武士阶层的特征，便是缺乏基于正确价值观的"性别教育"，而这一点却被大多数人所忽略。在这个阶层中，农村普遍存在的"娘组"①是不被认可的，而代替"娘组"的其他组织在大多数家庭中也并不存在。女子长期独处深

---

① "娘组"是在古代日本的部落或者村庄中成立的未婚女子的组织。

闺，由于远离人情世故而不解红尘，她们在进行判断时，大多都不得不依靠长辈。同样的现象在男性中也同样存在。父母必须为子女未来的幸福出谋划策，实际上比其他阶层的家庭更加劳心。我们可以认为这是制度的贻害，但也不能将其单纯看作道德、情理和法律的强制作用。

武士家庭上述做法的必要性恐怕来源于农地持有的制度。当时，武士们各自持有领地，为了获得精神上的安全感，最初是寄托于神灵，之后则是倚赖一门划算的亲事了。他们之间的联姻具有明显的倾向性，因此从一开始就不存在什么自由的选择。进入战国割据时期之后，武士们相互之间结为姻亲，有时迎娶新娘甚至与劫持人质并无本质上的不同。因此，那时的婚姻早已脱离其原本的目的也不足为怪。但是，问题在于这仿佛已经成了代代传承的习俗，无论是日本人自身还是别国的旁观者，都毫不怀疑地认为这一直以来都是日本整体社会的普遍现象。然而，上述婚姻形态是否真的毫无破绽地幸存下来了呢？或者在应对实际生活的时候，是否另有数条备选之路可以利用呢？我认为，在文化史的研究方面，比起对制度本身的价值批判，还是应该把更多的目光聚焦在现实世界的发展演变上吧。

四

　　如果法律的条文、诉讼的记录以及其他基于文字的内容就是制度——当然，这也是依据"制度"这一概念的定义而定——的话，那么制度本身就不具有代表性，也并未真正反映出每个时代的实际情况。所谓习俗不是只会随着社会的变迁而发生变化，有时根源于古老原始生活的某种习惯直至今天都能够受到社会的包容并得以保存。而法律在这个方面只能扮演"限制"的角色，却无法起到指导的作用。恐怕一辈子都没遵从过任何一条"制度"也照样生活下来的人也不只是我一个。就算现在的制度真的延续了千年以上，在此制度下的每个婚姻个体的观念也曾有无数次的改变与动摇。那些对未来抱有浓厚兴趣的人至今都没有将目光聚焦于某种最为原始的动机，实在是一大憾事。

　　曾经有那么一个时代，即便在武士阶层以外的家庭，新娘都不能算是真正拥有自由意志。然而似乎没有人注意到，横向比较的话其背后的原因多种多样，纵向比较来看二百年以前与现在也并不相同。如今只是单纯沿袭了武士阶层的家风，而在过去，无法实现婚姻自由的原因也同样存在于女方。这一原因可以从家庭与蜂巢或者说所谓蜂王之间的关系中类比出来，但在过去，家庭主妇这一地位却出乎意料地难以获得，是所有女性争先恐后孜孜以求的对象。因此，没有人对此漫不经心。现在的一般家庭平均五口人左右，也就是说包括夫妇、两个子女再加上夫妻其中一方的父母或兄弟姐妹，但这只不过是个平均数，并非所有家庭都如此。稍稍往山区的郡县中深入一些就会发现，那里的家庭平均可以达到七、八口人，而在农村，一家有十五、二十口人也不是什么稀罕事。由于更多的家庭数量有利于政府课役收税，所以"分家"①都是受到鼓励的，但即便如此，人口众多的大规模家庭也依然存在。过去，为了避免孤立时的不安心理，同时为了保障家本位的生产生活，人们大多聚集于一家之长的周围，这也是那个时代的自然现象。于是在那样的大规模家庭中，即使人口众多，担任主妇角色的也只有一人。假设一家成员人数翻了十倍，那么就有九位女性没有机会成为主妇。之所以在选择结婚对象时慎之又慎，正是因为主妇与其他女性成员之间的待遇有着相当明显的差距。女性原本就不像工蜂那样实质上处于"无性别"的状态，因此必须拥有事实上的婚姻。但不可否认的是，这

---

① 这里的"分家"特指一个家庭的男丁在结婚成年后独立，原有家庭分裂为若干个小规模家庭的习俗。

对于养育下一代成员来说却成为一个巨大的障碍。在这一点上，没能成为家长的男丁也是一样，甚至在某些方面可能比没有成为主妇的女性更加悲惨，但是男性毕竟还拥有各种自由。女性时常会抱有孤独终老的危机感，因此必须使尽浑身解数去满足对方的要求，坐稳主妇这把交椅。女性虽不至于专注于读书算数，对其教育程度的要求却也是早有既定的标准，也有较为成熟的一套方法。在这种情况下，各个村庄的"娘组"既是教授"主妇之学"的学校，亦是主妇候选人的选举机构。在男性能够轻而易举地成为一家之长之前，主妇并不是一个能够自由选择、轻易得到的地位。于是，女性首先期待的便是自己能够获得这一地位。

五

人们普遍认为在位于飞驒白川乡中切地区的各个村庄里，上述"第一阶段"的状态持续了很长时间。但即使在明治新政实施以后，这种状态也以"tane oji""tane oba"①的形式在很多其他地方继续存

---

① "tane"是"種"，在这里是"种子选手"的意思，即候选人。"oji"和"oba"分别指男性和女性。这里应指家长及主妇的候选人。

在。然而这种情况已经发生了变化，大多数人倾向于公开他们的事实婚姻（从一开始就不是秘密），且不会一直将女方留在她的娘家，而是会将她接到婆家一起生活。我想要把这种状态称为"嫁人"婚姻的"第二阶段"，虽然还没有足够的证据，目前只是一种推理，但我认为，这种新的习俗与所谓"惣领嫁"①的提早"入家"②属于同一时期出现的现象。过去，"嫁人"与婚姻本身不论在时间上还是目的上都分属两件不同的事。嗣子之妻"过门"③与丈夫继任一家之主同时进行，也就是说，在上一代主妇④或去世或隐居之前，总之是直到新的主妇上任之时，不管有多少个子女，都只能作为娘家的家庭成员留在那里并为娘家工作，男方只是前来休息罢了。很多证据表明，上述事例直到现在都存在于各个岛屿。至于后来为何会提早把新娘接到公婆身边，有一种说法是为了尽早教会女方身为人妻的礼

---

① "惣领"是日本古代武家社会中总管全族领地的一族之长，而"惣领嫁"指的是惣领的儿媳妇。

② 这里的"入家"指的是婚后女性进入男性家中生活。

③ 日文原文出现的词语是"引移り"，本书中指的是女性婚后搬到男方家中居住。与中文"过门"一词意味相近但有微妙区别，权且以"过门"译出，下同。

④ 这里原文使用的是"家刀自"一词。"刀自"有各种意思，其中一种是"一家主妇"。后文如无特殊含义，将以"主妇"译出，如有特殊含义需要注解，则以"刀自"译出。

节和规矩，以正家风。但实际上，由于武家和旧家①只与远方家庭联姻而无法拥有互相思念与相聚的幸福时光，因此他们以"嫁入"作为婚姻的开始。一方面人们认为这种做法高雅清致并争相效仿，另一方面，"刀自番"②的习俗对于双方家庭来说越来越成为一种负担，既然早晚都是嫁出去的姑娘，还不如早些将培养管教的责任移交于男方。或许有人认为，这是因为女性劳动力对于各家来说已经变得没那么举足轻重了，但女儿离开自家进了别家，也会有别家女儿嫁过来进入自家，某种程度上来说也并无影响，因此这种说法未免有些牵强附会。

总而言之，当没有主妇地位的媳妇嫁入家中，进入以家庭成员的身份与男方亲人共同劳动的阶段后，这样的媳妇多一人少一人都并无太大差别。当然，未来主妇的候选人会受到特别的敬重，别人对她的称呼也会有所不同，但尚没有主妇该有的任何权力，因此也不算是风光无限。更何况若要平安度过这一时期，沉默是金、逆来顺受等"品质"必然会被列入主妇教育的道德条目中，这些恐怕都会大大削弱未来主妇的威望吧。

---

① 此处旧家应指日本古代公家家格的一种。
② 如前所述，"刀自"即主妇，"刀自番"意为上一任主妇卸任后，下一任主妇上任。

六

直到现在都流传着这样的说法：位于作州的"七子持屋"以及位于越前穴马的下山的"大屋"，有几对夫妇常年和睦地生活在一起而从未考虑过"分家"。以我们所拥有的建筑学知识，很难想象这么多对夫妇如何能够做到在同一屋檐下长期居住。然而在奥羽地区的北部，直到现在都能看到，人们会在宽敞的厨房周围用木板隔出空间，仅供拥有配偶的人使用。那净是些只有两三叠大的蜗居陋室，怎么看都不像是能够长期居住的地方。因此，这里应该存在这样一种习俗：在孩子长到一定岁数之前，一家人一直都要居住在外面的某处小屋。如果不这样做，那么规模较大的家庭是无法在同一个地方生活的。

如今进入村庄就能够发现，人们不约而同地称为"分家""别家"①或者"deie""denbe"②等的家庭形式中，有两个具有明显区别的种类。一种是比较古老的形式，其面积比本家小很多，一般都会

---

① "别家"是"分家"的一种，在很多地方与"分家"的意思相同。
② 这两个词是地方方言，但都是"分家""别家"的意思。

整齐地排列在本家周围。其中当然也有居住着奉公人的名子①"别家",但其他"别家"与本家之间都有明确的血缘关系,拥有相同的祖先。但是除了饱受贫穷之苦外,其家庭规模也很小,始终不得不接受本家的关照和干涉。如今就算是把这些家庭算作独立的一户,恐怕也只能是本家大家族中的一个组成部分罢了。

与之相反,现如今有一种以另立大门户为前提的"分家",大多拥有宽阔的宅院和殷实的家产。这种"分家"一般被称为"新屋"或者"新宅",拥有独立于本家的土地,因此可以看作是新近出现的形式。这种"分家"必须以本家拥有强大的经济实力为前提,因此数量一直很少,过去也曾刻意在距离较远的土地上建造房屋,因此与本家之间的往来也不如前述"分家"那样频繁。后来,这类"分家"与本家的距离逐渐缩短,彼此之间的关系也更加密切,但同时,各种矛盾纠纷也多了起来。首先"新宅"中有大约一半人与本家的关系都十分紧张。如今,其财富和势力凌驾于本家之上也颇为常见。总之,从两种形式的"分家"的特点来看,人们另立门户的动机从一开始就彼此不同,将其合二为一,用同一名称进行概括,导致家庭制

---

① "奉公人"是为武家社会效劳的人,"名子"是隶属于庄园主的人,与庄园主之间是土地借贷关系。

度的变迁过程变得更加难以理解了。

七

那些被迎娶至这种新式的"新屋"的新娘尤其会让许多女子羡慕不已。如果说只是逃脱了侍候父母的辛劳，那么在丈夫尚且年轻力壮的本家也要面临同样的状况。问题在于本家的女子虽然能够坐上"第一夫人"的交椅，却也要付出相应的代价。她们要在先祖祭祀、供奉菩提寺以及贴补亲属的金额上做得无可挑剔，这对她们来说是一大负担。而"新宅"的主妇由于避免了这些烦琐之事，也能更加轻松地计划未来的家庭生计。《俳谐七部集》中有这样一句附句：

分家女子何其幸！……

可以看出，人们甚至用歌词诗赋来赞颂这种美好的境遇。得以在另立门户的"新家"中生活的女子，除了自己的丈夫之外，还能够被更多人奉为掌中之宝，恐怕所有因上了年纪而内心变得脆弱的父母都会祈祷自己的女儿能够与这样的家庭结成美好的姻缘吧。

然而，近世的经济繁荣偏重于资本的积累，催生了更多的独立

"分家"。此外，人们移居、交通的范围也逐渐扩大，与此同时就职的机会也逐渐增多。所谓久居为安的时代已经到来，城市成为家庭中的次子、三男们大展宏图的地方。不仅如此，曾经被视为掌中之宝的"旧家"①嗣子们也理所当然地加入这个行列，开始了"分家"的生活。至此，我们可以认为日本的"嫁入"婚已经进入了第三个阶段。曾经的新娘们不得不被家庭的繁文缛节所束缚，她们负重前行，只得沿着指定的道路一直走下去。如今男性人数的增加使得更多的女子成为主妇，家庭不再从婚姻中索取什么，相反，婚姻本身不得不选择新的家庭形式。现在，已经不再是空谈当下制度是否合适的时代了。解决问题的责任已经一半转移到年轻的适龄青年身上，而他们能够避之不理的问题也几乎不复存在了。

另一方面，面对日本战败后的一片狼藉，面临衰老的人们将不得不思考更多的问题。场所不再能够限制婚姻的形态，而是根据婚姻的情况，人们可以自由选择场所，这一变化，我们或许认为是从"草木式"向"禽鸟式"的转变。但是这两种生物之间却在生殖与繁衍的法则上存在天然的差异，而它们自古以来就本能地遵循着各自的法则。人类在半无意识的状态下对传统习俗的改变，究竟在何种

---

① 这里的"旧家"指的是独立之前生活的本家。

程度上破坏了一直以来的平衡，又在何种程度上以新的和谐形式给社会带来益处，这都是不得不思考的问题。当然，将其应用于重建日本的庞大计划中是最重要的目标，但为了实现它，我们必须脚踏实地地追溯更加遥远的过去。

八

明治初年，日本总人口数达到三千二三百万，当时创下了日本人口数量的新纪录。但是短短七十年之后，其数量就翻了两倍多。其中的原因真的调查清楚了吗？那些人口学家中，真的有人发现了真相吗？恐怕连真相的边缘都没有碰到。虽说饥馑、瘟疫、兵荒马乱等是阻止人口增长的巨大障碍，但近年来的统计数据恐怕已经可以证明，上述这些因素并不足以影响人口的自然增长。之所以说这些研究方法难以令人满意，正如前述家庭人口数量的例子一样，他们试图用所谓"平均数字"来一股脑儿地概括所有的情况。这种推测断然是毫无根据的。只需调查眼前的若干实例就能够发现，在同一个村落里，某一家一门断了香火，会有另一家在同一时期开枝散叶。从姓氏的分布来看，只有依托宗教信仰和外部技术而得以自由迁徙的家族能够不断繁衍兴旺。或许其中的关键在于是否能够摄取足够的食物，但在食物的获取并不困难的南方诸岛，岛屿或部落的人口却有增有减，由此看来，除了营养之外，还有许多其他各种各样的障碍与推动力在影响着人口的多寡。因此，死亡的原因似乎更加容易查明，而出生人口增多的背后却有些许微妙的法则依然没有浮出水面。简单地说，婚姻方式的异同与婚姻观念的差异之间有某种十分隐蔽的关系，这一点是毋庸置疑的。如果人类必须繁衍下去，那么阻挡孕育新生命、减少新生儿出生机会的婚姻只能看作是不合格的婚姻了。

引用一个稍稍有些露骨且极端的例子。例如，"游女"①一般是不会生儿育女的。即便是在京都、江户、大阪的大规模的花街柳巷中，生子的"游女"甚至会成为人们称赞的对象。而如果去冲绳的一个叫作"辻"的游所②就会看到，在那里，有许多家庭甚至会收养"游女"的孩子③。另一方面，翻看中世名门望族的家谱就可以发现，有很多已为人母的女性姓名旁边标注了"游女"的字样，这也只是其中一个例子罢了。若要做好当母亲的准备，远离"游女"这一职

---

① "游女"是始于日本幕府时代的对妓女的统称，因为在同一个地方逗留时间短、长期四处游走而得名。

② 游所是指青楼集中的地方。

③ 这里使用的是冲绳方言，日文原文是"ズリングヮ"，即"zuringuwa"，"zuri"是前文所述的"游女"，鼻音"n"在冲绳方言中是"的"的意思，而"guwa"则是"孩子"的意思。

业原本是最基本的原则，但只要稍稍具备一些附加条件，就能够拥有子女。事实上，当事人早就已经悄悄事先规划，即便她自己意识不到，我们也完全能够做出这样的推测。即便如此，由于每一代人各自生活状态的不同，在出生率上依然有着令人震惊的巨大差异。这一现象仅靠几个数字是无法衡量的。此时，我尤其希望能够有人去关注作为一个民族的寿命与健康等问题。

九

大约三十年以前，一位名叫罗伯森·斯科特的英国评论家加入了我与那须皓君①的旅行，曾在会津的一个人迹罕至的山村游荡过几日。之后我才意识到，罗伯森想要了解的主要是原始村落中人们道德观念的现状。他试图用委婉、优雅的表达方式让村民们畅所欲言，可惜从老实巴交的村民们"原汁原味"的回答中竟一无所获。于是，他似乎是开始怀疑随身翻译在擅自"加戏"，最后只得向我们求助。他说，在英国的农村，年轻男女常常结伴进城，夜半方归，对此家长们是不能唠唠叨叨指责他们的。日本也有祭祀、盂兰盆舞之

_____

① 那须皓（1888—1984），日本大正、昭和时期的农学家。

类的节日，青年男女也会结伴前行，而人们对此造成的"结果"①却无动于衷。面对他的疑问，我们回答道，日本民法承认私生子的身份，且经常出现推迟正式的入籍登记或入籍登记与出生登记的时间距离过近的情况②。但在说明的过程中连我们自己都逐渐感到奇怪的是，虽然城市中年轻人之间的交往更加自由，但有关孩子的各种纠纷，农村反而比城市要少得多。川柳的狂句中所谓中条家的方法③，虽然评价很高却也并不普遍，而玛格丽特·桑格④和菊池宽⑤氏的学说也还从未有人听说。或许有一种类似于屏障的要素横亘其中。从那时开始，我便急切想要看到它的真面目。

过去，农村的风俗习惯绝不都是清净无染的。有些村庄一贫如洗，年轻人甚至连最基本的"吃""穿""看"的乐趣都享受不到，实在可怜至极。因此，有人诞下私生子的传闻虽说非常少有，却也绝

---

① 这里的"结果"指的是男女在结伴玩耍的过程中互生情愫，结为恋爱关系，甚至导致女方未婚先孕。

② 此处是指日本民法承认私生子，同时也承认所谓事实婚姻、未婚先孕，作者是为了说明日本法律在结婚、怀孕方面非常宽松。

③ 中条一家是江户时代的妇产科医生，擅长堕胎，其堕胎的方法被称为"中条流"。因此，实施堕胎的医生或稳婆一般被称为"中条流"，而"中条"也作为"堕胎"的隐语被保存了下来，经常作为川柳（与俳句相似的一种诗歌形式）的体裁出现。

④ 全名玛格丽特·希金斯·桑格（1879—1966），出生于美国纽约，是美国妇女节育运动的先驱，计划生育运动的国际领袖。作品有《母亲须知》等。

⑤ 菊池宽（1888—1948），小说家、剧作家、记者，曾创办《文艺春秋》杂志。

非全无。关于此，有两个鲜有人知的罕见事实被民俗学的研究者们记录了下来。其中之一是人们将这种生来没有父亲的私生子称为"天道儿"，并赋予其侍奉神灵的特殊任务。由此一来，这类孩子身上没有了负面色彩，成了纯粹的"私生之子"，他们只不过生下来就只知其母不知其父罢了。在这种情况下，若有人站出来称其父便是自然之事，若是无人，也只不过是一种"奇异之事"。第二种情况是人们只会去指责那些因遇人不淑而无法指认腹中之子的父亲的可怜女子，而男性则在一旁装作一副事不关己的样子，丝毫不会受到非难。这种情况更为常见。另外，还有一种介于上述二者之间的情况。不知父亲为何人的孩子依然在祭祀的过程中被赋予一定的职责，但不论是母亲还是本人，都将其视为极大的耻辱，因此总是尽力逃避却还是无法幸免。此前我提及的"娘组"的性别教育尤其在这个方面狠下功夫，并且也取得了相当明显的效果。虽然过去"正确"与"不正确"婚姻的分界线与如今的制度早已错位龃龉，但那时人们在底线面前的隐忍，以及对背后支配个人行为的情绪的管理，都反而比今天对新的常识之力量的遵从进行得更加彻底。于是，我将其看作论证这一习俗早已存在的证据。换句话说，男女交往本身并不受什么严格的约束，只是那些不幸在"计划外"生下子女的母亲会受到世间的谴责。这样的时代，确实曾经在我国存在过。

一〇

　　该话题的论述已过于冗长烦琐，但我在收尾之前，却不得不再提一提老者的两个经验之谈。大约六七年前的冬天，某天我兀自踏上了前往伊豆南岸的旅途，与巴士上的女乘务员有过一段对话。当我对她在如此寒冷的冬天却只穿一条刚刚过膝的短裙表示同情的时候，她的回答却完全不像一位年轻的姑娘："真是对身体不好呢，这样下去，会无法生育吧。"当我认真地问"很想要个孩子吗"的时候，她仿佛感到自己受到了戏弄，突然像发了狂似的大声喊道："那还用说！这难道不是理所当然的吗?"她口中的"理所当然"一直回响在我的耳边。这位姑娘的行为在村里应该被称为"泼妇"了。恐怕她已经对各式各样的恋爱游戏颇为熟知了，即便如此，她还是会像传统女性那样，在心中定下人生目标，只要条件成熟，就会为了在后世留下自己的血脉而努力做出正确的选择。虽然不够足智多谋而经常弄得自己骑虎难下，区分这两种不同的感情生活也相当困难，但如果在村中，将上一代的常识代代相传这种与鸟虫草木共通的愿望只能依靠婚姻来实现这种观念没有普及的话，不论如何在寒风中瑟瑟发抖，那种美好的理想也不会在年轻姑娘的脑海中浮现吧。"没有孩子不是更好吗",抱着这种观念的年轻人在大城市比比皆是,但在农村却依然有许多持有不同观念的人。

有人认为,要想让女性独立不受束缚,就给她工作营生,赠她万贯家产。我认为这是一种昏庸的论调。这种仿佛是买来的自由并不值得欣喜,因为它总是伴随着或被人呼来喝去或不得不侍奉庸俗夫君的代价,类似的例子举不胜举。若是这"自由"的存在是为了获得美好的婚姻,那么也应赋予女性这种选择的自由。选择有能力做出正确决断的对象只有一种方法。需要男女互相合作完成的事情虽有不少,但其中最为主要的便是传宗接代,也就是要留下一位能够完成自己毕生未竟事业的人。虽然在他的成长过程中也必须严加管教,但更重要的是培养合格的后代,即使他会犯错,也能放心地将百年之后的事业托付于他。国家对下一代国民的培养也是一样,虽然能否将这一大单"生意"委任于他们还很难说,但这些继任者的特点绝不是千篇一律的。他们继承了各自不同的血脉,拥有独立鲜明的特征,在很多地方有互相弥补的必要,此外,说他们不会利用父母的无私之爱恐怕也是无稽之谈。对于目前尚未成熟的民族来说,这正是家庭组织问题中需要仔细研究的最为重要的课题。

对于一部分人感到忧心的人口过剩问题,我却不放在心上。我认为正是 DDT 使南瓜的谎花①增多——当然，如果我的预言没有应验，则我理应道歉。诸如对伊豆女乘务员的奔波劳苦进行嘲笑挖苦的这种风气，在大城市已经有相当程度的蔓延。由于家庭贫困，缺少生活资料，勉为其难地在扭曲的婚姻生活中度日如年的人们不断增多。也就是说，人们再次回到了婚姻形式的第二个阶段。因此，今后人口虽然不会减少，但也难以增加了吧。

——一一

　　人们常说，人非草木，孰能无情。但如果仔细观察，会发现将人比作草木也能够给我们提供一些暗示。比如我家窗外的石榴树，状态不好的时候就会只开花不结果。柿子树也会在结果后休整一年，仿佛在恢复产后的疲劳一般。于是，我们这些愚蠢的门外汉就武断地认为将身体养好是下次结果的必备条件，总想着施肥要越多越好。但又听说实际上植物正是在孱弱的状态下才会结果，于是又折其枝断其根。人类心里打着小算盘，三番五次地折磨树木无非是为了让它快些结果以满足自己的口腹之欲罢了。我家小院一角的

---

　　① 谎花指的是不结果的花。

"富有柿"便是如此，树木看起来挺拔苗壮，但过了八年多还是没有结果。水野业舟君前来拜访时，告诉我可以试着用锯子在树干上锯开一圈凹槽。我照做了，但可能因为有些用力过猛，虽然第二年硕果累累，但今年却在不知不觉间已成枯枝朽木了。

此外更令我感慨的是我家巴掌大的院子里，很早以前就种着的一株枫树。这是一棵叶子会变红的新树，园艺师们将其称作"奥州红"。有一年，食心虫在无花果树安营扎寨，大行肆虐，这棵枫树首先遭殃，它的树干上出现了几个小洞，于是我撒了一些白色的除虫粉末。正在我担心它会不会就此枯萎的时候，它却在当年的秋天一下子喷撒出大量种子，这样的种子当地土话称为"tonbikarasu"，第二年春天，它们就把周围变成了枫树的专用苗圃了。于是，正如预料的那样，母株逐渐枯萎而死。据说松树也是一样，一旦变得孱弱就会结出大量的松果。但或许由于松树的果实一般都撒落得较远，因此在其树根周围并不见有新的树苗发芽，而且母株也不会死去。我家的奥州红也曾是父母尽了全力打算精心培育的树木，因此我也曾计划仔细呵护它。但因为长出的树苗实在太多，于是一部分送给了朋友，一部分移植到自家的花盆中，剩下的几乎都拔出扔掉了。只有十几棵打算暂且留下，如今已与母株长得一般高了。此前我从未发现，原来这棵树的"孩子"中几乎没有一棵与母株长得一模一样。奥州红虽说不上是基因突变或是改良的树种，却也是经过选拔而培育出的植物，如果想要培育出一模一样的树，恐怕需要嫁接这样的人工干预才能实现。如果不这样做的话，则必须遵循"tonbikarasu"那种万里挑一式的英雄崇拜主义了。放任其在大自然中自生自灭的话大约只能繁殖出普通的山红叶，但也能期待其中或许能一点点地产生一些"意味深刻"的变化。

一二

我感到文化与民族性的互动的的确确是一个大难题。越前石彻白的桧木岭在近世时期以长满古老的杉树而闻名。如今，这些杉树大多已被砍伐，某日我去山顶游玩时，看到大约有二十多个直径一丈有余的树桩伫立在那里。现在，恐怕连这些树桩也已经被连根拔起，或是早已朽去了吧。当我站在其中一个树桩上向西北一带的山间望去时，发现山的一面全都被杉树林覆盖，且全都是高大强壮的树木。其枝头梢尖毫无衰老之色，挺拔林立于山间的情景，恐怕是人为设计的造林计划难以实现的。毫无疑问，这高高低低的树林皆与山顶那株老树血脉相连，无一例外。曾经，即使彻底委身于自然界气势磅礴的计划，不加丝毫来自人类的造作，竟也能成就如此壮观的风景。而这一伟大计划的功绩经历了漫长的岁月依然得以屹立完好。因此，也难怪会有人迫切希望以吾辈之努力与精诚之心能够使之再现吧。但这一愿望是否能够实现，则又是一个新的问题。虽说研究文化发展的规则之学问如果不取得突破则难以对上述疑问做出判断，但可悲的是，我们不足百年的浅薄经验，正在迫使人们相信那些愿望只不过是痴人说梦。果真如此的话，怎样的生活方式和聚集方式才能使更多人安居乐业？而恰恰是那些将此作为切身问题思考的人，才能够长久地存续下去吧。

　　日本原本是象征主义长期兴盛的国家，却因为被来自异国的曼陀罗思想横插一脚而变得混乱不堪，近世以来，又被一些鼠目寸光之辈所利用，无论是理想还是悟性都失去了原本的高雅气质。如今为了洗脑大众而翻出老本儿则是下下之策。然而令人深感无奈的是，如今我们对已经明确的诸多社会事实并不知晓。因此，也无法将其整理总结，并使之成为建构新思路的根基。此外，我们实际上对建立新论点畏首畏尾，迟迟不敢行动。一面让国家陷入如此混乱不堪的状况，一面又厚颜无耻地鼓吹既有文化的价值，我对这种做法嗤之以鼻。大自然是我们内心永远的朋友，微小绵长却诉说不尽的语言中仍然存在着众多的暗示，我之所以想要抱着这样的想法向勇敢前行的人们致以道别之辞，是因为我依然相信，即使是零散而破碎的线索，也终有一天能够培育出崭新的思想之花。

（昭和二十一年十月·十二月 《法律新报》）

女性的生计

一

在过去的十年中，日本民俗学的同人们走遍各地仔细寻找的那些被人们忽视的东西终于成为解决现实问题的重要参考。不论世态如何变化，婚姻都是社会生活的第一步，然而迄今为止关于这一问题的思考却十分欠缺，很多人依然以现行的风俗习惯去推测过去，断言未来。如果是已经过去的事，尚且不必过于苛责，但面向未来，仍以上述毫无逻辑的思维习惯去进行计划与争论则实在让人无法忍受。

不仅是婚姻方式，如今任何问题都处在不断的变化之中。我们必须做好心理准备，只要时代的必要性做出某种暗示，不论发生多少次改变也在所不惜，否则就会难以应付。事实上，不管是否做好上述心理准备，生活方式都在不断发生变化，但因为人们往往放弃思考而一味模仿，因此，迎来的总是失败的结果。学问的一大责任是培养我们的良知。因此，我们终于有机会向同胞中千千万万的未婚者介绍这一学问，哪怕只是一点皮毛，也感到无比欣慰。

"misugi"①在词典中的释义为"活计"或者是"糊口"，也就是说，它仅仅被解释为一种"谋生"的手段。该词或许原本是针对男性而言的，但在越后地区，它也同样用在女性身上，因此我们可以判断，它在这里应该就是"结婚"的意思。恐怕最初它所表达的是一种"就这样过一辈子"的心态。因此，也可以将其称作"misugi mochi"②，而将男性没有抚养妻子的能力称为"misugi kaneta"③，这一说法还变成了有趣的猜谜童谣，我此前也曾在《民谣备忘录》中提到过。在其他地方，一般称为"mi ga sadamaru"④，将未婚男女称为"步入社会前的人"⑤，由此可以看出，过去人们对获得"谋生"能力之前的状

---

① "misugi"日文原文为"身すぎ"，指的是只用来维持生活的方式。本书均译为"生计"。
② "mochi"是"拥有"的意思，这里指拥有谋生的手段。
③ "kaneta"是"kaneru"的过去式，有"难以……"的意思，这里指"难以谋生、难以过活"。
④ 日文原文为"身が定まる"，意思是在某处过上稳定的生活。
⑤ 日文原文为"出世前の者"，"出世"就是"进入社会"。

态有着比现在更为强烈的意识。想要考察家庭制度的变迁，就必须以这种从古至今都未熄灭的多数民众的强烈意识为出发点着手观察。

二

宫本常一氏在《屋久岛民俗志》①中，根据当地老年人的记忆，对屋久岛南端的一个离岛上过去的结婚风俗进行了详细的论述。在其他许多所谓"文明"的土地上，人们并不愿意坦率地谈论此类事情，在外来者面前尤其会多加隐瞒。然而如今看来，类似的风俗习惯在全国大多数地方几乎都存在，除了偶尔会伴随着些许的弊端之外，并无值得羞愧之处。只是互相不知其他地方也有类似习惯，而将其误解为自己家乡的某种不可告人的"陋习"，认为"家丑不可外扬"，因而大多数人都会闭口不谈。也正因为如此，日本婚姻史的脉络就更加模糊不清了。

但是从屋久岛的这个例子中我们尚能获得几个线索。其中饶有

---

① 宫本常一（1907—1981），日本民俗学者、农村指导者、社会教育家。《屋久岛民俗志》为宫本常一著作集第十六卷，由未来社出版于1974年。

兴味的是，这个岛屿的某个部落将从十七岁"染黑齿"①开始，直到二十四岁而未出嫁的女性总称为"ukimi"。连女孩子们自己也会这样称呼自己。或许有人认为"ukimi"意味着"生活没有安定下来"，不得不像"浮萍"一样四处漂泊，但实际上，这个"ukimi"却是一种雅称。它是一古语中的说法，与"ushitomishiyozo"②中的"ushi"③来自同一个形容词。遍寻中古以来的和歌及物语就会发现有大量类似的例子，均带有"春心萌动之人"，也就是"坠入爱河之人"的意思。过去，或许在这样的离岛上，这些人在民谣中将自己咏唱为"ukimi"，这些民谣使得该词语演化成颇为普通的语言，一直流行到现在。

　　在近世文学中，这一词语的必要性依然持续，也成为文人骚客笔下的常客。如今浮现于脑海的是这样一句和歌：

────────────

　　①　"染黑齿"，日文称作"歯黒め"，或者"御歯黒"，有时会写作"铁浆"二字。这是从古代开始日本上流阶级的女性之间流行的一种风俗。到了平安时代后期，一些公家和武家的男性也开始效仿，此后在民间开始流行。每个时代女性染黑齿的年龄不同，如文中提到的时代是十七岁。染黑齿一般代表成年，但在江户时代成为已婚妇人的标志。

　　②　"ushitomishiyozo"日文原文为"うしと見し世ぞ"，意思是"忧愁郁闷的过去"。出自《百人一首》中的第八十四首，作者藤原清辅朝臣（1104—1177）。《百人一首》也称《小仓百人一首》，是活跃于平安时代末期到镰仓时代初期的公家——藤原定家（1162—1241）选编的和歌集。

　　③　如注②所示，"ushi"原本的意思是"忧愁、郁闷"，但是此处柳田认为"ushi"与"ukimi"词源相同，而根据后文，"ukimi"是春心萌动的女子对自己的称呼，因此上文的"ushitomishiyozo"的意思也相应发生了变化。

已过摽梅之年(ukimi)，怎奈此生蹉跎。

但求天赐良缘，令吾坠入爱河。

此番闺中愁肠，姑且暗吟不言。

虽是强颜欢笑，烦忧却上眉头。①

然而其作者是谁却已记不清了。

俳谐中也有使用"uki"一词的例子。比如，在《七部集》②中的
《冬之日》中，有：

惜哉妾(uki)容，年华桃李，下不见蹊。

在《旷野》中，有：

"清搔"(sugagaki)③初习，始萌春心(uki 恋)。

_____

① 日文原文为"うき身世になくてぞ恋せまほしきしのべばしのぶ色ぞみえ
ける"，意思是已经到了待嫁年龄的自己就算从这个世上消失，也想要谈一次恋
爱。越是压抑这种想法，就越是在脸上浮现出来。柳田引用这句和歌，是为了说明
这里的"うき身(ukimi)"是女子对自己的称呼。

② 《七部集》，即《俳谐七部集》，是 1732 年由佐久间柳居(1686—1748)编写
的俳谐连句集，其中收录的是松尾芭蕉门下的代表作，也称《芭蕉七部集》。

③ "清搔"是江户时代初期的一种乐器。

在《猿蓑》中，有：

> 我心戚戚，君（uki 人）或两意。
> 此簾多棘，君（uki 人）且入篱。

上述例子中的"uki"均含有同样的意思。也就是说，这个"uki"应该表示的是不久之后就能够转变为"ureshiki"（愉快）的"uki"，与我们现在所讲的"寂寞难耐"的心情完全不同。①

三

然而在中央都府的浮世草纸②之类的作品中，不知从何时开始，这个"uki"专门用来表示花街柳巷的恋爱游戏了。于是，产生

---

① 柳田认为，"uki"一词表达的是一种春心萌动的感觉，而非"寂寞、忧愁"。例如，他认为"ukimi"是待嫁闺中的女子对自己的称呼，而"uki 恋"是让人怦然心动的恋爱，"uki 人"是自己思慕却有些薄情的男子。因此，柳田认为这种有些惆怅却又充满期待的"uki"的情绪不久之后就能够变为"ureshiki"（愉快）的情绪。

② 浮世草纸，即浮世草子，指日本江户时代产生的一种文学形式。其创始人为井原西鹤，内容主要是反映城市中下层市民的生活。

了"ukiyo otoko"①以及"ukiyo kurui"②等词。例如：

　　京士贤明居都城，安居乐业浮世中（ukiyo wo tatsu）。

后来，很多人把上句话中的"浮世"理解为当时汉土③语境下的"浮世如梦"的"浮世"，认为是对"浮世"的一种直译。而这些无非是那些不解风情的学究，以及不通日语法则之人的无稽之谈罢了。如果这个"浮世"是舶来之物，那么则不可能被读作"ukiyo"。然而，这样的词汇一般都是流行之物，原本应该存在于流行的歌谣中，但最后人们却把它用作在"苦界"挣扎的女子最终"堕落浮世中"④，或是将其视为与"ukareme"⑤中的动词"ukaruru"同一语源的词汇。卖春女一般分为两种，一种是到处行走、四海为家的"游娼"，另一种则是定居于故土却已失去贞操的女性。这个话题于此无用，故不再赘述。

_____

　　①　"ukiyo"即汉字的"浮世"，"otoko"是男性。
　　②　"kurui"即"疯狂、癫狂"。
　　③　这里的汉土指中国。
　　④　这句话中的"浮世"指的是青楼、花街柳巷，意思是女性沦为娼妓。
　　⑤　意思是"游女、娼妓"。是由动词"ukaruru"的名词变形和"me"（女性）组成的词。

在江户时代，有些好事者专门收集各地卖春妇的称呼。根据调查报告，在北陆一带，从越后到越前的地域中，人们将土娼称为"ukimi"，并将她们的家称为"ukimi yado"①。现在恐怕这些称呼已经不复存在，但这与屋久岛对良家妇女的称呼竟然惊人地相似。进一步说明的话，过去在四处漂泊的人中，也有不少人遭遇不幸，而只有其中的女性，才会特地向周围人宣告自己作为"ukimi"的身份。换句话说，这同时也是在宣告自己仍然是自由之身。

翻看长门丰浦郡的方言集便可发现，此地"ukimi"指的是没有配偶的单身者。如此一来，便没有了"二十四岁以下"这一年龄限制，比如，年纪稍大的寡妇也被归入这一类人当中了。结合这一点进行推理的话，就大致能够明白在越后地区仅把某一种女性称为"ukimi"的变化过程了。

横跨都城及其东西两端，内容相通的某个词汇在多达四个地区流传下来，那么如果仔细寻找的话，其他地方必定也有其分布的痕迹。于是，从语言表达的目的来看，可以说在寻常家庭的女性之间，已然出现了不需用"ukimi"来描述的新的婚姻形式了。

---

① "yado"汉字为"宿"，即"住所"的意思。

四

然而这一变迁的发生却比我们想象的要晚很多。走遍国家的每个角落就能够发现如今这种古老的方式依然有些许的留存，至少，村落中死守"ukimi"时代的风俗习惯的父亲、母亲乃至祖父母们无处不在。而不约而同地避讳这种说法，是因为人们以崭新的都市风情为高雅的做派，但其中也同样存在一些弊端。这一点还没有人注意到。

已然有人比我更加痛切地意识到近世婚姻方式的缺陷，在此一一列举就显得有些庸俗不堪了。但是有两点我想要特别指出。首先是先与素未谋面之人结为夫妻，随后再开始进入恋爱生活的奇怪做法。其次是就算对对方底细略知一二，却指望那些毫无经验阅历的年轻人对双方性格是否合适做出判断。尤其是在对方选择自己的动机无从知晓的情况下，将认真对待此事的年轻人们置于不得不为那些通晓人情世故又充满慈爱之情的"长辈们"替自己做出决定而表现出感激和欣喜的境地中。我认为，这样的形式不应该长久持续下去。而令人感到不可思议的是，从未有人思考过这种方式是否原本就存在，而人们又是否无一例外地依照它决定婚姻大事。

此外还存在另一方面的问题。是否给予年轻人们充分的自由就能够让他们做出最佳的选择呢？以目前的状态来看也难有定论。男性或能如武者修行一般四处寻觅伴侣，但能够邂逅之人的出身品性又十分有限；女性则常处深闺见识短浅，接近者少有触动芳心之人。不如说，正因为有了选择的自由，才更有可能长年在踌躇和迷茫中虚度年华。当然，整个社会也不应袖手旁观，但何种形式的协助才最为有效？这些问题毫无前车之鉴可供参照。过去的人们又是如何解决的呢？当下是思考这一问题最为必要的时候，这使得我想要举出屋久岛的"ukimi"团体作为话题试论一二。

五

过去的村里人的情感是粗线条的，因而以此为支撑的习俗也不可能简单复原，但依然有几点问题可供我们思考。首先，在婚姻问题上，友人的力量确实避免了一些失败的选择，这一点与今天最为不同。第二，很多人认为，过去人们都以在同一部落中选择配偶为原则，因此各个家族最初都以此为目的而试图接近其他家族并开发出更多的选择对象。如此一来，虽然选择的范围依然很小，却能够避免一些判断的失误。第三个力量就是习俗本身，女孩子过了十六岁就要"染黑齿"，以表示自己已经到了适婚年龄，且必须要对一位男性的"tsumadoi"做出回应。以上三种规定如今已不复存在，如果依然存在的话恐怕很多人已经不堪忍受这种束缚，但对于墨守成规的人来说，这三种规定却反而显得难能可贵，更谈不上是"束缚"了。

"染黑齿"的习俗在明治时代以后踪迹全无。而在此之前，也经历了几个逐渐衰退的阶段。曾经流传最广的说法是不能让婴儿看见母亲的白色牙齿，因此要在孩子出生前将牙齿染黑。而我们把这看作一种半老徐娘的妆容。此外，在壹岐岛等地，女性在"嫁入"之后的第三日，或者是在交换彩礼的日子将牙齿染黑。更有不论是否婚配，到了二十五岁就要染黑齿的例子。然而，这几个例子应该是较晚才出现的，原本和男子"元服"①一样，是进入适婚年龄的标志，但其原因却不得而知，或许是自古以来的某种约定俗成的做法吧。在岐阜县西部的山村，有称为"十七祝"的女性成年仪式，在此时要用铁浆染黑牙齿并着盛装拜访家中亲戚。此后，在某些地方，会避开十八岁或十九岁，而选择在这前后来染黑齿，也有选择在十五岁之前完成的例子。虽然每个地方各不相同，但基本上都以满十六岁为适龄，在屋久岛这也被看作是加入"娘组"的年龄。

---

① "元服"是奈良时代以后出现的标志着男性成年的通过礼仪。"元"即"首"，"服"即穿着，"元服"即给头部加冠之意，因此也称作"加冠"或者"初冠"。

六

在其他地方，染黑齿与"娘组"的入会仪式大多是在不同的时间分别举行，因此后者的目的也变得难以理解。但是，恐怕"娘组"这一组织存在的必要性，除了确保拥有合适的婚姻生活外也并无其他了。与所谓"ukimi"团体相对应的"青年团"，如今在九州以南的地方被普遍称作"nisekumi"。也就是相当于中国地方①以东的"若连中"或者是"若者组"②，"nise"一般对应的是"二岁"③这两个汉字，但毫无疑问的是，其本意应是"nii（新）se"，意思是新进入成年阶段的人。

这样的男女两个未婚者团体，究竟是在如今的家族制度中逐渐形成，而后又经历了分裂、对峙的，还是在更早以前就已经存在，由于其存在的必要性而被保存下来的呢？通过比较不同民族的发展

---

① 此处"中国地方"指的是日本近畿地区以西，包括广岛、冈山、鸟取、岛根、山口等县。

② "若连中"与"若者组"是日文汉字的写法，中文意思均为"青年团""青年会"，与前述的"娘组"相对应，这些组织由青年未婚男性组成。此处为了保留原有词语的对照性，按照日文汉字翻译。

③ "二岁"发音为"nisai"，与"nise"接近。

轨迹，我们或许终究能够解决这一疑问。但是我们已经无法等待这一结果了。但以目前所拥有的知识，至少能够做出以下的推论。也就是说，以家为中心的生活中的利害得失，碰巧与这两个未婚者团体的意志相对立，而与此相反，两者（两个未婚者团体）之间却没有任何的抵触，不如说它们之间的关系比它们与家庭之间的关系更为紧密。如果两者之间只会在意彼此，只是每当机会出现时才会相互往来沟通的话，那么就可以单纯地将其理解为适龄未婚男女的合理行为。但除此之外，还存在另外一种情况，即其中一方作为监督的一方，另一方则无条件服从其制度。

虽然各地都存在上述有趣事例，但一一列举的话需要占用大量篇幅。以下仅举出屋久岛的一例。在这里，"nisekumi"约束、管理"ukimi"团体，并提醒"ukimi"团体注意避免做出伤风败俗之事。有趣的是，这里所谓"伤风败俗"之事，仅仅指女性与邻村其他男青年保持过于密切的交往，却并不包含村内男女之间的亲密关系。

仔细观察不难发现，这样的现象在全国到处可见。直到今天，外村男性前来与本村年轻姑娘约会，都会激起本村男青年们的愤慨。在很多地方，就算是明媒正娶，离村的姑娘也会遭到各种各样的阻挠，需要颇费一番功夫才能平息这场混乱。然而，在"若者组"的管制比较宽松的地方，部落内部的恋爱游戏却可以放纵无度。所谓贞节，似乎只是女性婚后的道德标准，而此前并不受此约束。有人推测，这或许是日本曾经存在过的"集体婚姻"中残留下来的部分，虽然这个看法有些过于大胆，但至少用"集体婚约"来描述各个村落的"若者组""娘组"的实际状况是毫无不妥的。他们在订下婚约的日子染牙齿，着华服，设宴席，邀亲朋好友前来庆贺。这一点与此后的"嫁入"何等相似。只不过在很久以后，个人的选择才成为可能罢了。

　　从我国漫长的结婚制度史来看，这也可以算作一个相当发达的阶段。如今，周围的状况已经发生了改变，我们无法重现当时的情景，但至少，年轻的男女互相接近、互相观察、互相评价的本领在这一时期得到了很好的锻炼，有些地方直到现在还保留着这样的习俗，因此，在那之后一般都朝着相反的方向发生变化。尤其是如何更好地利用女性被赋予的自由，在这一点上还有很多值得注意的地方。

七

　　所谓"性别教育"是晚近才出现的词语，因此甚至在承担这一教育任务的人们之间也存在着误解。有不少人认为，如果传授这一知识着实困难的话，那么也可以将其"暂时搁置"。而如果是可以"暂时搁置"的事物，那么所谓"教育"也就无从谈起了。就算"性别教育"这一名称有诸多不妥，就算"教育"方法简单粗暴，只要存在必要性，就一定会在某些场合被人传授。作为获得"生计"的必要条件，也并不一定只是生理上的"性"知识，与之伴随的心理上、道德上的知识中，也有许多不得不了解的内容。但是在过去的日本，将这些"知识"挂在嘴边，即使在父母与兄弟姐妹之间也是一种禁忌。姑娘们通常都伶牙俐齿，又总有年长一些的粗暴女性以大欺小，她们的行为也大多不受长辈们待见，但确实有很多知识需要她们口耳相传。家长们知道这些知识都是做出正确判断的前提条件，为了孩子们的幸福，也只能硬着头皮拜托她们允许自己的孩子加入团体了。

然而，这种自古以来就存在的组织，一旦面临衰颓的危机，就会墙倒众人推。其弊害日渐明显，也无人能承担改良的任务。与之相关的人都是流水般的过客，而考虑下一代的婚姻大事则为时尚早。如今，时代已经发生了变化，人们开始认为无论何事，只要是古来的东西则万般皆陋习，人人得而诛之。即使在远离文化中心的边缘地方，如今还在流传这些古老习俗也是不可思议之事。然而，仔细观察的话则会发现，各地之间存在着些微的差异，这些差异恰恰代表了"娘组"习俗衰退过程的每一个阶段。虽然习俗的执行者们反而没有察觉，但民俗学研究的同人们正在尝试着将这些事实关联起来，以解读这一部尚未写成的常民婚姻史巨著。

下面，我将简单地概述至今已经明确的事实真相。在各个村落的年轻女子之间，存在着有"宿"①和无"宿"两种情况。当然，现在无"宿"居多，但其中又存在着亲密程度的差别。例如，在存在着"铁浆亲"②和"笔亲"③习俗的地方，姐妹之间关系最为密切，除此之外只能与年纪相仿的人才能建立相似的亲密关系。但是，一般情况下，如果没有"宿"这一场所，则他们很难有亲密无间的关系，而且会不断有人退出这个集体。与之相对，很少有人会从"宿"中脱离，只有婚姻才是离开的唯一理由。而所谓"宿"也分为两种。一种是仅作为临时留宿场所的"宿"。女性到了成人的年龄，则会拜托村中德高望重的大家庭，组织五人到七人每夜前往其家中整夜留宿。

---

① 这里的"宿"原本是"临时居所、住处"的意思。但是这里与"娘宿""若者宿"对应，指的是过去日本年轻男女共同工作、交流、沟通的临时处所，为了区别于一般的意思，译者将其按照日文汉字译出。

② "铁浆亲"是名义上的亲子关系的一种，在女子成人之时定下的名义上的双亲。原本来自"铁浆"（即染黑齿）为女子成年的标志，在此之前，将叔伯母或者其他血缘关系较近的年长女性定为该女子的"铁浆亲"的说法，后来，由于"染黑齿"的时期推迟，演变为在婚期临近的时候再进行这一仪式。

③ "笔亲"与上述"铁浆亲"指同一事物。由于"笔"是"染黑齿"的工具，所以也叫作"笔亲"。

后来，或许人们认为这种方式给对方增添了过多负担，久而久之就变成了另一种"宿"——"asobiyado"或者是"yonabeyado"①，年轻人们带着工作聚集到此地一起加班，过了初更之后便各自回家。这种情况一般局限于秋冬等黑夜较长的季节，参加与否完全自愿。但年轻人们前来相会，携手工作，闲话家常，饮酒作乐，欢度愉快时光，在这一点上两种"宿"并无区别。如此一来，人人和平相处，不起波澜。当时有不少人认为"宿"能够减少男女之间的纠纷矛盾，以今天的眼光来看，恐怕难以苟同吧。

也就是说，当时年轻人的感情并不像现在这么细腻。说得更露骨一点，恋爱在年轻人之间只不过是一场游戏，与小孩子间的打打闹闹并无区别，它与真正的婚姻生活之间还横亘着一条鸿沟，只不过是偶然跨越了过去，就成了决定女人一生命运的选择。如今对这样的例子已无耳闻，但就在短短的三四十年以前，男女同住的"宿"还在各地存在。就算频率不高，也至少会在一年当中挑选一个日子，青年男女共处一室秉烛夜聊，更有不少胆大妄为之徒特地前往"娘宿"过夜。因此，在某些沿海地方能够听到以下不可思议的盂兰盆舞歌谣：

---

① "asobi"是"游玩"，"yonabe"是"夜班"，也就是原本用于过夜的"宿"成了共同玩乐和加班的场所。

虽曰佳人，匪我所喜，夜夜共枕，待子以礼。（男性对女性）

虽曰君子，匪我夫君（shinte），夜夜相伴，寤寐合衣。（女性对男性）

"shinte"恐怕指的是"内心深处"，即内心笃定要娶其为妻的人，这里指的便是这种决心。而放弃了这道防线①的女孩子们在这个地方被称为"石榴"。这是因为，石榴是一种经常开出谎花的植物。在某些岛屿上，在那些出生后无人称其父的孩子中，只有女孩会遭受世间的嘲笑，就算大家都知道其亲生父亲是谁，也不会有人为其撑腰。所谓"私生子"仅限于这一类孩子（女孩），甚至出现了很多饱含恶意的方言。虽然听起来令人意外，但这种情况其实是非常少见的。这或许是因为，大多数情况下男女双方的团体都不会放任不管，而是努力引导同龄人走向正式的婚姻。

（昭和二十二年一月 《HOPE》）

----

① 放弃这道防线，即对方尚没有娶自己为妻的决心就与之发生实质关系。

"yobai"[①]的衰颓

一

西方学者曾经认为，在古老的日本村落中，一群男性未婚者会和一群女性未婚者实行"集体婚姻"，这是否是事实尚未可知。但我在前述章节中已论述过，至少有一种应该称为"集体婚约"的形式直到最近还在持续。而这一论点所依据的事实，我目前能想到的至少有三个。第一，一般认为"娘组"受到"若者组"的监督，或者说得更露骨一些，未婚女性与寡妇曾处在年轻男性的控制之下。这一说法如今已经演变成茶余饭后的谈资，并没有人相信这是真实存在过的现象，但会有不

---

① "yobai"日文原文为"夜這い"，现如今是指没有缔结婚姻关系的男女的"私通"行为，有强烈的负面意味。由于本章涉及"yobai"一词内涵的演变，与如今的意思有所不同，因此译者选择将其用罗马字译出，以显示其内涵的演变过程。

少人在讲述时添油加醋不亦乐乎。第二，过去年轻男子不愿与外村的女性结为夫妻，而且有些人也许嘴上不说，但心里会把恶意戏弄、强行灌酒等单方面的行为视为不当。女性一旦与其他村落的青年保持亲密关系，便会受到严厉的制裁。直到现在，都有因夜间偷偷潜入女性住处与之幽会玩乐而遭到殴打的现象。上述两个事实是相互关联的。第三，年轻男女曾经分别拥有各自的"宿"，成员之间会互相来往，谈一些连兄弟姐妹之间也难有的私密话题。如此一来，许多人在这样的交往中结为夫妻，这一习俗直到今天也有零星的留存，而在上一代人中则十分普遍。同属一个家庭的兄弟姐妹，也常有加入不同"宿"的情况。"宿"的目的之一确实是为年轻男女提供共同工作的场所，但它作为男女定情、缔结姻缘的风水宝地更是不可或缺。

　　除了上述三个证据之外，另有一个已经成为传说的事实。曾经，人们会选择一年一度的重大节日或其他重要的日子，定为年轻男女可以互相接近的特殊日子，这也成为许多美好姻缘的契机。这种特殊待遇一般情况下仅限于同一地域内的年轻男女。与"歌垣""kagai"①等古代社会的记录结合来看的话，或许也能够将此算作一个例证吧。

---

　　① "歌垣"（utagai）与"kagai"是同一事物的不同时代的叫法，指的是在特定的日子里，年轻男女通过对唱情歌表达露骨爱意的习俗。

二

如今已成惯例的日本婚姻习俗与古老村落中的缔结姻亲之间的巨大差别是我首先想要思考的问题，但是，究竟是何种机缘导致其中一方转变为另一方？抑或是二者独立并行，只是随着社会的发展，一方逐渐衰退，而另一方逐渐兴盛，最终胜者将败者的习俗视为不道德的事？也许不对不同民族的发展之路进行详尽的比较研究，其起源就无从追溯。但至少在所谓"有史"之后①，也就是日本人于这片国土广泛定居之后的种种事实，只有我们当事人能够考量。尤其是如今新规的制定使得这一惯例之上又被赋予了新的变化，正是期待与担心并存之时，我们的研究才更有现实中的必要性。

在过去一个世纪的历史进程中，最重要的事件便是"娘宿"的衰微和减少。"若者宿"②一直以来保持繁荣，在有些地方，甚至能与其他新兴的青年团体并行不悖。而反观"娘宿"③则少得可怜，而且

---

① 此处"'有史'之后"应指有文献记录之后。
② "若者宿"与"娘宿"相对，即男性之"宿"。
③ 参见上一注释。"娘宿"即女性之"宿"。

其中有一半都是单纯为了夜间工作而聚集在一起，并不在此过夜。此后，逐渐又演变为祭祀之日和其他假日的聚会场所，或者是结交挚友的场所，除了极少的例外情况，大多数适龄女子都不再前往居住。明治以后则又出现了新的原因，即工厂、学校一般都拥有集体宿舍，或者说更重要的原因是都市生活的扩大使古老的习俗已经无法实现。但实际上，这一衰微的倾向在更早的时候就出现了苗头，其证据早在中世时期的记录中就已经出现。例如，在武家以及地方豪族的女子当中，至少有一人会一直独守深闺，并在接受男性青年的求婚之时，受到有别于一般村落习惯的"特殊待遇"。沿袭了三轮神话①的所谓"丰后花"系统的传说故事如今能举出几百个例子，在全国各地都有分布。也就是说，原本是一些罕见的特殊事例，却不知何时成了随处可见的一般情况。这是我的一个假设。

---

① 三轮神话指的是三轮山传说，是《古事记》与《日本书纪》中围绕三轮山的神婚故事。曾有一位长相俊美的男子夜间拜访了一位叫作活玉依姬的美丽女子，导致该女子怀孕。但当时女子并不知晓男子的真实身份，于是将穿有麻绳的针插入男子的衣角，打算第二天跟随男子一探究竟。麻绳穿过房门的锁眼，女子顺着麻绳来到了男子居住的地方，却发现这里竟然是大物主神的神社，这时女子才明白，自己腹中正是大物主神之子。此时，剩下的麻绳还有三卷，于是将该地称为"三轮山"。

三

据我想象，最初一门一族都各自供奉着自己的神灵。而只有负责侍奉神灵的某一位处女，是不能成为"娘组"成员的。例如，在常陆的鹿岛，女性一旦被选中负责"物忌"①，便不得不坚守岗位直到年迈色衰；而据说丹后某个神社的巫女一旦萌生了七情六欲，外界就会出现某些征兆，因此她们通常都会"畏罪而逃"。虽然上述情况中的女子年龄并无定说，但明显可以看出她们很难重新服从寻常"娘组"的管束了。而到了中世，在氏神的侍奉者中却有不少已经嫁人的管事主妇。所谓神灵的侍奉者须为处女的这一规定较为宽松，由尊贵之人的配偶来承担这一角色的情况在冲绳等地尤为多见。这一倾向可以看作是信仰的合理化，同时也能让人感到衰微的迹象，但随着社会的发展，这已是大势所趋。许多民族在这一点上都具有共通之处。

但是有一点却是日本特有的现象。曾经有很长一段时间，似乎存在一种将远道而来的准女婿视为尊贵之人的特殊情绪。这或许是人们认为村落中生死与共的居民无高下贵贱之分，皆为凡俗之人的缘故。

---

① "物忌"指的是斋戒。

在《贞永式目》①的名篇中，曾有不得将"月卿云客"②纳为女婿的戒条，在曾我的物语中则有伊豆、相模等地势力较大的"地侍"③均与异地之人互结姻亲的记录。由此看出，这些无疑都是某种所谓"政治婚姻"，江户时代以前，政府对各个大名的婚姻都会严格管控，但不得不说，是只有成为宗家主妇、侍奉祖神的女性才能够在婚姻上不依赖"娘组"的古老观念在其中发挥了重要的作用。只有本家的夫人才会将跨越千山万水方能实现的哪怕只有一次的"婿入"看作极其不易之事；将媒妁之言与道听途说当成唯一的依据，让不曾相识之人成为自己的女婿——诸如此类的奇特婚姻形式演变为世间稀松平常之事的根源也与上述神奇的观念有关，同时也是将基于这种观念的做法视为模板，并认为无论何人都能加以效仿的想法所导致的结果。若果真如此的话，那么这也是一种所谓"世态"，其创造者就是这个社会本身，而法令只能是追随其脚步姗姗来迟。也就是说，无人能够知晓这一变化的过程和脉络，因而也就无法判断这究竟是好是坏。

---

① 《贞永式目》也称为《御成败式目》，是镰仓幕府于贞永元年（1232）制定的与武家相关的法律。

② "月卿云客"意为地位很高的人。"月卿"指的是排名前三的公卿，"云客"是在宫中允许登殿的"云上人""殿上人"。

③ "地侍"指的是从室町中期到安土桃山时期出现的武士身份的一种。原本是经营农业的名主等有势力的百姓，与守护大名以及当地的国人领主等结为主从关系，从而获得了武士的身份。

四

　　正如统计数据所示，如今，村内居民之间的联姻仍然占据一定的比例。完全不与外村女性联姻的部落依然为数不少。然而，"娘组"这一团体仅因为一两个特殊家庭的退出就逐渐解体，至少是可供暂住的"宿"逐渐消失，姑娘们都不得不各自回家过夜的现象其实很早就开始出现了。因此，男性的"若者宿"就算是暂时保留，也无法再继续发挥曾经拥有的功能了。简单来说，所谓"公平选择"在女性一方变得尤其困难，女性越来越难以获得充分了解男性的品行之后再决定自己一生伴侣的权利。遗憾的是，以上事实在文字记录中甚至没有留下只言片语，我认为这着实是令人痛心疾首的社会史研究的一大损失。

　　例如，"yobai"一词变得不堪入耳，后来甚至被理解为在君父面前都难以启齿的极度下流的行为，这也是前述变化所导致的结果之一。在上代的史书和文学作品中，使用"yobai"的例子数不胜数，其含义有"聘礼"，有时候甚至直接对应"婚姻"这两个汉字。人们将原野的山鸡与山川的青蛙的鸣叫声称为"tsumayobu"①（唤妻），从中可

---

① "tsumayobu"日文原文为"妻呼ぶ"，指的是鸟兽、昆虫等求偶时的鸣叫声。

以看出"yobai"是"不停地呼唤"这一动词的名词形式，原本或许是男女互相呼唤对方的意思。然而后来却逐渐演变为男性去远方求偶归来的意思，这恐怕是受到"唤"字或"呼"①字的影响，于是自然而然地，比邻而居的人们之间——尤其是女性——渐渐不再使用这一词汇。然而在现在的口语中，表达"召唤人们"这一意思时一概使用"yobu"一词，此外，将媳妇或女婿迎入家中也都使用"yobu"一词，只有"yobai"一词，不论是其含义还是使用的场合，都变得极其有限了。

<h1 style="text-align:center">五</h1>

如前所述，某一词汇在古今各地的不同用法对于理清婚姻制度的演变来说是非常重要的线索，然而却没有人对其进行回顾与整理。虽然我并不认为自己能够胜任此项工作，但至少应该先将我所知晓的事实如实向下一代传达。大间知笃三君在爱媛县南部村落里听到的故事中所提到的"yobai"，所指的范围十分明确。人们一般将男性前往女性家中这一行为称为"yobai"，这与其他地方并无不同，但在这里（指前述爱媛县南部），同样是拜访"娘宿"，却只有

---

① "唤"与"呼"带有朝着远方大声呼喊的意思。

外村男性拜访"娘宿"才被称为"yobai"。从反面来说的话，同村的青年男女互相前往各自的"宿"则不包含在"yobai"这一行为之中。这样一来我们便可以判断，过去，一般在有"娘宿"的时代，村子里是没有"yobai"这一说法的。而过去的八丈岛等地的例子却与此不同，在《八丈实记》中可以看到将进入"宿"的年轻男性都称为"yobai"的记录。同一词汇的上述两种用法究竟哪个更为古老，如今我自己也难以断言，恐怕还需要进一步的思考。

将拜访居家女性的行为称为"yobai"的例子在近世变得十分常见，只是其中存在着两种类型，它们互相矛盾且差别明显。如果进行更为详尽的考察，则能够将分类更加细化，但大体上来说，有不少地方是将暂且搁置父母的认可，有时甚至不顾对方女性的意志，便在夜里侵扰女性的这一无礼行为称为"yobai"；与此相对，另一种则认为"yobai"是必须经过父母的认可之后才能付诸行动的，而秉持这样观念的地方也不在少数。在能登半岛西岸的海女部落中，年轻女性努力工作，与同伴之间的感情也非常深厚，然而他们却没有住所，因此以男女相爱并同居为目的的行为被称为"道约束"①。

---

① "道"是"道路"的意思，这个词表达的含义是男女交往没有固定的场所，而是在路途中遇见并互相约定。

郡志中记载，年轻男女自由参加"道约束"，各自寻找理想的配偶，在闲暇之时不分昼夜，随时可以相会谈笑。一旦"道约束"获得双方家长的认可，男性便可公然出入女性的居所。濑川清子氏①曾经在报告中提到，上述男性出入女性居所的入口便叫作"yobaiguchi"②。也就是说，在这里存在一个男女交往虽已开始，却还未成为正式的"yobai"的缓冲期。

六

泽田四郎作君③的采访日志中记载着飞驒某个山村的例子。在这里，"yobai"所指的范围似乎更大。从男性确定新娘并完成"taruire"④的仪式，到结婚仪式前一天往来于新娘家中的行为都被称为"yobai"。据说这是为了防止有人横刀夺爱，其他男性一旦得知名花有主也就断了念头。男方的父母会在行前叮嘱儿子注意不要着凉，

---

① 濑川清子（1895—1984），日本女性民俗学者，长期关注日本女性生活，主要著述有《渔村生活与妇人》《海女记》等。

② "kuchi"即"入口、出口"的意思，这里辅音"k"发生了浊音便，成为"g"。

③ 泽田四郎作（1899—1971），日本民俗学者。

④ "taruire"日文原文为"樽入れ"，是一种订下婚约的标志，即由男方向女方赠送"柳樽"（"柳"即酒，"柳樽"即酒樽)的仪式，也就是"奉酒"。

而有些部落的人则会在清晨遇到"yobai"归来的年轻人时，问候一句"辛苦了"。以前，妻子留在岳父岳母家的时间相当之长，即使双方父母都已知晓，公开奉酒、获得认可也需要漫长的等待。在这期间，就需要有年长的女性对新郎的行为进行监督了。在肥后球磨郡的村落里——虽说已经是两三代以前的事了——据说有一位老人在年轻的时候，在三年的时间里，不论是皓月当空还是阴霾笼罩，每晚都会有意高声哼唱小曲，沿着同一条路前往那位姑娘的家中。即使没有华丽的仪式，也能权且把这小曲当作正式的结婚宣言，如果出现了竞争者则随时奉陪到底。这种动人心魄的"yobai"，恐怕是那个时候年轻人的共同回忆。同时，这也反映出现实中"宿"的生活已经逐渐衰退，在彼此伙伴的见证下建立恋爱关系的机会逐渐消失。或许未婚男女的痛苦与忧愁，便是在这样的过程中逐渐积累起来的吧。

七

此外，还有一种不同形式的"yobai"存在于某个地方。具体是哪个村庄已经不得而知，大约是在爱知县东部，以及和歌山县沿海的村落里，将年轻男性在夜间公然前往适龄女性家中的行为称为"yobai"。盛夏时节倚着门口的纳凉台，严寒冬日则坐在炉边的工作椅上，就这样无所事事地待着。明明独自前来即可，但偏偏是三五成群。来访的目的再明显不过了，因此家里没有人会自讨没趣地询问，只是举家欢迎他们罢了。为了能有更多的人前来，为了来人能待更长的时间，做父母的通常都会煞费苦心。这一习俗根深蒂固，绝不仅仅局限于上述两三个地方，但大多数地方认为这是一种"yobanashi"①，也有些地方认为是"yoasobi"②。虽说二战以后发生了怎样的变化不得而知，但近年来"得益于"国语教育，不少人试图用互相通信来代替这一"不规矩"的交往形式。虽然互相通信能够帮助年轻人们根据语言措辞来判断彼此的性格和癖好，但到了互诉衷肠的时候，这种方式却难以将更多的竞争者挡在门外。于是，年轻人们想要利用路边的简短聊天或是树荫下的休息时间，但除非加入"宿"生活，否则这种机会极其难得。仅在三轮、姬岳③

---

① "yobanashi"日文原文为"夜話し"，意思为夜谈。

② "yoasobi"日文原文为"夜遊び"，意思为夜间游玩。

③ "姬岳"传说即出自《平家物语》的"大蛇传说"。传说有一位叫绪方三郎惟荣的人是可怕之人的后裔，他有一个独身的女儿住在丰后国的某座山下。不知从何时开始，一个素未谋面的可疑男子每晚都潜入女子住处，女子最终怀孕。她的母亲认为事情可疑，便询问自己的女儿，女子说道，男子来时能够看到其容貌，但走的时候却什么都看不到。后来，母亲让女儿在男子离开时用连接在线团上的针刺入男子的衣襟并跟随男子离去。后来女子顺着线来到了男子的住处，正是仁立在日向国境内的"姬岳"山（今祖母山）脚下的一处巨大的石屋。（后略）此例与前述的"三轮山"之例相似。

或者净琉璃姬的物语①中见到的"独自一人式"的访问，频繁增加是否是必要的结果不得而知，但这种面对面的促膝长谈对内心脆弱的人来说总归是一种沉重的负担。然而据说在农村，家家夜不闭户，并给予年轻女性独立而隐蔽的寝室，为年轻男性的到访提供方便，若不如此，则会有损名声并遭到各种恶意捉弄。农村的风俗礼仪曾经经历了几个阶段的变化，在有些地方，前来时应手持灯笼，用力推开第一道大门，使之发出巨大声响后再进入，否则会被当成行窃之人。而在有些地方则要宽松得多，父母只是站在很远的地方暗中观察而已。与此同时，女性也会磨炼自己的判断与观察能力，总之，并不是所有人都会卷入那种轻率的"试验"式婚姻中，前车之覆，后车之鉴，更多人为了避免交友不慎而导致一生幸福毁于一旦，从而各自在婚姻问题上始终保持甚至有些过度的戒心。以新娘入籍为开始的现代婚姻生活在日本并不是自古就有的。而它之所以变得如此普及，我并不认为是家族制度带来的必然压迫所致。

———————

① 承安四年（1174），牛若丸（源义经的幼名）在前往奥州平泉投靠藤原秀衡的途中，留宿在净琉璃姬居住的矢作之里的兼高家中。某天，牛若丸被突然响起的净琉璃姬的琴声吸引，于是用笛子与之合奏，二人逐渐萌生爱意。但是牛若丸必须立刻启程前往奥州，于是将自己的笛子"薄墨"赠予姬作为信物，离开了矢作之里。姬日日思念牛若丸，最终无法忍受这一无疾而终的恋情，在悲伤中跳入山谷结束了自己短暂的一生。

八

比起各自的家庭,"娘组"会向年轻女性们传授更多的"防身术"。因此,即使在共同的留宿场所消失以后,这个团体也继续活跃了一段时间。而当"娘组"也终于解体,年轻姑娘们也不得不回归自己的家庭,此时,母亲们便以超乎寻常的母爱介入女儿的婚姻大事,然而,可做之事毕竟有限,在很多问题上她们也束手无策。有些富贵家庭雇用了乳母或保姆,这自然无可厚非。若是有热心的邻居大妈,也能绕着圈子托托关系,但这也是父母开始认真对待这个问题之后的事。世间大部分人认为一个人一生的命运就应该顺其自然,却反而意识不到所谓制度与习俗在其中发挥的作用。我在年纪尚轻之时,曾两三次听说有失去母亲的女孩在临近婚期之时选择自杀的惨剧。于是我深深感到,孤苦伶仃的女孩在现如今制度的束缚下,其境遇是如何的悲惨。但即使是父母双全的家庭,对这一问题的解决方式也不能说是万无一失的。

在被嘲笑为"未开之地"的乡下,人们倒也酝酿出了一些解决方法。例如,在女儿超过适婚年龄之前,父母一般都镇定自若,心中也没有什么大致的目标。但这种情况下,父母一旦设身处地想想自己年轻的时候，就会开始忧心忡忡。他们会寻找时机，装作若无其事地向女儿年长的朋友打听。一些风趣的老父亲会酒气熏天地接近年轻小伙子，用"你们这些小兔崽子，天天没精打采的怎么行"这样的话来激将。年轻人们则对父母的苦心了然于心。家里要是有个天天大门不出二门不迈的儿子，父亲们则会焦躁不安，更有甚者，逢人就打听"唉，我家×吉①咋样了？看着像是有了对象的样子不？"。而那些放不下身段的父母则会早早开始物色儿媳，并三下五除二地将生米煮成熟饭，期待两人婚后再慢慢培养感情。这些迫不得已的做法，皆是因为婚姻问题实在无解。在农村，媳妇与婆婆同住的形式也出现得较晚。之所以演变为这种形式，一是因为后来女性作为劳动力对娘家的重要性有所减弱；二是因为失去了选择自由的被动的未婚者，再也不能一直守着娘家直到终老了。

九

　　家庭干涉婚姻自由的风气在过去就已初见端倪，进入近世以后则愈发明显。但是，其动机源于对家庭利益尤其是经济利益的顾

---

①　在日本古代，很多男性的名字中都带有"吉"字。

虑，这与当事人自己的偏好，也就是决定配偶的自由原本就毫无关系。在农村生活中，这两种自由原本就是并行不悖的。例如，在内海西部的某个岛屿上，有一位与父亲同住的三十岁左右的女性。虽然女儿已为人妇且生儿育女，但由于家中没有其他女性能够承担家务，因此父亲始终不同意女儿正式出嫁离家。这让男方极为困扰，渐渐不再前来。于是，又出现了第二位男性，并且女儿再次生子。这种荒唐事在当时的社会却不会遭到别人的冷眼，仿佛只是一种"无可奈何"一样。一般情况下，父母都会将男方纳为婿养子，但这个家庭却做不到。不仅是因为家境过于贫寒，还因为女儿选择的男性偏巧都有无法成为婿养子的身份。在广岛县的山村里，有一位模范青年，同时也是年轻人的首领，他与到了适婚年龄的妹妹一起生活。他的妹妹一直渴望嫁人，终于得偿所愿，随即前往对方家中。如此一来，只剩下哥哥一人生活。渐渐地，年华似水，青春不再。由于家中没有其他女性，一旦成为他的妻子，就要承担更为沉重的主妇职责，平日里繁重的劳动自不必说，要是家中有个三长两短更是火上浇油，想到这些，自然就没人愿意成为这家的亲戚。别人都能够想象嫁入这家后的生活，因此虽然他是位与人为善的青年，却没有姑娘愿意与他为妻。若是在大都市里，恐怕这样的夫家反而是很多人求之不得的。这是因为都市人并不看重男方的家境，他们物色的，恰恰是那些无事一身轻的落单青年，如此一来，相当于家中多了一个儿子。然而，在农村和渔村则情况有所不同。各种农耕和渔业劳动需要共同协作，因此人们更愿意与能够提供帮助的家庭结为亲家，更有些自私自利之人单纯以对方的劳动能力为目的，特意谋划这种小型的"政治婚姻"，而这尤其离不开介绍人的"智慧"与"谋略"。女性常常被诱导，或者一方并不知道另一方早已居心叵测，就稀里糊涂地与对方订下婚约，从此埋下婚姻不幸的种子。于是家庭对婚姻的干涉愈演愈烈，甚至把未经父母同意的婚姻看作"私通"。如果这就是"私通"的话，那么中世以前百分之九十九的婚姻都是"私通"了。那时，父母在儿女订下婚约的第三天才会接到通知。如果每次都发生纠纷不欢而散的话，那么这一惯例也就不可能持续如此之久了。也就是说，在婚姻问题上做出正确判断的能力，早已在农村被事先培养出来了，而我认为这个功劳应该归结于"娘宿"本身，抑或就是"娘宿"所具有的功能。

一〇

俗话说，三个女人一台戏，乡下人尤其喜欢说长道短。刚过门的年轻主妇自然会遭受人们挑剔的眼光，稍不留神连男方也难以幸免，成为众人品头论足的对象。虽然有人因此苦不堪言，但仔细想想，这对于他们来说，却是仅有的一次观察社会的机会。整天搬弄是非的长舌妇们自然是粗俗不堪，但实际上，周围总是有那么几个只听不说的看客。聆听也会有害，更何况那净是些"引人入胜"的话题。工厂和宿舍生活聚集了来自四面八方的人，任何人都沉溺于打探消息不肯罢休，但也并不一定所有人都因此而变得左右逢源。况且乡党之中尚有年功序列，在很长时间内，人们不能像前辈们那样随意开口，因此，实际上更多的消息都来源于所谓"旁听"时代，这在一定程度上限制了人们追问到底的作风。正是因为拥有自由，所以他们感到迷茫。于是，他们能在即将做出决定的危险时刻悬崖勒马，就是因为听了太多无疾而终的悲惨爱情故事。

年轻姑娘和小伙子这一对伙伴，很难长期保持亲密无间的关系。但他们之间的交往也并不一定自始至终都只有揶揄和谐谑。通过群体力量来表现的女性舆论必定会在某个矛盾出现的时候显现出来，而这一舆论最终会对男性们的判断产生决定性的影响。例如，即使是在对年轻男性的去留十分宽容的地方，欺骗对方家中的长女也是极大的罪恶，人们对男方施加压力，使其履行约定。这样的规定似乎还有不少，但我还未进行搜集整理，因此也就无法详说。他日，当它成为对我们的未来不可或缺且严谨周密的知识时，或许会有人愿意一幕一幕回忆起来吧。

一一

　　如果说所谓赋予女性婚姻自由，只是在其不情愿时不加强迫的话，那么事情就变得简单明了，而且一直以来人们都是这样做的。但如果更进一步，允许女性自主选择自己心仪的男性的话，那么选中的人是谁就会立刻成为问题。在梦中当然可以自由描绘幸福美好的图景，但现实中能够实现的部分却十分有限。她们恐怕只能相信"缘分"这一虚无缥缈的宿命，并在神佛面前虔诚祈祷，希望偶然邂逅的那个人就是命中注定的最佳选择。若要实现真正的自由，就必须借助某种"工具"，使"自由"本身最大限度地发挥作用。而这种"工具"并非所有人都能用得顺手，一旦搞砸就可能成为媒婆和介绍所的囊中之物。以村落为单位的交友组织，最初或许只是繁衍后代的手段，而后来当事者的良苦用心却渐渐把它变成了充满青春记忆的快乐花园。如今这样的组织已经几近荒废，往日繁盛再难重现。人们甚至将村落看成一道围墙，难以忍受它所带来的束缚。我们不得不重新建立能够取而代之的、目的明确的交友机构，否则，所谓"自由"就会失去全部价值。

过去，曾有人试图发起青年团的改革运动，并想要严令禁止"nisekumi"的"yobanashi""yoasobi"行为。据说，当时在西国的某个岛屿上，率先站起来反对这一运动的就是年轻的姑娘们。她们抗议道"如此一来，该如何是好？""如此一来，如何寻得夫婿？"。听到这些话，我首先想到的是，"宿"一直都是年轻人的乐土，而围绕"宿"的生活其实是有明确目的的一项事业。只不过有时计划赶不上变化，或者没能及时妥善处理一些棘手的麻烦罢了。我认为，其主要原因在于参与这项事业的人思虑不周。所谓自由，应该只属于那些聪明睿达、颖悟绝伦之人。

（昭和二十二年三月 《思索》）

锦木①与游山

一

锦木千株，古来之恋望兴叹

——松尾芭蕉

松尾芭蕉在元禄二年（1689）"奥之细道"的旅行途中，曾在酒
田的不玉亭写下诗句，以上俳谐便出自其中的一卷。前句"春蚕蠢

---

① "锦木"是日文汉字的写法，读作"nikishigi"，中文意思是卫矛。卫矛是一
种灌木，高约1～3米，开白绿色小花。由于后文中柳田提到"锦木"名称之优美，
若按照中文意思译出则无法表现"锦木"两个汉字的韵味，因此本书中的"锦木"均
按照日文汉字译出。

动，纤纤玉手轻持帚"，描写的便是富贵人家女子的优雅举动。这或许只是单纯的古风趣味，又或许是致敬古代东北的地方风雅，但对于正苦苦思索这一问题的我来说，似乎能够从中窥探出芭蕉本人的婚姻观。正如《万叶集》中"慈母怀抱，丝丝缠绕，心如蚕茧，茧似笼牢"一歌吟唱的那样，养蚕一般都是父母庇护下的年轻姑娘的工作。① 那么，若在这样的女子家门前栽一棵锦木，结果又会如何？又是经过了怎样的改良，使得这一古老而浪漫的求爱方式，至今仍在东北地区的村庄里流传呢？芭蕉把这看作极尽风雅之事，而不只是俳谐这一文体的特有韵味，我也姑且大言不惭地表示赞同吧。

正如文献中记载的那样，比起日本西部，东北地区的开拓事业要晚上很多。这里地广人稀，因此村庄的结构也十分简单。"娘组"与"若者组"均不如其他地方活跃，恐怕也是上述原因造成的。这里没有"宿"这一常设的休息场所，男女集体往来的频率也是以季节为

---

① 此歌出自《万叶集》卷十二，二九九一番歌，作者不详。原文为"たらちねの母が養ふ蚕の繭籠り"，本义应为"正如年迈的母亲养的蚕躲在蚕茧里一样，（子女）关闭心扉终日郁郁寡欢"，原本是要说明在那个时代母亲对子女的监管非常严格。但这里柳田理解为"母が養ふ子（の養ふ蚕）の繭籠り"，即"母亲抚养的孩子所养的结了茧的蚕"，故后面一句话说这证明了养蚕是年轻姑娘的工作。对于古代的歌谣，柳田有自己的理解，用来佐证自己的观点，译者认为无可厚非。但为了尊重原文的意思，故引号中将诗歌按照本义译出。

单位的。其中一个原因，是在村庄的中心有一个规模很大的家庭，平时年轻男女们都是在那里共同生活的。不可否认的是，日本的求婚方式最开始就有两种，但据我推测，其中的一种——即"单独访问制"——原本是非常少见的，只是后来逐渐发展，并变得复杂而丰富起来。或许对这片深山的"古来之恋"详加考察的话就可以发现，它能够勾勒出这两种求婚方式更为古老的形态在东北地区长期流传以后又各自经历的不同的发展路径。

当然，这只是老朽之人的无聊趣味，自然不足以引起当下"务实者"们的兴趣。因此，我只是简明扼要地提出问题，并将话题向更有参考价值的方向推进。我首先想说明的只有一点，即日本人原本就不排斥族内婚姻。因此，就必然有针对族内男女的联姻与不同家族之间的联姻两种方式的择偶方法。然而随着社会的发展，民族发生分裂重组，其内部组成变得复杂，多数婚姻都变成了异族之间的通婚了。因此，"双向式"婚姻逐渐受到轻视，或者干脆消失。而单向式婚姻也逐渐不能顺应时代，从而依据现实状况做出了许多改变。时代发展到现在，中古以来做出的改变是否妥当已经成为一个疑问。向心爱之人赠送锦木这一古色古香的风俗最初通过地方官员和江湖侠客传播开来，令京城的文人雅士们新奇不已，这恐怕是距今九百年前的事了。但当时社会中利害得失的庸俗观念已经深入人心，至少那些舞文弄墨之人会认为这种罗曼蒂克的求爱方式只不过是一种稀奇古怪的民俗罢了。

二

然而锦木其名优美雅致，其外形也透出一种"物哀"之韵，因此读过和歌的人们都会有十分深刻的印象。古老的歌集中，有着这样的诗句：

> 陆奥之国有莽夫，不予佳人文墨，持锦木一尺有余，装缀枝梢，立之门前。
> 佳人忻然，即刻取之；佳人淡然，夫续栽直至千株。
> 遂感用心良苦，取锦木，会君子。

从"千株"可以看出，男子三年间风雨无阻，夜夜前往女方家赠送锦木。此外，还有男性会给女性赠送这样的情歌：

> 锦木千株，爱意浓浓，深闺卷帘，予吾探否？

而在口口相传的过程中，又出现了"深草少将的百夜车""床榻上的留言"①等谈资，这只不过是一些锦上添花的文饰而已，不可能一开始就做出如此周密的计划。但问题在于，送来锦木的究竟是何人？我们无从知晓，故权且把它当作一个杜撰的故事吧。

这里吸引我们关注的是"家印"②。现如今，"家印"在东北地区的山村里依然随处可见。人们在山间各自砍下树木，虽然与其他人的树木混在一起推入河流使其顺流而下，但只要用砍柴刀在树木的一端做上简单的记号，就相当于宣告了它的归属。也就是说，每家每户互相都认识彼此的"家印"。当"分家"越来越多，"家印"也随之变得复杂，但基本上都是用三根或四根线的横竖组合来给各自的房屋做上标记。南至与那国岛，这种风俗的痕迹随处可见。奥州的锦木上或许也刻有"家印"，如此一来年轻的姑娘就能够知道，这正是

---

① "深草少将的百夜车"与"床榻上的留言"都出自世阿弥（1363—1443）等能剧作家创作的有关小野小町（平安时代女诗人，生平不详）的传说——《百夜行》。传说深草少将深爱着小野小町，而小野却深感忧虑，为了让深草少将及早放弃，就对他说："如果你能够连续一百天每天夜里来到我的住处，那么我就顺遂你的心意。"深草少将信以为真，于是每天夜里前往其家中，但他最终也未能如愿，在一个大雪纷飞的夜里气绝而亡。"百夜车"是深草少将前往小野住处时乘坐的车，而"床榻上的留言"指的是到了第九十九夜时，要在其床榻上留下印记证明自己已经坚持至此，但一般都寓意最后无法达到目标。

② "家印"指的是用来标识主人房屋所有权的刻在木材和工具上的记号。每家的"家印"各不相同，"分家"与"本家"的家印有时候也有细微的差别。

深爱自己的小伙儿独自上山精心挑选的树木。人们只是用某种染料将"家印"描画在仅有一尺多长的色彩斑驳的木头上，而且那个时候的农村绝不会有能够用"锦"字来描绘的美丽颜料。由此可知，围绕锦木的传说到达京都以后，又被当地的人们增添了一层绚烂的色彩。

三

有人说锦木是烧柴用的木材，我认为这种说法不无道理。直到今天，收集取暖材料依然可以算作女性最为辛苦的工作之一。为了不让佳人的"纤纤玉指"变得黯淡无光，男子会在天亮之前上山挑选一根上好的木头，悄悄放在女方家门前。如果真是足够痴情的小伙儿，恐怕现在还锲而不舍地在某处续写这一浪漫情节吧。不论是姑娘本人还是父母，都会被这种热情所打动而感到内心无比喜悦。或者为了确认对方的诚意，故意有三五日置之不理，但双方在树木孤独伫立、不日朽去的这段时间里彼此忍耐试探的场景，恐怕只有在文学作品中才能看到吧。因此我一直认为，和歌中的歌枕①都经由

---

① 歌枕是和歌中的一种修辞方式，一般指和歌中频繁提到的名胜古迹，或者是和歌中出现的其他特殊语句。在本文中，"锦木"便是歌枕。

歌人们的生花之笔而变得更加丰富华丽了。尤其是像"一尺有余"这样的说法，正是通过都城的院门结构样式推算出来的。在农村，所谓"kado"①就指的是屋外的空地。一根微不足道的小玩意儿在这样的空间里根本无法引起注意，因此，男性身高决定树木长度这一说法更加接近事实吧。正如情歌渐渐远离表达爱意的初衷，沦为夸耀才能与知识的手段，与锦木相关的浪漫传说也不知不觉变成了流传坊间的艳闻逸事。但就算是"未开"之国的一介"莽夫"，也不会把自己一生的命运寄托于这种游戏之中吧。至今，越是在"野蛮"之地，人们越是更加明确地区分明媒正娶的婚姻与露水情人的游戏。而正是所谓文艺世界，才是使得上述二者之间的界限变得模糊不清的罪魁祸首。

凡人世界的传统恋爱认真而凄美，丝毫不加儿戏，其中的大部分都是柴米油盐的枯燥生活。在很多地方，人们称年迈时续弦的新妻为"chamorai"②，称寡妇再醮的新夫为"kihiroi"③，这些称呼中都含有"未被赋予生儿育女之职责"的讽刺意味。根据伊豆诸岛的古老习俗，新娘在订下婚约后仍然会在娘家停留一段时间，并不与男方

---

① "kado"汉字一般写成"门"，指的是门前、门外。
② "chamorai"日文原文为"茶もらい"，"もらい"是得到的意思。
③ "kihiroi"日文原文为"木拾い"，"木"指树木，"拾い"是拾的意思。

的父母同住。但她们也有必须履行的责任。每天早晚各一次，新娘们需要将柴火、水桶等顶在头上送到未来的夫家。这种做法原本与求婚手段并无关系，最初只是一种感情的自然流露，后来却逐渐程式化，变成一种必须履行的规定了。恐怕锦木的故事也是如此吧。

<h1 align="center">四</h1>

过去，氏族的结合比现在更加紧密、牢固，并且规模庞大。大量未婚男女聚集起来共同经营一片土地。在这样的时代里，爱情的表白丝毫不受约束，简单、直接、自然。然而这种"土生土长"的习俗从很早以前就已经几近消失，寻遍东北各个角落也难见其踪迹。大家庭拆分成数个小家庭，虽然大家同处一村，却各属于不同的工作团体，于是，人们再也没有机会朝夕相处互道问候，更不用说为了减轻心仪之人的劳动负担而特意承担多余工作了。当然，年轻人们也曾寻找各种新的机会，但为了让村庄成为一片繁荣的乐土，年长之人也必须出谋划策。于是，一方面他们（年长之人）对"锦木式告白"这种个人的参与给予了充分的理解和宽容，另一方面，他们同样也积极地支持人们共同思考并酝酿出体系完备、机会均等的集体性行动方式。

毫无疑问，我们必须从更为古老的现象中追溯上述两种求婚方式的起源。但是，为了顺应新的需要从而将这些方式带进各自的村庄这一事实，以及人们认为若不肯定并积极发挥这一惯例的功能则所有人都无法得到满意的婚姻生活这一社会状况，是中古时代以后逐渐开始出现的。当下，这已经不仅是我的推测，而是根据几个事实，从民俗学的角度证实了的结论。只不过今天这通常被视为个人的私事，一旦成为局限于个人自身的问题，便再难有人重新关注了。由此而导致历史上的沉痛经历灰飞烟灭，在毫无准备的情况下就必须面临当今的重大改变，这不得不说是源于我等对此问题的长期怠慢。或许为时已晚，但至少我们必须将已知之事传达给后世之人吧。

五

　　青春易逝，芳华不再，重新回顾年少的过往，会深切体会到"伤春"①一词绝非无病呻吟的文艺辞藻。尤其是东北地区天寒地

---

　　① 日文原文为"春を懐ふ"，意为"怀念春天"，这里有对青春的逝去表达伤感之意，故译为"伤春"。

冻、冬夜漫漫，在劳动期间转瞬即逝的生活中，在心上人的家门前栽下千株锦木的闲情逸致成为只属于少数人的奢侈品。虽然大多数情况下并没有为年轻男女准备的常设之"宿"，但即便是有，也无法像其他地方一样充分发挥作用。若要使青春年少的美好时光成为一生难以割舍的回忆，则必须另外寻找新的途径。人们普遍认为，在春种伊始，或是秋收将终之时，以"kakusetsu"①"忘秋"②等美丽辞藻为名而举办的体现人们迫不及待的心情的集会，是冬天交通极其不便的北陆、山阴一带的地方风俗，然而这一风俗实际上在奥羽地方最为常见。到了正月，"铊饼"③之日也好，"苧桶饼"④之日也好，或是盂兰盆节以及称为"moshi"的日子，都是年轻人游乐玩耍的日子。此外，尤其吸引我的是从春天冰雪消融之时一直持续到初夏的"山行"⑤。这一习俗在这个地方也被称为"aomonotori"⑥，原本是为了采集一年当中所需的食材。但听一听那响彻谷涧的山歌就能

---

① "kakusetsu"是日本古代的一种风俗，人们各自携带酒食聚在一起饮食玩耍。
② "忘秋"日文原文为"秋忘れ"，是人们庆祝秋收结束、忘记农耕劳苦的节日。
③ "铊"是伊豆大岛"嫁人"仪式上使用的一种工具，同时也是一种重要的农具。"饼"日文读作"mochi"，是糍粑的意思。
④ "苧桶"是一种用于收纳针线工具的小木桶。关于"饼"的种类和意义，请参看本文集第一辑中的《食物与心脏》。
⑤ "山行"日文原文为"山行き"，意为进山，前往山中。
⑥ "aomonotori"日文原文为"青物採り"，意为采摘新鲜蔬菜和水果。

知道，这完全是男性针对女性的求偶之歌。关东平原的"割草歌"也是一样，对于唱歌的人来说，能够放声高歌的日子，便是决定一生命运的日子。在春光明媚的日子结伴而行、登高游玩的习俗至今在全国各地都很常见。虽然折口氏①认为这是一种"斋戒"，但至少东北地区的"aomonotori"是一种劳动，从中还看不出信仰的痕迹。只是这种劳动能使人体验到乐趣罢了。

如今，已经很少有人认为这一天的"劳动"能带给人们什么乐趣，虽然还有人认为这一天是"解放之日"，但大多数人不认为这应该属于婚姻中的一个环节。实际上，这并不是婚姻自由的开始，而是婚姻自由所带来的结果呈现出来的日子，关于这一点，已经有很多证据可以证明。《民俗学》杂志上曾经登载了位于秋田县北部的某个村庄的例子。在这里，人们将三月十五日这一天称为"游山"，人们会聚集到山冈上的八幡神社参加祭祀。虽然其中也不乏已婚者，但为数甚少。男女各自组成团队并互相议论。于是，未婚者们可以通过这次相聚挑选结婚对象，返回家中与家人商量后做出决定。于是，在这个二百户规模的村庄中，每年春天都有七八对新人步入婚

① 指折口信夫（1887—1953），日本民俗学者、国文国语学者，也是一名诗人，对柳田执师徒之礼。他的研究被统称为"折口学"，具有自己的特色。

姻殿堂。因此，这里大多数人都较早成婚，并且不与其他村庄的人通婚。

六

与之相似的习俗在气候更加温暖的地方也能够零星看到。《乡土研究》中曾经记录，在位于东海道、距离冈崎以东二里①的地方有一个叫作山中的村庄，其中有一个部落会举行一种叫作"御山"的祭祀活动。未婚男女身着盛装，背着装草的竹筐进入山中，载歌载舞，终日游乐。他们通常会在这一天订下婚约，若无功而返，父母则会忧心不已。因此有些家庭会提前做好准备，如果女婿来自村外，则姑且将其视为本村人留在村中，再令其进山与自己的女儿订下婚约。如今这一习俗不知发生了怎样的变化，但在过去，约定的双方必须都是本村人，且这一约定也必须得到父母的承认。

在远州地区坐落于山脚下的村庄中，有一种叫作"hiyodori"②的舞蹈似乎就是以订婚为目的的，在《远州风土记传》这一地方志中，

---

① 在日本的长度单位中，一里大约相当于3.9公里。

② "hiyodori"是一种鸟，俗称白头翁。"hiyodori"舞原本是为了祈祷风调雨顺的占卜之舞。

有这样的句子：

> "hiyodori"之舞，乃山歌（kagai），亦情歌（utagai）①。

《乡土研究》中还记载，在大井川上游的佐泽药师堂中，到了正月初七的晚上就会整夜举行这一"hiyodori"舞会。虽然最近女性参加得较少，但一开始前来的人大多都是以订婚为目的的。一旦接受了婚姻的邀请，姑娘们的父母就会询问她们"是否以'hiyodori'舞订下婚约"。或许当姑娘们给出肯定回答之时，父母们就已经无法拒绝这门亲事了。

上述"hiyodori"舞会与前面两种"游山"不同，它是允许外村人参加的。这或许是后来才将参与的人员扩展至村外的，但即使这样，人们也不会与不知底细的陌生人订下婚约。在距离东京不远处的多摩郡的村庄里，到了冬天会举办"嫁市"②。最初这是男性寻找伴侣的机会，但近年来却变成以展示新娘装扮、寻觅伴侣为目的的

---

① 这里的"山歌"与"情歌"是一回事。原文中分别对应"kagai"和"utagai"，前者是东国的说法，后者是一般说法，但都是求偶情歌的意思。这里为了区分两种说法，故使用中文的"山歌"与"情歌"分别与之对应。

② "嫁市"中的"嫁"指新娘。"市"在日文中有"展示会"的意思。

庙会了。在爱知县叶栗郡前飞保的曼陀罗寺中，到了阴历正月二十五日会举办"飞保的嫁见"①这一与法然②上人忌日那天类似的祭祀活动。有一些已经过门的新娘也会来参加，但也有不少人抱着相亲的目的，带领希望寻得美好姻缘的姑娘前来参加。我认为，或许以前这里也曾有过类似佐泽药师堂的参拜活动那样，以当场订下婚约为目的的习俗吧。

七

由上述习俗所想到的是在阴历九月最后一天的晚上，会举办祭祀活动迎接氏神降临出云，在这一天，会订下氏子们的姻缘，因而年轻男女会前往参拜。这一风俗在全国各地非常普遍，直到今天我依然记得，我在孩提时代总是听到大人们说，神灵会出现在神殿的每个角落，用手指亲点鸳鸯，因此一定要尽量两个人肩并肩站在靠

---

① "见"就是看的意思，"嫁见"就是物色新娘。日本很多地方都有类似的风俗，被称为"嫁见祭"。在大多数地方，参加这一祭祀的是过去一年间已经结婚的新娘，一般在婆婆的带领下，身着婚礼当日的服装前往曼陀罗寺，人们会在当天对这些新娘表示祝福。

② 法然（1133—1212），平安时代末期至镰仓时代初期的日本僧人，日本净土宗的开山祖师。

前的位置。过去，人们会在一年当中选择一天，集中订下多个婚约。上述习俗恐怕就来源于此。从每位女性的立场来说，最理想的是能够尽量有更加宽裕的考虑时间，并且在多听别人的意见之后再做决定。但这一愿望无法实现，因此不知不觉人们开始相信这些都是"缘分""前世注定""神灵的指示"，于是草率地定下自己的终身大事，想来也是凄凉无比。若要彻底实现新的婚姻自由，则必须熟知先辈们的经验，双方更加深思熟虑之后再做决定。

八

虽然还有很多其他实例，但稍显冗长，因此我打算跳过举例，直接从结论说起。婚丧嫁娶的习俗中，婚姻习俗最容易成为吹毛求疵的对象。这是因为，婚姻的结果能够迅速在数字上体现，不需要考察每个个体的具体情况。虽然每个人都有各自不得已的理由，但居高不下的离婚率也只能归结于计划的失败。不嫁不娶孑然一身了却此生的人不断增多，无论如何也算不上什么值得夸耀之事。但是，这并不是通过婚姻自由的实现就能够改善的现象。亲生父母自不必说，就算是七大姑八大姨齐心协力，也很难帮助子女做出完美无悔的婚姻选择。就算是佐以"认命""盘算"这些俗念，也依然会如此彻底地暴露出婚姻的不幸，不得不说是因为没有一个行之有效的求婚方法。这是因为，虽然外部社会的情况已经发生了转变，但与之相适应的改良手段却一直极为敷衍而滞后。

城市的发展便是一个通俗易懂的例子。城市中的的确确聚集着成千上万的未婚青年，但以选择结婚对象为目的放眼望去，所有人都显得如出一辙，因此即便合适的对象就在眼前，也很少有人能够注意得到。更何况留心观察、"货比三家"的机会少之又少，不管有什么样的理由，人们依然偏好于"一见钟情"，匆忙结为夫妻，恋爱游戏与终身大事"傻傻分不清楚"。村庄里曾经拥有专门为择偶提供极大便利的组织，然而，这些组织逐渐扩大，与外界之间的界限变得模糊，每家开始有每家的偏好和期待，因此人们逐渐开始轻视村庄内部的联姻。即便如此，好事之人依然乐此不疲，在某段时期内，他们还算是起到了一些正面作用，促成了不少美好的姻缘。但当这些"好事之人"越来越少，他们就只能以其中一方的需求为中心，并在此前提下出谋划策，这种情况实在是令人忧心。虽然古来的惯例（指"宿"时代的惯例）中也有不少弊端，但未来年轻男女的亲朋好友还是要从整体的立场出发，共同研究解决问题的方法。若非如此，首当其冲的便是社会的制约力，它会变得越来越弱，直到不足以支撑古老的婚姻道德。

从每位女性的立场出发，如果家门前伫立着千株锦木，或者像生田川物语①中说的那样，有多个男青年甘心首疾赌上性命来争夺自己的话，自然是令人窃喜之事。但这样的事在现实中凤毛麟角，而且就算真的存在，这么乱来也只会给邻居带来困扰。只是沉浸在白日梦的幻想中是无法拥有幸福家庭的。所谓文学总是将这些多余的烦恼加于年轻人的身上。赠送锦木这种表达爱意的古老方式，正是以让我们重新认真思考寻常之恋爱的某种契机出现，并偶然在风雅之士中间传播开来的。就此问题，我还想要进一步深入说明，但篇幅有限，只得就此作罢。

（昭和二十二年一月 《妇人公论》）

---

① 出自"菟原处女传说"。平安时代的《大和物语》对这个传说进行了改写，成为以"生田川"为舞台的故事。它讲述了两位男性为了争夺一位女子而进行惨烈的斗争，最终女子自绝性命，男子也随之殉情的悲惨故事。

"出女"与"出女房"①

一

在冲绳，艺伎被称为"zuri"，一般以"尾类"这两个汉字标注。虽然这一说法已经逐渐成为过去，但我想以这两个极其罕见且微不足道的事实为线索，尝试探寻古老文化中隐藏的那些只言片语。

一直以来，有很多人将"zuri"理解为对内地"joro"或"joro"②一词的讹传，但这只是毫无根据的推测而已。所谓"女郎"③是对涂脂

---

① "出女"与"出女房"都是"离开家的女子"的意思，其内涵在正文中有详细论述。

② 原文中第一个"joro"为"ジョウロ"，第二个"joro"为"ジョロウ"，即第一个是"jo"为长音，第二个是"ro"为长音，由于本书以罗马字标注假名时不标注长音，故在此加注。

③ 与上述"joro"对应。

抹粉的女性的一种敬称，原本是"上﨟"一词的简化，沦为对"娼妓"的一般称呼则是后来才有的现象。然而在南方诸岛，"zuri"一词的应用则相对更早。但是这种元音上的变化——尤其是"ro"变为"ri"或者"re"——的例子，在其他地方则绝无仅有了。

此外，"zuri"原本应该写作"duri"①。宫良君②在《南岛采访语汇稿》中写道，不仅在很多岛屿上该词发音为"duri"，在其他地方语言中又有发音为"dore"或者"douri"③的例子。这个音应该与表示"deru"④这个意思的九州方言中的"duru"⑤相近。虽然"尾类"这一假借字的年代比较久远，但如果能够弄清其出现的具体时间，则也能够成为一个很好的参考。

"尾类"的"尾"为国音"o"，也有个别例子是发音为"bu"的，但

---

① 现代日语中同样发"zu"音的有两个假名，此处前者为"ざ"（za）行"ず"，后者为"だ"（da）行"づ"。二者发音完全相同，但罗马字表记中，由于分属不同的行，因此表记也不同。原文为片假名。

② 宫良当壮（1893—1964），大正至昭和时代的国语学者。创设日本方言研究所，编辑发行了《琉球文学》，对战后琉球文学的研究产生了重要影响。

③ "douri"日文原文为"ドゥリ"，中文音似"都里"。这里举例的目的是证明正确的写法应是"duri"而不是"zuri"，因为前者属于"だ"（da）行音，而这里的"do"也属于同一行。

④ "deru"日文原文为"出る"，意思是出（门）、进入、走出等。

⑤ 如前所述，为了区分发音相同的"ず"与"づ"，后文将在需要区分之时，将"ず"标记为"zu"，而将"づ"标记为"du"。

是在南方岛屿上发"du"音的情况更多一些。例如，一般将"鹡鸰"这种鸟称为"shirikunagi"①，因其尾部可以上下摆动，故得此名。而在首里或那霸等地，则称为"dukunaga"或者"dumitamita"。也就是说，将"shiri"读作"duri"，因此使用了"尾类"这两个假借字。虽说是听起来有些别扭的音韵变化，但其中却存在着一种法则。现在与那国（yonakuni）这一岛名，在八重山群岛则大多发音为"yunon"，而在与那国岛本地则发音为"dounon"，也就是说，这里"ya"行音的"da"行化最为常见。"尾"字的"o"音变为"du"也属于这一系列的变化。

此外，将"ri"音标记为"类"字的例子虽然少见却也存在。例如，表示"东方"的"agari"，在《omoro草纸》②的标记法中大多写作"agarui"。可以看出，曾经有一种发"rui"音更为合适的"ri"音。在内地将"明亮的"发为"akarui"，但实际上至今仍有许多人发为"akari"。首先可以确认的是，在冲绳，表示"游女"意思的"duri"，人们在发"ri"音时会更加用力。而且，在日本，"duri"一词的出现比"女郎"变为她们的专有称呼更早。

———————————

① "shiri"在日文中是臀部、尾部的意思。
② 《omoro草纸》大致成书于1531年到1623年，是由首里王府编纂的歌谣集，共二十二卷。

二

由于官方的规定，"游女"们在某个固定的地方定居，不能自由进入该地区以外的地方。过去，也曾经由于交通的发达，她们自然而然地聚集于某个地方，所谓指定住所也并不一定对她们构成束缚。但不仅是指定区域的面积大小、交通往来的难易程度产生了各种各样的不同情况，为了对她们实行有效的管理，官方的规定也再一次变得必要起来。虽说冲绳至今仍然存在的"游廓"①最初是在距今二百七十年前，也就是在宽文十二年（1672）形成的，但显然那里并不是"游女"们出现的源头。就在有关"游女"活动区域规定出台的第二年，在农村又实施了严禁寻找娼妓的法令，而在九年前的册封使的记录中，也有"土娼甚多，称之侏离（duri）"或"已散至外岛"等字样，这或许是预测到那霸以外的地方也有很多同样类型的女性，当她们看到外国船只进入，便会争先恐后前去招揽生意。官府限定"游女"们的活动场所，其原因就在于此。

---

① "游廓"即花街柳巷，但由于古代限制妓女们的活动范围，所以与一般意义上的花街柳巷不同。

在日本内地，所谓"廓"①仅在少数大城市存在，而她们的活动自由在其他港口等地总体来讲并不受限制。而在南方诸岛，除了那霸以外，最终没有在任何一个地方形成"色町"②。也就是说，在这里我们有必要探寻在"游廓"形成之前的状态。当然，政府的监管是一种障碍，但同时也是一种保护，一种官方认可。尤其是政府一旦指定某地为"游廓"，人们的注意力便会被吸引过去，而其他未被指定的地方则形同虚设，至少不会出现在官方文书中。因此，对于以文书为唯一史料的历史学来说，这样的地方就会成为被遗忘的角落，而它们的重要性也被人们抛在脑后了。

所谓"公娼""私娼"的问题，虽然众说纷纭热火朝天，但丝毫没有得到实质上的解决。尤其是对于日本这样建立健全的婚姻制度迫在眉睫的国家来说，我们是否还有将长期积累起来的重要经验束之高阁的余地呢？我认为，我们已经不能再对事实充耳不闻、视而不见了。而又是什么催生了上述令人不齿的女性生活呢？探寻这些问题的途径究竟是否存在呢？我认为，正是在被海水分割得零零散散的岛屿上，才存在着其他国家难以拥有的调查上的便利性。关于

---

① 这里的"廓"指的就是"游女"活动的范围。

② "色町"与上述"游廓"意思基本相同。

这些问题，我想要与千千万万的未婚者们共同探讨一二。

三

众所周知，即便是"游女"这种令人唾弃的职业，在漫长的岁月中，也存在着变化推移，并经历了几个发展阶段，而这些都无法通过片面的文献记录了解清楚，只能通过比较数个不同地方的情况，来大致推测其变化过程。虽然民族学的同人们并未怠慢这项工作，但国家不同，文化的发展速度也有快慢，而且一直以来的发展步伐一旦发生改变，单纯的由"甲"变"乙"或者"丙"的过程就难以证明。与之相对，如果一群人血缘相近、语言相通，只是分别居住于不同地方的话，这一异同就有了意义，而且彼此间也容易互相了解，因此能够收集大量的事例。这是所谓"folklore"或者称为"民间传承"的这一学问在日本尤其能够发挥作用的地方。

举例说明的话，比如任何人都不会认为"kakae"①这个制度是最初就有的。但是自从它开始出现，这种买卖就变得更加令人唾弃。人们从小就培养那些原本能够过正常生活的正值芳华的少女，迫使

----

① "kakae"指的是以三年为一个限期包养艺伎或娼妓的不成文的规定。

她们沦为"游女"。在诸如江口神崎这种中世时期的繁华之地，有称为"长者"的较有势力的"倾城"①作为几位"游女"的领头人。但这与江户时代的"kimigatete"②制度不同，并不是"鸬鹚空自泛寒洲"式的资本主义买卖。更加详尽之事不为人所知，但初期的"游女屋"的主人原本对"太夫"③是相当尊敬的，虽然只是形式上，但"太夫"毕竟是指导多位见习游女的"启蒙老师"。不知不觉间，作为从属者的"太夫"不再有利用价值，"置屋"④会让人不惜重金买下众多已经培养成才的"游女"，而熟知花街柳巷之事的人也十分清楚，这些"游女"都将面临悲惨凄凉的命运。然而，同样是卖弄风骚的女性，"艺伎"是更早的一种形态，其背后是否有资本家操控不得而知，但其组织结构与以前的"职人制"非常接近，女性形式上成为一个经营集团的核心，这个集团从各处领养年幼的女孩，也有极少数母亲干脆直接培养自己的亲生女儿，并让她继承与自己相同的"事业"。这一形式看起来与冲绳的"duri"组织惊人地相似。两者之间既没有彼此效仿也没有相互借鉴的痕迹，而且《游女记》以后的记录显示，上述

---

① "倾城"指的是娼妓。
② 过去，曾经把"游女屋"的主人称为"游女的亲父"，日文发音为"kimigatete"。
③ "太夫"指的是"游女"或其他艺人中地位较高者。
④ "置屋"指的是拥有艺伎、"游女"的经营者，一般有料亭、茶屋等。

形式与"瞽女"①和"歌比丘尼"②等人的生活也有许多类似之处，因此，我认为它们都是从事此类职业的女性所必须经历的某个过渡阶段。

四

作为文化史研究的兴趣点之一，我想要对"卖笑"③成为一种职业之前——至少是直到这种职业将世袭作为有利之手段之前——的状态考察清楚，然而其史料的搜集却绝非易事。只有在南方诸岛，岛与岛之间相隔较远，导致这一现象的原因出现的时间也各不同。因此相对来说，更容易追寻其变化的足迹。例如，"duri"一词虽然早已分布于三十六个岛屿，但该词的内在含义却在每个岛屿之间存在着很大的差异。在规模较小的岛上，这一词汇仅指居住在那霸某个区域的女性，即只有在那里才能见到的女性。虽然小岛上的人们不认为他们当中存在着这样的女性，但是在宫古、八重山等规模较

---

① "瞽女"指的是眼盲的女性。

② "歌比丘尼"原指近世以后出现的一边哼唱念佛歌一边四处行走的比丘尼，后指卖春女。

③ "卖笑"与"卖春"意思相同，是另一种说法。

大的部落中，被称为"duri"的女性早已在那里定居并开始自己的买卖了。然而她们的行为又与在路边招揽生意的"duri"有所不同，而更像是"茶屋女"①"saboshi"以及"daruma"②。这也许是近年来随着外来人口的迁入而出现的新名称吧。

然而奄美大岛的情况却与之相反，"dore"以及"zore"等词是很早以前就出现的，而"yamato zore"③这个名字仅用在这种新式的"kakae女"④身上，与其他人加以区分。如此一来，原来的旧式"dore"就消失得无影无踪了。但这是不久以前的事，因此我们尚且能够追随她们离去的背影。大概二十多年前，在岛屿的民俗调查刚刚起步的时候，大岛有一位名声在外的"dore"，虽然已经年老色衰，却依然精神矍铄。听说她嫁给了一位猎人，甚至还扛着鸟铳出入深山之中。此外，还有一些被称为"sakashi"的女性甚至能够写出优美的流行歌曲。处在世事变迁的分界点，这些女性终究没能培养出自己的后继者。

在一个邻近的小岛上，却存在着另一种情况，这种情况在大和

---

① "茶屋女"指的是饮食店中负责斟酒、陪客人玩乐的女性。

② "saboshi"与"daruma"指的是同一种女性，只是在不同地方说法不同。与上述"茶屋女"意思相似，指在高级的饮食场所负责陪客的女性。

③ "yamato"的汉字是"大和"，即日本的意思。

④ 参照前述"kakae"的解释。

108　关于婚姻

地方更为多见。人们认为在少年成长为独当一面的男子汉之时，有一个不可或缺的仪式，就是寻找一名女性前来侍寝。据说在灵山山麓及神社附近的"游乐所"便是为这个仪式而设立的，但由于岛屿人口有限，没有必要修建如此大规模的设施，村中有一名"dore"就够了。然而随着这位"dore"逐渐年老，又没有新的继任者能承其衣钵，于是最后一名尚且健在的"dore"或许已经是年逾古稀的老妪了，这听起来也相当凄凉。我们无论如何都不能将她们看作与近代的"尾类"完全不同的人，也不能认为她们是晚于"尾类"出现的、后来又有所发展的现象，因此，她们同时也成为又一个历史发展过程中的里程碑。

五

有关奄美大岛"dore"的生活，此前已经有较为详细的报告问世，如今也仍然有许多人能够清晰地讲述有关"dore"的回忆，但令人困扰的是很少有人把这些记录当成重要史料加以珍惜，甚至更多的人试图将其隐藏起来。因此，我们有必要证明，对于未来婚姻制度的确立，这些都是不可或缺的参考资料，然而随着社会的变迁，这项工作也变得更加举步维艰了。

根据我们现在的推测，在奄美群岛的"dore"或者"zore"一直延续到今天的生活方式，正是保存了那霸指定"色町"区域以前——也就是宽文十二年（1672）以前的状态的生活方式。这一点只要对本岛各地的古老传说以及那些成为政府监管的"漏网之鱼"的不为人知的历史稍有了解，就能够确认，然而就算上述资料已经无迹可寻，也尚有许多能与内地情况进行比较的可靠资料。例如，根据大岛居民的记忆，"zore"中有"marizore"和"wirizore"①两种。前者游走于各个村庄，也就是文学语言中所说的"游行女妇"，或者是被称为"ukareme"的女性。而后者则是在自己的出生地定居，同样也拥有恋爱的自由。这一类女性没有全国通用的称呼，但由于"wirun"有"定居"之意，因此称之为"wirizore"也就容易理解了。从人数和种类上来说，原本后者要远远超过前者，然而由于来自外地的女性拥有各种各样的特长，因此前者逐渐占了上风，两者之间的区别也渐渐变得模糊起来。然而在很多地方，这类女性仍然没有脱离"土娼"的性质。

　　"marizore"也就是"游行女妇"最初起源于某个村庄的"kirizore"

---

　　①　这里的"wi"发音为"i"，是旧假名中"わ"（wa）行的"い"（i）段假名，片假名写作"ヰ"，这个假名在现代日语中已经不再使用，但由于可能牵涉到元音音便，所以用假名对应的行的辅音来标记。与前述"zu"与"du"的问题相似。

这一点应该毫无疑问，但"marizore"在日本自古以来被人们神秘化，仿佛她们是什么特殊的族类一样。之所以一直以来给人以这样的印象，或许是因为她们非常善于利用信仰的力量。曾经有一个时代，全国各地到处充斥着那些背井离乡的"浮浪"①之民。人们必须在农耕以外另谋生计之时，最先想到的手段基本大同小异。单靠先天姿色与弄粉调朱必然不够，还须辅以歌舞琴瑟之艺，并奉上令人醉生梦死的饮品。这些都是何等"水到渠成"的发明，且二者都与信仰有着密切的联系。而且奉上的酒并不一定是香飘十里的上等酒，在那时，能让人酩酊大醉的酒才是好酒，酒的麻醉功能比现在要重要得多。由此想来，能够用一曲劝酒之歌让人心神荡漾的女子走到哪里都能够左右逢源，她们渐渐取代本地女性占据上风，同时用自己的方式慢慢使她们同化。吉原游廓的早期记录中，记载着来自京城或堺市的无比自信的"倾城"光明正大地来到此地招揽生意的情形。而流芳后世的著名美人也大多是来自遥远地方的女性，虽然后来她们的活动地域也受到了新的限制，但她们绝不是从早先的"kirizore"中演变而来的。

---

① "浮浪"指的是一般民众离开户籍中登记的籍贯地的情况。

六

"游女"和"游廓"中的"游"字原本与"游行上人"中的"游行"意思一样，即四海为家、四处漂泊之意。但由于该词的再次本土化在日本内地比预想的更早完成，所以后来被解释为"鼓瑟鼓琴"之意，这一点我以前也曾提到。由此一来，奄美大岛"maridore"的例子大概能让我们想象出更早的状态。根据岛上老人们的记忆，"dore"在一年当中大致固定的季节数次到访，先有来自邻村的小道消息传来，本村的人们听到后都翘首以盼。如何解决她们的住宿问题尚不清楚，但大约也是与行商们相同，总有一些常常来往的回头客会给她们提供住处。当听说她们已经到来，村里的男人们都会聚集到她们身边，团团围坐，歌舞升平。而当夜哪家男子能够抱得美人归，自古以来都有某种规定，因此并不是什么大问题。一般情况下，携酒而来之人，或是手捧鲜花之人，尤其是那些在对歌时表现出超乎常人的热情之人会自然而然地居于更有利的地位，因而我推测，这其中女性的选择应该发挥了决定性的作用。虽说不能算是公平的决定，但"dore"们多才多艺，床榻之事只不过是一种副业罢了。这一点或许与"艺伎"更加接近吧。

我曾听说，冲绳本岛的北部也有类似的习俗，且一直流传到近年，但我已经无法确认。我也听说，过去中国台湾的山区曾经设有"隘勇线"①，那时，抱有同样目的的女性曾在山中来回行走，而我认为，或许她们从事的是一种新的买卖。如今，这样的事已经毫无踪迹，甚至旧日本各地的人们听说后都会感到不可思议，然而仔细观察的话，还能发现些许暗淡的痕迹。例如，"歌比丘尼"过去进入大城市后，在几乎以定居的形式存在之时却被取缔了。传说在江户，这一情况大约发生在明和年间(1764—1772)。然而又过了五六十年，在十返舍一九的《东海道中膝栗毛》②中，她们依然游走于东海道，所到之处，受尽漂泊旅人们的戏弄。或许卖春并不是她们的主业，但不可否认的是，她们一直过着颠沛流离的生活。

而稍晚出现、至今依然留在我们这些年老之人记忆中的，是每年秋天将尽之时，从越后地区前来的成群结队的"瞽女"。这些"瞽

---

① "隘勇线"是日本侵占中国台湾时对高山族同胞设置的封锁线。日本帝国主义侵占中国台湾后，遭到高山族人民顽强的反抗，侵略者把他们视为"劣等民族"，进行野蛮的军事镇压，迫使高山族人民退入深山，并沿山设置长达四百余公里的封锁线。

② 十返舍一九(1765—1831)，江户时代后期的戏作者、画师。其作品《东海道中膝栗毛》是印刷于1802—1814年的一部滑稽本。"栗毛"指的是栗色的马。"膝栗毛"指的是以自己的膝盖为马四处旅行，即徒步旅行的意思。

女"毫无姿色可言，而且大多已经是人老珠黄，因此她们会在才艺上下更多功夫，甚至甘于伺候那些戏弄自己的好色之徒。但她们依然会在所到之处寻找住所，吸引众多年轻男性，收入也尚可度日。不仅如此，她们有时候会得到几个被遗弃的小姑娘并带领其同行，甚至有一些视力正常的自称"向导"的女性也与她们同行。或许在"体制内"的"瞽女"们来看，她们的行为就是一种有伤风化的非法经营。然而这同时也是遥远古代的"ukareme"们最后的身影，同时也是徘徊于奄美大岛的"dore"的令人意外的同病相怜之人。

七

　　这里我想要思考的是，来自外地的"ukareme"们曾经那样受到人们的青睐，为何突然悄无声息地消失于人们眼前，并且无人因此而感到不便。至少，认为这是每个社会中性道德的进步是一种操之过急的乐观看法。其原因远没有这么简单。其一，水陆交通线逐渐固定，各个港口和町场都设有配套的机构①，因此人们不用等待"临时"的供给，也就是说这种官方的机构也能够满足人们的需求，

---

　　①　这里的机构指的是得到政府许可的妓院。

但要实现这一点也需要一些必要的条件。简单说来，就是所谓"wirizore"的增加，以及每个地方都能有自由的女性大胆提供服务，而这种状况的出现同时也有其特有的原因。因此，为了将来的人生计划，我们有必要对这一问题进行详细论述。

然而不幸的是，至今这一问题也只不过是浪荡公子们的饭后谈资，极少出现在官方文书中，而且本该认真对待这一问题的人们也纷纷避之不及，因此真相就此埋没，经过了几多变迁，最终到了如今的"furuamerika"①的时代。我虽无将这一事实诉诸文字的能力，但我认为在这个方面，民俗学还有很多发挥作用的余地，因此我仅是毫无章法地把迄今为止了解到的信息列举出来而已。距今大约三十年前，我自己曾经巡游了九州东海岸一个不为人知的停船场，并

---

① 这里的"furuamerika"指的是"ふるあめりか（furuamerika）に袖はぬらさじ"，是作家有吉佐和子（1931—1984）根据自己的短篇小说《龟游之死》改编的戏曲。故事的舞台是幕末开港后位于横滨的青楼"岩龟楼"，卧病在床的花魁龟游在恋人藤吉的鼓励下快速好转。一天，美国人伊鲁斯来到岩龟楼，想要为龟游赎身。当时担任翻译的藤吉非常苦恼，但最终还是让伊鲁斯得逞了。因为被他人赎身而无法与藤吉厮守终生的龟游最终结束了自己的生命。这个故事的时代背景是尊王攘夷派与开国派激战正酣之时，龟游之死被归结为外国人的野蛮粗鲁。龟游原本不识字，攘夷派甚至捏造了龟游的遗书，其中写道"ふるあめりか（furuamerika）に袖はぬらさじ"，这句话的本义是"大和之女，连小小的露水都感到厌烦，更不用说被雨水打湿衣袖"，延伸出来的意思是"大和之女，定不会与异人有肌肤之亲，更何况被一开始就想要拒之门外的美国人（furuamerika）侵犯"。"furuamerika"是作者引用的词语之一，举出这个例子的用意，是说明与前文中类似的真相被掩埋的情况。

目睹了在此发生的一场革命运动。这个地方的卖春女们团结起来，并且已经安置了两三位"kakae 女"，知道了此事的村中男青年们正挨家挨户地查找，并逼迫她们弃贱从良。当时正值帆船业开始衰退的时代，因此这一劝告立即奏效，结果只不过是将那些步入歧途的女孩带回各自的村子，并没有引起更大的混乱。但在其他方面却没有施加任何压力，甚至还出现了"shingindori"①这样的说法，在这一职业参与到经济机构的地方，当人们没有了这方面的需求，反而迫使它向着更为恶劣的方向发展。我们心中再清楚不过，这是近世以来最令人不快的国际现象。在九州周边的岛屿和停船场上活动的"酒盛女"②们并不擅长琴棋书画。她们的主要工作是洗衣、备膳、慰藉那些等待风期百无聊赖的客人，换句话说，她们扮演的就是"有使用期限的妻子"的角色。客人中有人一掷千金，有人令女子刮眉染齿，甚至有人说出了新婚贺词。曾有那么一个时代，大家对男人们让青春昙花一现的女子在纸醉金迷的世界走一遭，再回到寻常的现实生活中的做法见怪不怪。然而，那些女子一旦离家远行，除

---

① "shingindori"日文原文为"新銀取り"。熊本县的牛深地区曾被认为是有名的"游里"，在这里，人们把来自大阪的船只运送而来的金钱称为"新銀"，而那些赚取"新銀"的游女则被称为"新銀取り"。

② "酒盛女"指陪客人喝酒的女性。

此之外便再无谋生之道，于是如何安排自己的老后生活就立刻成为一个问题。或许一个小小的导火索，就会导致她们去从事给其他女性带来痛苦的职业。说这是"资本主义"反倒有些过分，实际上其带来的也是新的危害，但这一倾向早在中世时期就已出现苗头了。总而言之，问题在于回归自己最初的港湾——也就是回归寻常生活——的难易程度，而随着时代的发展和社会的变化，这一回归似乎变得越来越困难了。南方诸岛上的"oridore"和"mawaridore"①的区别或许就在这一点，但二者之间的界限如今已经相当模糊了。而使人们清楚它们之间本来的区别，恐怕也是一种历史教育吧。

八

我曾听说在濑户内海的几个岛屿上，"乘船之人"是对此种女性最为优雅的称呼，于是我对水运技术的发达所产生的影响有了新的思考。陆地上游客的移动是断断续续但保持一定频率的；与之相反，海路一般是一次性地运输大量的游客。这一点必定给自由的女

----

① "ori"是"在"的意思，即有固定居所的"dore"，而"mawari"是"四处行走"的意思，即漂泊不定的"dore"。

性组织带来了不幸。在生意极其惨淡、事实上只有当地人才能消费的那霸等地，指定"色町"区域的最初理由，也依然是为了满足外来者的需求。也就是说，为此不仅要将迄今为止漂泊不定的女性留在此地定居，还会允许设立"培训处"之类的机构，再充分利用港口的魅力。这便是所谓"公娼"的合法化、制度化，同时也是将部分女性长期视为"特殊群体"并让她们毒害社会的巨大动机。这些现象，早在中世时期的江口、神崎，以及川尻室的港口就已经出现了。

这种新式的"卖笑"生活在西国一带被称为"sejo"。所谓"sejo"必定指的是"世上"二字，原本是只交给男性的接待客人的工作。用现在的话说，应该相当于"社交"一词。词语本身并不含有丝毫的贬义，只是人们认为将这样的工作交给女性有些奇怪罢了。在东日本，表示同样意思的词叫作"kugai"。"kugai"一方面表示家庭与家庭之间的交往，尤其是跨越村庄或家族单位的范围更广的交往，通常认为其汉字写作"公界"二字。但是对于"游女"来说，同样的词语却意味迥异。不知从何时开始，将"kugai"用在"游女"身上时，人们都会用"苦海"二字来表示。因为如果不这样理解的话，她们的存在价值就难以证明，但更重要的是，这一称呼的由来，就在于她们在那些素不相识的男性之间周旋，原本就是寻常女性所不能想象的生活，同时，赋予这些命运悲惨的女性存在的价值，也是"公界"的一种新的特点吧。

就算随着交通手段的发达，设立一些可以让人放下身段尽情享受的"机构"也未尝不可，但如果没有相应的"市场需求"，则只是一纸空谈。身处异乡，明知是无疾而终的恋情，却只想与人立下不堪一击的誓约，暂且不说这样的对象是否存在，问题首先在于认可这种人生态度的社会环境是否已经形成。在南方诸岛，"duri"这一类人很早以前就已经存在，她们所立足的"sejo"（世上）、"kugai"（公界）的基础是如何建立起来的，这一点着实令人诧异。

从"土娼"的各种方言说法中，我们大致能够窥见那个时代的影子。但在偏远的土地上，却仍然存在一些现实的例子，从中我们也能看到这种职业体系化、制度化之前的状态。例如，文献中记录道，在奥羽地区的一个村落里，常有一位有名的歌女居住在此，于是城下的年轻武士们便染上了与之花天酒地的恶习，这种现象一直持续到一百年前。人们似乎称她们为"otama"，还留下了如下祝酒歌：

> 非诸白不称美酒，无佳人（otama）饮之无味。①

---

① "诸白"是日本酒的一种酿造方法。这句话是说，喝酒就喝诸白，斟酒必须是"otama"。

此外，还有一段舞蹈的伴奏中有如下歌词：

佳人（otama）否？家人否？①

她们不仅容貌姣好，青春永驻，而且还习得了"游女"的各种技艺，给当地的人们带来了不少乐趣。我在此前曾经提到，"hasuha""hassai"这些略带贬义的称呼也曾经广泛流传，这里不再重复，但这或许指的是第一个被点名的人，或者是她们当中的楷模、领袖之类的人吧。

九

也就是说在新的需求出现之前，已经存在少数想要朝着这种职业发展的所谓"官方otama"了，这是一个令人悲哀的事实。"otama"也有一定的生活需要，她们或许带着某种优越感，过着心满意足的日子。但从外部来看，她们皆是无用之人，或者是可以被完全忽视

---

① 原文为"おっ玉家こはどっほやっさ"，意思是"otama"还是自己的妻子，你选哪个呢？

的人。那么，制造了大量无用之人、难以规划自己一生之人，不得不说是社会的责任。人类两性的数量难得如此均等，却彼此给对方制造了大量多余的存在，不知道这些人是基于怎样的人生哲学，但至少，这不能算是婚姻制度的成功吧。

因此，今后的国家政策必须在更为复杂的意义上减少这些无用之女的数量。过去，所谓"有用"还是"无用"的区别过于单纯，只有那些无法成为家中主妇而了却残生的女子会遭到人们的轻视。于是在大家庭中，主妇的数量比现在要少得多。女德的内涵向"顺从"一边一味地倾斜，是"勤劳"品质的重要性不断减弱所导致的不得已的结果。那些曾经获得、后来又失去主妇地位的女性尤其悲惨。孜孜以求却终而不得也是一个巨大的挫折，很多人因此而改变人生计划。当然，没有结婚对象是另外一码事，但在古代社会中，所谓"自由结婚"很容易遭到对方的抛弃。更不用说在需要亲人保护的时代里，没有家庭可以依靠的女性已经如浮萍一般，必须随时寻找新的归宿。

以前在乡下，人们把这种处于不稳定地位的人一概称为"goke"（后家）。数百年来，在标准语中，只有那些家中的顶梁柱、承担养育遗子重任的不让须眉之女性才被称为"后家"，但如今这一词语的意思更广，如上了年纪的续弦，被对方赶出家门回到家乡的人，或者是由于某种原因而独自居住、无依无靠之人。在日本海的北部海岸，有很大一片地方都将"卖笑"女称为"goke"，在越后的新潟，甚至有"八百八后家"这一称呼。在这些词语背后，一定隐藏着某个共同的词源，原本并非是对死守贞洁之人的嘲讽。笹森氏的《南岛探险》①中记录道，在冲绳岛屿上，女子一旦遭人抛弃很少会选择再嫁，或者是很难再有机会正式出嫁。根据明治二十九年（1896）左右的记录，在伊豆大岛，女子一旦离婚回到娘家就绝不再嫁，只是"私婚"者数量庞大。女子出嫁能够得到内部和外部的双重保障，并且有"业务熟练"的"专家"助一臂之力，因此极少出现纰漏，其过程也奢华体面。如此兴师动众的婚礼，人们万万不希望有人能享受两次。因此，由于婚姻失败而步入歧途的女性尤其多。

一〇

在此我虽还不敢妄下结论，但最后我想要思考的是，南方诸岛的"duri"以及"dore""zore"等说法既然是古语，那么是否它们暗示了职业化以前自由女性的生活状态？中国②地区的记录中通常使用

①　笹森仪助（1845—1915），日本探险家、政治家、实业家。曾前往西南诸岛等人迹罕至的边境之地，所着书《南岛探险》对柳田国男等日本民俗学家影响很大。
②　这里的"中国"指的是日本广岛、冈山、山口、鸟取、岛根等县。

"侏离"二字，但是在大多数词例中，"d"和"r"两个辅音是通用的。于是与之搭配的最为妥当的动词就是表示"出"（de）这个意思的"deru""duru"，或者是"iduru"。由此我发现，解释上述问题的线索恐怕就在这里（考察某一词汇的演变）。

在如今称呼"土妓"的地方名中，有很多都是以"女性出门行走"为特征的名称。有相当多的地方也称她们为"草饼"或者"团子"，或许是因为她们以贩卖这些食物为名而接近男性，总之这些食物都是备好以后从外部携带进来的。在东京北部的乡下以及信州的伊那地区，"sageju"指的就是女性前往男性住处的行为。也就是说，这个词特指带着食物而来的女性。在木曾，将某种女性称为"针箱"，在尾张则称为"shinmyo"。考虑到男女相聚之时共同饮食是一种传统方式，而且针线活也是独居男性最为需要的援助，因此，使用上述称呼应该是十分贴切的。

在以京都为中心的广阔地域内，大多数男子都知道所谓女性的"yobai"十分盛行。他们都坚持认为这是自己家乡独有的习俗，因此流传的歌谣仅有上半部分有所不同，而下半部分则完全一样：

男子极乐乡，佳人伴枕旁。

这样的露骨歌谣随处可闻。至少世间之人还未看到"yobai"与普通的习俗之间是有区别的。虽然作为将来的主妇，以"yobai"作为准备工作的情况也并非没有，但大多都会若无其事地断绝来往，双方形同陌路。其中不能忽视的是女性究竟能够从中得到多少报酬呢？这一点我还无法确认。但有不少文字记录可以证明，"yobai"是从业者的日常谋生手段。例如，镰仓时代的一位年轻贵族的日记中，满满记录着某位"倾城"夜夜前来拜访的风流韵事。此外在同一时期，淀川下游的"游女"们乘舟顺流而下，前往各处府邸侍奉那些达官显贵。江户时代以后的资料中也记录着大量类似的场景，这在江户的城市里也成为一种风俗。但是，只有那些在船上留宿过夜的女子才留在了人们的记忆中。未能在给予自己的婚舍中嫁于未来夫婿的女子，以及一生都没能经历正式的"婿入"、不断重复短暂婚姻的男性在过去数不胜数，此后也并未减少。因此"游女"们抓住这一机会，逐渐让自己的职业"专业化""体系化"。"yobai 女"与"游女"的区别仅仅在于前者的活动范围局限于村内，而后者则多是四处游走、素不相识的女性，因此，后者卷入没有结果的恋爱游戏的危险性更大一些罢了。

一一

　　很早以前就有人注意到，在伊势，将某种女性称为"denyonbo"（出女房），在摄津的西宫附近则称为"dedehime"①。许多人认为她们在生意上门时会来到（deru）客人面前，也经常去往（deru）路边、海滨或河边招揽生意，于是由此得名。但如果不是大部分时间都留在家中待在房间内的话，"deru"就无法成为命名的最初动机②。家庭意味着亲人的支持、父母的默许和公开的认可。那么，得不到这些支持、默许和认可的女子为了自己的婚姻大事不得不四处漂泊，这在以前的农村生活中也是一样。但是在很多地方，不知从何时开始出现了"共同婚舍"这样的设施，因此只有那些不具备这样条件的地方才会出现女性的"yobai"行为。

　　用来表示"野合"的"doreai"一词也存在于盛产"dore"的奄美大岛，

------

　　① 原文中用片假名表示，这里的"hime"应对应"姬"字，是小姑娘、公主的意思。

　　② 日语中，"deru"即"出る"，意思有出去（前往某地）、来到（某人）面前等。这里柳田想要说明的是，虽然"出女房"等名称都是以"出门、出去"为根据的，但是如果这些女性大部分时间都在外面，那么就无法形成"从家中出门到外面去"这样的动态效果。

但也许这个词是后来才开始被人使用的。之所以这样认为，是因为这个词在内地的任何地方都是通用的。其中，以山梨县、静冈县最为典型，在这两个地方，"dora"一词专门用于没有得到家庭支持的婚姻。例如，人们将男女二人违背父母的意愿离家出走的行为称为"dora wo utsu"①。所谓"dorauchi"②恐怕是将其比作乐器的一种戏言，但在其他地方这个词仅指男性的浪荡不羁，甚至衍生出了"道乐"这样奇妙的新词。然而偏偏只有山梨与静冈用"dorauchi"来表示带着女人私奔的行为，而成为正式的夫妇则被称作"doradure"③。关于"tsure"，有"dureru"和"sukidure"这样的词，原本只有缔结姻缘的意思，这与其他人的认可毫无关系，但与现在不同的是，在中世时期的经济组织中，离开村落与家庭的婚姻是不能持久的。于是，就有了这样的谚语：

相亲相爱（dure）本无悔，奈何贫贱百事哀（dure）。④

---

① 这里的"utsu"是动词"打つ"，在此处的意思应该是"为了……采取必要的措施"。

② "uchi"是"utsu"的名词形式。

③ "dure"即"連れ"，有"伴侣、伙伴"的意思，是下文中"tsure"的浊音便。

④ 这句日文的谚语为"好きづれは泣きづれ"，原意是没有父母认可、家庭支持的婚姻，即使一开始双方因为爱情而结合，后来也无法承受生活中的劳苦，在残酷的现实面前，两人从相爱的夫妻变成了一起哭泣的伙伴。

虽然最后大多都以分道扬镳回归各自家庭告终，但在更早的时代里，恋人们或许能够结伴离家，开始新的生活。"iduru"与"tsururu"原本是同一词，而后来这个词的含义变得索然无味，也与漫长岁月中世态的变化不无关系。

与伊豆半岛等地的"dorauchi"相对照，房州南部的"dorauchi"的意思稍有不同。在这里，仅仅是与村外人保持亲密关系就算是"dorauchi"了。之所以"dora"在村中未能形成，恐怕是因为这里尚有父母的承认与宽容，所以没有造成什么异常的结果。而人们越是苛求女性能够成为一家主妇，以母亲或祖母的身份安享晚年，这一愿望就越难实现，于是因此而苦恼、烦闷，甚至自甘堕落的女性就应该越来越多。然而在过去，心中连这种切实的愿望都没有，从一开始就选择自暴自弃的人中，男性居多，女性也绝不在少数。后来逐渐分为两种类型。一种是毫无计划也毫无野心，只是稀里糊涂地虚度年华的人，他们一般被称为"yokunashi"或者"kokoroyoshi"①，这乍一看仿佛是婚姻制度的进步，但至少我们不能否认，正因为有这样的人存在，女性才会处于更加不利的地位。

---

① "yokunashi"即"欲無し"，本义为无欲之人；"kokoroyoshi"即"心よし"，本义为好人。二者均是褒义词。

而另一种则是在人生中几度更换伴侣的"自由"女子，她们在近畿地方被称为"jidaraku"①，在隐岐岛等地则被称为"tamadaremono（者）"或"道乐者"。但她们并不安分，一直试图巩固自己的地位并建立新的组织。如我们这般生活在"旧世界"的人们，并无资格评判她们的行为是否妥当，但由此产生了若干令人不悦的结果却是毫无疑问之事。因此，我们需要重新探索并更加深入地研究其背后的原因，如果连这样的疑问都无法给出回答的话，那么也谈不上对文化史有一丝一毫的敬畏了。

（昭和二十二年二月 《冲绳文化丛说》）

---

① "jidaraku"日文原文为片假名表示的"ジダラク"，此处应该指的是"自堕落"，原意指"懒散的、潦倒的、堕落的"，此处应理解为"自甘堕落的人"。

"抢媳妇"①

一

　　有关"抢媳妇"的史料出乎意外地丰富，由此我们可以看出，在全国各地虽然形式上有些许不同，但关于"抢媳妇"的传说却一直流传。只是直到近年来还实际存在这一习俗的地方则十分明显地集中于西日本地区。将这一习俗以文学形式呈现的，是在《日日新闻》上连载的田中贡太郎氏②的著名小说《旋风时代》。这部小说讲述的是明治初年，一位农村青年试图将村中士族的女儿占为己有却最终失

---

　　① 日文原文为"嫁盗み"，这个词的含义与中国的"抢婚"有所不同，它指的是所有不经过女性本人或其父母的同意，用近乎"抢"的方式让女性成为自己的妻子的行为。为了与中文中有固定含义的"抢婚"区别，本文翻译为"抢媳妇"。
　　② 田中贡太郎（1880—1941），日本作家，作品包括传记、游记、随想、怪谈、奇谈等。

败的故事，虽说是虚构的，但土佐确实是将"抢媳妇"的风俗延续了很多年的地方之一。中村星湖君的《掠夺》①中也讲述了发生在甲州的"抢媳妇"事件，但我还未曾拜读。然而正如我在后文中将要叙述的那样，此地的"抢媳妇"形式与其他地方稍有不同，即所谓"掠夺婚"的很多条件实际上并没有具备。

久保より江②的以"抢媳妇"为题的文集中，有一篇与之同名的短小美文。这篇文章并不是杜撰的小说，而是真实发生的事情。有一位出生于博多的美丽女子来到九州大学一位教授的家中做女仆，她早已知晓自己因为家庭的原因而难以举行正式的"嫁入"，不得不以"抢媳妇"的形式嫁入夫家，然而她却加入了博多有名的"松囃子"③乐队，尽情享受闺中少女青春芳华的最后时光，小说将这种心情描写得淋漓尽致。同时在小说的第二章，作者对在这个女子之前出现的另一位"女中"④被意外"抢走"又由于本人拒绝而返回家中的故事进行了简略的描写。也就是说，小说讲述了在一个拥有古老历史的大城市中，直到大

---

① 中村星湖(1884—1974)，日本文学家，与柳田国男交往甚密，在学问上有过多次交流。《掠夺》是他的一部小说。

② 久保より江(1884—1941)，日本的俳人。

③ "松囃子"是在每年年初举行的一种祈祷来年幸福的仪式，意思是在松林中举行的演奏会。"囃子"为伴奏、演奏的意思。

④ "女中"指的是在家庭、旅馆、料亭中居住的女仆。

正年间还流传着这种习俗这一意味深长的事实。如果再试着读一读长崎历史的风俗篇就可以发现，上述博多的例子绝不是唯一、孤立的。

二

或许我们认为"抢媳妇"是作为一种文化用语，也就是以故意夸张的说法试图将该词中充斥的负面意味去除的新的说法，但这一点却很难简单地予以证实。在本章的开头部分我也认为这一表述较为妥当故而引用之，但使用这一词汇来表达这种习俗的仅仅局限于九州北部的一角，然而相似的习俗却在全国各地都能看到。

在长崎县内有"抢媳妇"习俗的地区中，在规模较小的岛屿还发现得较少，根据观察，现如今存在较多的是位于岛原彼杵的两个半岛上。关于后者，在《土之铃》①第十四辑中，泉本季外君的《"抢媳妇"故事》是一个非常珍贵的记录。虽然并非文学作品，但由于季外君本是俳人，文风活泼轻快，字里行间让人感慨万千。我曾拜托他撰写续篇，希望能将其编入《甲寅丛书》，终未如愿，倏忽已三十余

---

① 《土之铃》是一本民俗学杂志，仅在1920—1923年刊行。现有河出新房出版的合集（1979）。

载。由此也可知我们对这一问题已经关注许久了。

这里列举较为重要的一点。当事人也就是被抢走的新娘本人的自由意志究竟在何种程度上被无视，这一点是尤其值得我们关注的。最初的亲事一般是居住于同一地方的人们内部结成，男女双方都互相知根知底，与荒蛮之地的生活志中经常见到的那种无论是谁只要是女性就将其随意带回家中成亲的做法完全不同。因此，一般情况下女性都会提前知晓情况，只不过是违背了父母二人的意愿而被强行抢走，对于女性本人来说并不存在"偷袭"的情况。然而在泉本氏详细论述的西彼杵郡某村的例子中，女子本人显然对即将发生的事一无所知。令人印象深刻的一个段落是，似曾相识的两三个邻村的男青年前往山中女子砍柴的地方，当女子询问前来此地的目的时，对方回答"来抢媳妇"，于是二话不说就将女子扛在肩上带走了。此时女子高声喊道"放我回去"，却连自己将要成为谁家的新娘都无从知晓。此后即将成为新娘丈夫的男子走来，女子便对他说道：

君若知会，定当顺从。白昼抢夺，惊我泣我……

也就是说，女子埋怨对方"你早点告诉我的话，我不就乖乖地跟来了吗？光天化日之下突然被你们扛在肩上带走，让我惊吓哭喊

（这样多不妥啊）①"。所谓"抢媳妇"对于年轻男子来说也是一件大事。如果早知通常都会以失败告终的话，那么这"伟大"的计划也就纯粹出于"有趣"，很难让人实际付诸行动。也就是说，以这种形式得来的婚姻却也能让女性满意并过上幸福生活的先例已有很多，男性想到这里，便下定决心开始行动，于是"抢媳妇"也就逐渐变成一种风俗长久地流传下来了。

三

关于上述"抢媳妇"事件，以女性视角所做的记录十分欠缺，这是很正常的现象。然而泉本氏留意到这一点，并试图听取女性们的感受和经历。根据某位老妪的回忆，这个地方的母亲们经常向自己的女儿们详细讲述自己被"抢"时的经验教训。虽然并没有写明具体的内容，但从老妪的话里话外综合判断，可以得出以下结论：第一，不要哭闹。第二，看准抢走自己的男性，如果无论如何都不能满意，则竭尽全力表明拒绝之意，同时尽量拖延时间，以充分思考逃脱的办法。如果日久见人心，逐渐发现对方的优点，觉得对方尚

---

① 括号里是译者根据语境补充上去的内容。

是可托付之人的话，则要经过深思熟虑之后再答应这门亲事。当然，对于年轻女性来说，这种毅然决然的态度很难做到，就算想要强硬一点，也通常会因为内心软弱而最终束手就擒。另一方面，以现在的一般感觉来说，使用蛮力来强迫女性就范的男人如何能够成为一个模范丈夫？然而这样的求婚方式却频频出现，在一直以来都传授这种经验的地方以及在那样的时代里，女性对于此事的心理准备以及期待值都应该与当今新社会有着很大的不同。也就是说，这属于性别教育的根本法则上的差异，从结果来看，不如说古老的方式更加实际一些。

换句话说，抱有"有没有谁来'抢'我呢"或者"今年之内再不被'抢'走，就……"这样想法的女性不在少数。虽然任何村庄都有前往观看婚礼的习俗，但据说也有前往观礼的男性看到别家新娘身着盛装的娇媚姿态，从而无法自拔，最终趁人不备将其抢走的事情发生。或者女性在祭祀或其他休息日外出之时，途中遇到的男性仿佛恶作剧般地将手搭在其肩上并将其抢回家中。虽然这只是一种轻薄之举，但竟然有女性听到这样的故事之后，与其说感到阴森可怕，不如说会有些心潮澎湃。当然，这种习俗此后便渐渐地废弃了，但我们可以想象，过去曾有无数女性是以这样的方式开始自己的婚姻生活的。

四

如果将其解释为古代社会中的雌伏心理，或者是面对强者时弱者的仰慕之情，那就大错特错了。似乎有那么几种有些复杂难以言说的近代式观念，曾在这一心理的背后悄悄地发挥作用。一言以蔽之，就是人们认为这种婚姻是"安全"的。村里年轻女孩众多，男子是否一开始就看中自己而用心良苦呢？弄清这一点，是了解对方是否诚心诚意的绝好机会。就算不用如此大张旗鼓，也有吟唱情歌、感慨叹息，或者时不时地温柔鼓励等多种多样的"和平"的求婚方式，但这些大多数都属于私密之事，因而其中难免混杂着谎言和欺骗。也就是说，到了"抢媳妇"这一步就是只进不退的宣言、颇费心思的努力，同时也是伴随着风险的大事。无论如何，这件大事单靠一个人的力量也无法决断。也有不少人认为，如果没有少则三至五人、多则十人以上的亲朋好友的帮助，是无法如愿以偿的。

通过比较各地的事例可以发现，年轻人们对于这项计划都出奇卖力，在冷眼旁观之人看来，似乎是倾注了过多的精力与智慧，是得不偿失之事。但他们的举动绝不是出于同情心或虚荣心，不得不说是一种性的亢奋在深层发挥着作用，其中虽然也不乏逢场作戏或是半开玩笑的心理，但总归包含着某种判断和决心，而且参与其中的也并非全都是未婚者。按照最为正常的方式，当事人或者其亲友会将这个计划事先告知年轻人中的头领。多数情况下男方的父母以及重要的亲戚都会参与其中。因此，最后做出行动指示的，并不一定是一时头脑发热的愚蠢之人。

明治末期《人类学杂志》的第二十八章第六节中记录了位于鸟取县西部角落的弓滨半岛附近的例子。这一事例中的女子也是事先毫不知情，但在这里却称之为"yomemosoi"①，想要"搬走"新娘的男子则必须与"若连中"事先商量。"若连中"了解情况后，首先令其立下誓言，无论发生何事都不能抛弃那位女子，然后才开始着手策划。而这里的方式则有些过于粗暴，他们将女子藏于仓库之中，"若连中"的成员中选出三人轮流给女子从外面送来食物，而女子则要被迫听取男子的劝说。若不答应，则不允许其与父母见面，因此柔弱的女子通常都会乖乖就范。然而结果却令人意外。通过这种方式结合的夫妻通常都会白头到老。由此，至少我们可以说这是由于

---

① "mosoi"日文原文为"もそい"，是出云一带的方言"もそぶ"的名词形式，意思是搬运很重的东西。"yomemosoi"指搬走新娘，也是一种"抢媳妇"的方式。

当时的婚姻保证制度比现在更为有效，而一般情况下不会出现离婚的情况，也可以说是"katsugenyobo"①的一大特色吧。

五

然而，女子在毫不知情的情况下就被五花大绑地从竹林中带走，这种情况过去原本就不多，今天恐怕也很难见到。在外村寻找即使捆绑也要据为己有的心仪女子，这样的事哪怕在小说中也绝无仅有，更不用说在现实当中了。这是因为在同一村庄里，男女之间了解对方、慎重选择、互通心意的机会要多少有多少。这里能够想到的问题是所谓选择自由。在上述情况下，对于一家或一族来说选择的范围有限，但对于未婚者本人来说却有些过于宽泛了。所谓"娘组"的通常认知，在每个部落甚至每个时代都不一样。当有两三位心思缜密、性格内向的女性处于姊辈的地位时，她们就会对毫无结果的恋爱抱有极度的戒心，或者不断强调自己身边那些勉强促成但不得善终的例子。然而，此时就算只出现一

---

① "katsugenyobo"日文原文为"担げ女房"，意思是"扛在肩上（抢走）的媳妇"。其实这个词跟"抢媳妇"指的是同一种行为，只不过把抢的方式表现出来了。

位"小七"①或是"御染"②这样的人物，她们的观念也会受到影响而一下子变得非常激进，当下的喜悦与陶醉也会令人不能自拔，因此可以说，来自外界的刺激会对人的观念带来巨大的影响。我们可以想象，是否存在"抢媳妇"这种奇特的习俗在很大程度上左右着年轻女性的生活计划。我认为，二话不说扛起从未相识的女子就走的情况是后来发展起来的，与此前的冒险行动之间存在着些许的差别。

在九州西北海岸附近，人们将"相思"称为"aomochi"（栗饼），或者是模仿中文发音称为"shansu"。甚至在有些地方，认为"相思"就是可以"抢"的人，甚至是"必须抢"的人。当然，这其中也有一定的章法，它与单纯的"私奔"和"najimizure"③不同，必须有

---

①　这里的"小七"指的是"八百屋お七"，此处为了迎合语境，将其中的"お"译为"小"，"八百屋"的中文意思是蔬菜店。"小七"是江户时代前期江户本乡一家蔬菜店的女子，为了与恋人相会而不惜纵火，因此被处以火刑。井原西鹤在其作品《好色五人女》中提到了这一人物，自此该人物在文学、歌舞伎等艺术中多次出现。此处引用"小七"这个人物，是为了说明有人也会为了爱情不顾一切，与上面的例子相对照。

②　"御染"日文原文为"お染"，是在净琉璃、歌舞伎中出现的人物。"御染"是江户前期大坂东横堀瓦屋桥的榨油店的十六岁女子，她与自幼便入其家门的学徒久松是恋人关系，但"御染"下定决心嫁入另一户人家，腹中却已怀上了久松的孩子。于是，当"御染"一家人受邀前往对方家中做客时，"御染"和久松一同在仓库前面殉情了。举出这个人物的目的与上述相同。

③　"najimizure"日文原文为"馴染み連れ"，"馴染み"有"客人经常寻找的某一位游女"之意，所以"馴染み連れ"指的是将该"游女"带回家中娶其为妻的意思。

"doshi"或者是"若者组"的干预，有时甚至男方的亲戚，尤其是亲戚中的女性也会参与协助。古代文学中也有"oyasakurutsuma"①一词，"不被父母认可"的情况便成了净琉璃中的悲剧，然而用儒教的教理来解释此种现象的做法至少是与民间的基本事实不相符合的。一般情况下，这二者间的对立都会以结为连理不离不弃的人们的胜利而告终，而使其受到阻碍的主要原因，是不愿令自己年迈父母伤心的女子的温柔心灵，以及由于对未来没有把握而抱有的恐惧与不安，最重要的是对男性的信任还不够。因此对于女性来说，男性如此大动干戈地将"抢媳妇"付诸行动既是一种考验，同时也是一种勇气的源泉。而令人悲哀的是，如今许多动辄将所谓真理挂在嘴边的女性"指导者"们却对这一事实一无所知。

六

当然，近世也有许多由于女性拒绝，"抢媳妇"无果而终的例子，而如何处理这一结果却尚未在各个地方形成统一的方式。在伯州弓滨，人们会将二人长期隔离起来，抱着"必胜"的心态施加巨大

---

① "oyasakurutsuma"意思是由父母寻来的妻子。

的压力；而在彼杆地区，在事情最后尘埃落定之前，由"若连中"担任起保护女子的责任，万一最终事情不成，就随便履行些程序，将其送回到父母身边了。当然，后者是进化之后的形态，如果事实如此，也算是没有什么太恶劣的影响，但如此一来，就与近来近乎暴力的做法水火不容了。通过观察我们可以发现，即使在以"嫁人"为起始的婚姻方式普及之后，依然存在一种试图将限制这种家长权的一个途径保存下来的做法，但这只是一种新的尝试，并没有在全国范围内普遍确立起来。

也就是说，正如女性的软弱在现在也不是什么值得提倡的品质，在过去尤其会将自己置于危险的境地。传说有人为了让不情愿的女子就范，在嘴对嘴喂饭的时候将铁浆吹入对方口中，强行将其牙齿染黑，当然我认为这是无稽之谈，但我们不得不承认，就算没有这么野蛮，其他形式的压迫也一直都没有间断过。作为一种自古以来的习俗，如果男女二人同食一份食物，则相当于二人成为一体密不可分了。因此，很多女子甚至不敢随便触碰饭食，因为一旦吃下就等于承认了这门亲事。在哭泣与抱怨中，或许一不小心就会说些对自己不利的话。如此一来一旦被父母知道而受到责备，就会让自己处于进退不得的境地，最终只能答应。当然，此时女子与父母间的沟通会被人妨碍，她们不仅不能看到父母的脸色、观察父母的眼神，而且会受到一些别有用心之人的蒙骗，从而无法了解真相。泉本氏的文集中记载，曾有一位女子在警察的帮助下成功逃脱，在消失了四五天后回到家中。然而父母却只相信一面之词，认为女子已经向对方妥协，便将其责备一番后逐出家门。走投无路的女子只得给对方捎话说"就麻烦你再'抢'一次吧"，而后对方前来将其带走。总之，这种让女性惶惶不得终日的习俗逐渐荒废，是理所当然的事。而这种习俗与后世的"嫁入"婚也是难以共存的。原本是女子心甘情愿嫁入夫家的婚姻，却多数以父母将其逐出家门而告终。

七

话说回来，人们当初是在怎样的背景下，想出这种荒谬野蛮的方式的呢？迄今为止的学者们总是将其简单地归结为"掠夺婚"的残留，这也许是事实，也许只是一派胡言。总之，这种自古以来的习俗继续存在的必要性和理由至今都没有被明确指出。我们所听说的"掠夺婚"是在不同氏族之间进行的。而现在的"抢媳妇"则一般是在村内，对方也都是认识的人。一般情况下，父母自不必说，就算是女子本人也应该是事先知晓的。如此一来，只有父母拒绝将女儿托付给对方的时候，"抢媳妇"事件才会发生。若要将"抢媳妇"与"掠夺婚"视为同一习俗，恐怕需要有比前者更加野蛮的"勇气"才能够做到吧。

若要说服抱有上述观点之人，似乎需要列举出诸如"为何各家都不愿意将女儿嫁出"一类问题的各种理由，但其实这些问题当中明显存在着伴随时代发展而出现的变化。直到今天，拥有女儿的父母也会认为轻易给对方承诺是一件有失颜面的事。在农村，很多父母就算心中认定这是一段良缘，也会按照村中的例行方法，拜托"媒人"多跑几趟，以示清高。一般谢绝对方的借口有"时机尚早""尚未准备妥当""小女尚未严加管束，于夫家无益"之类，都是些随手拈来的套话，虽然其中也隐含着倒逼对方说出"已知晓""并无碍"之类的话的意图，但明里暗里发挥作用的，都是不愿自家劳力有所削弱的这种最初的心情。这一点，只要看看无论男方女方、媳妇女婿，总是"添人"的那一方更为热情，而"媒人"们也主要为这一方服务就能够明白。于是，"媒人"们开始活跃起来，在农村也是近百年左右的新现象，其原因就在于称心媳妇难找，以及男女"供求关系"从一开始就已经定型了。

如果打心眼里就不愿女儿出嫁的话，从其拒绝的话中就可以听出一二。"我等也不愿令郎困扰""已有人家，请容商量""亲戚中亦有人反对"等借口比较常见，而很少有人会以"小女不愿与令郎共度余生"等露骨的方式拒绝，但关于这一点村里的人都十分敏感，立刻就能从对方的措辞中明白这件事已无希望。当时，一介农夫并不知道什么财产的多寡、地位的高低，而当事人的人品、才能等在彻底贯彻了所谓公平教育的社会中，也并不是什么大问题。比起这些来说，更为重要的是双方合作能力的平衡。一家与一家的因缘理所当然意味着劳动上的互相协助。若男方家庭人手不足或是劳动量过大，再加上亲戚中有不靠谱之人的话，将自己的女儿嫁过去就意味着让她受苦受累，万一有个什么三长两短，娘家又鞭长莫及，等于向对方贡献劳力了。亲家是自己新的家庭成员，想要避免上述麻烦也是人之常情。然而从男方的角度来看，正是这种家庭的女儿才更有必要娶回家中，巩固自家的生产力，因此，周围的亲人们就会为他们出谋划策，万一媒人的"外交"手段不够高明，那就只能使出"撒手锏"——也就是"抢"了。

八

　　将婚姻视为补充劳动力的手段是否合情合理并不是这里要讨论的问题。总之，这是一个确实存在的事实。在有些地方，至今

"结组"①仍只限于亲族、姻亲之间，且人们将亲家每年在固定的农事季节向对方赠送一些物件以支援对方生活视为一种义务。就算达不到这个程度，也有像"tanomi"②"yuinomono"③等同时表示"婚约"与"生产互助"的词汇。将配偶的父母称为"shiutooya"④，而在有些地方会变为"shigotooya"⑤，根源恐怕就在于"劳动"二字。另外，亲家之间互称"kateri"或者"katejo"⑥，也是为了表明"合作者"的意思。然而，各个农场的规模开始缩小，生产方式也逐渐改良，这种互助的必要性逐渐消失，而亲家双方的来往多数成了一种礼貌，以劳动互助为目的的婚姻越来越少，因此，虽说不至于真的到"嫁叟随叟"的地步，但选择女婿的标准确实发生了很大变化。伴随着上述情况，女儿不再是家中不可或缺的劳动力，择婿逐渐开始以本人后半生的幸福为标准。然而女性本人的意志却依然没有得到相应的

---

① "结组"读作"yuikumi"，有时候也叫"yui"，指的是在小规模的部落存在的共同劳动制度。

② "tanomi"日文原文为"頼み""恃み"或者"憑み"。

③ "yuinomono"本义与上述"结组"相同。

④ "shiutooya"即"姑親"或者"舅親"。前者是对方的母亲，后者是对方的父亲。

⑤ "shigoto"在日文中是工作的意思，这里柳田想要说明的是婚姻与生产劳动的关系也体现在对配偶父母的称呼中。

⑥ "kateri""katejo"源自福冈一带的方言"かてる"，意思是加入对方的团体，成为伙伴。

认可，而"抢媳妇"这一野蛮的习俗也依然没有彻底消失，这是我们不得不思考的一个奇怪的现象。此外，选择变得过于"自由"，反而常常令父母和孩子感到迷茫、遭受挫败，这或许是因为他们的戒心有些过度，但也暂时不能断言。可以确认的是，近代以来，婚姻所伴随的风险比以前更大了。

明治以来，交通手段有了新的发展，于是结亲的范围突然间扩大，本该是值得欣慰之事，然而由于出现了不少失败的先例，女子们逐渐失去了做出决断的勇气，另一方面，她们对那些最为亲近的"智囊团"成员也逐渐失去信心，一家人七嘴八舌，很容易出现不同意见，婚事反而变得困难重重了。不可思议的是，"抢媳妇"这种野蛮的古老方式不仅没有被抛弃，人们由于需要应对新的形势，反而开始对其加以利用了。前文中提到的久保夫人家的博多女子便是如此。只要父母及本人对此略知一二，就可以"让别人抢"，这种过去从未有过的方式从此时开始出现了。其背后有各种各样不得已的理由。例如，有两家以上同时前来提亲而又不知如何选择，只得不断拖延，尤其是其中一家与自己有亲戚关系或是有很深的交情，一边拖时间，一边又无法继续让对方难堪的时候，就会有父母心想"你们还不如一不做二不休把我女儿抢走，这样我们就有借口说服别人了"，甚至有一些内心软弱的母亲会干脆向对方明确表示这样的意愿。又比如说，对方恰好是本人心仪的对象，或者亲戚们已经看出二人情投意合的时候，他们会私下与男方沟通，并帮助男方创造"抢"的机会。这是使事情顺利进展的唯一方法，农村的人们尤其会选择这样处理。娶亲的一方非常清楚竞争者的实力，于是便在献殷勤上下足功夫，更早表明心意的人则会抱得美人归。此外，还有抱着不达目的誓不罢休的心态付诸行动的人，这种情况下，对于被"抢媳妇"的女方家庭来说通常都是"晴天霹雳"，但其实根据当时的形势，也多少能够想象出一二吧。

九

另外还有一种情况，这或许是一种颇为"时髦"的"抢媳妇"。当女方因为家庭内部原因难以筹集婚资金的时候，就算没有人逼迫自己如实相告，打听消息的人也通常对情况了如指掌。但其中总有些父母会若无其事地说"当下尚未准备妥当""婚宴非重金难以成事，如今却囊中羞涩"，或者更直白一些，说出"若贵方来'抢'倒也无碍"这样的话。虽说以前的婚宴也并非那么铺张，到了近世以后却由于一些别的原因，开始流行大操大办，在在乎颜面的家庭中，很多新娘会由于这一荒谬的原因而虚度佳期。一旦确定被

"抢"，则一切表面的仪式都不再举办。就算只是为了应付外人的表面功夫，两家在相当长的时间内也都不再来往。就算孙辈出生不得不前去探望，也不会举办豪华体面的宴席。只有在男方家境殷实的情况下才会在自家举办祝贺宴会，并推进双方尽早正式成婚。总之，只有"抢"来的新娘，才是各种结婚物资无论何时都是由男方负责筹备的。虽然嘴上说着由于"被抢"所以无可奈何，但所有人都对实情了如指掌。即便如此也能够心安理得，这实在是这个社会令人不可思议的妥协与让步。

从这个角度来看，所谓"抢媳妇"似乎也并不一定是一种恶习，它同时也是降低年轻女性谋生难度的一种新的便利方式。虽说字面上是"抢"或"扛"，但也并不是真的将新娘扛在肩上带走，或许在离家之前还能向父母道一声珍重。但令人感到遗憾的是，由于嫁女的仪式过于简单，因此从女子下定决心离开父母，到自由地出入男方家庭的整个过程都被算入合法的婚姻的一部分，在重视家庭统一的时代，这是难以为人们所接受的。而且如此一来，所谓家长的认可在这里就变成了默许，从而变得难以确认。虽然现在看来是难以理解的事，但过去，作为"私通"和"正式婚姻"的分界线，年轻人的集体干预是一个必要条件。也就是说，"野合"和"私通"这样的事在任何时代都是遭人唾弃的行为，而使一门亲事能够光明正大地公开的，不是所谓"婚姻登记"，也不是今天所谓"半推半就地拖延下去"，而是另需有人立于婚姻当事人双方与公众之间，确认该婚姻正式成立，而这些人必须从同龄人中选出。而且他们的工作不仅是保证婚姻这个事件本身的成立，还必须监督二人能够信守面向未来立下的誓言。这或许是自古以来流传下来的惯例沿袭了"抢媳妇"习俗的结果，随着时代的变化，其身影渐渐模糊，但如今我们依然可以从手边的资料中窥探其最初的内涵。这些都可以作为今后研究的参考，对于更为细致地考察不同时代间的差别来说，是非常有价值的资料。

一〇

接下来我将列举一些各地不同的例子。例如，传说在岛根县的一部分地方，女子离开娘家逃往男方家中时会举办仪式。这种情况在其他地方尚未听说，在此地是否真的存在还需进行确认。但在当地，人们将这种仪式称为"omoitachi"①或者是"nukeshugen"②。女子

---

① "omoitachi"日文原文为"思い立ち"，意思是"下定决心"。
② "nukeshugen"日文原文为"抜け祝言"，"抜け"有"离开、脱离"的意思，因此这里应该是"离家仪式"之意。

在一只脚迈出家门、一只脚还留在家中之时，宣告自己已经下定决心。此时虽然定会被父母追赶或是拦住，但家门外早已有接头之人原地待命，他们会不由分说地将女子带走。

让女子做出这种宣言的例子除此之外再未听说。一般情况下，承担表明决心的责任的人都会从女子的朋辈之中选出。此人必须是相当机敏干练之人，否则一旦被捉住就会受到虐待，而且在谈判期间会成为筹码，在交涉时会处于不利的境地。在彼杵地区，扮演这一角色的人被称为"tennai 人"，在阿苏地区则被称为"touruizuke"。我认为使用"盗类付"这三个假借字有所不妥，因为"tennai 人"应该是"结伴而行"的意思。就算没有固定的称呼，扮演这一角色的人也是一直存在的。由于这一辞令十分拗口，因此通常会事先反复练习。一般情况下，他们会将一只脚踏入门内，用极快的语速说道：

贵女××，有公子××令（抢）其为妻，望知悉。

说完则迅速返回。虽说人们认为最好趁着女方家没有事先准备而尽早告知了事，但此后仍需有人前来就娶妻之事进行交涉，在需要身兼二职的情况下，他们一般会携带装有"sumi 酒"的小酒樽，悄悄放在女方家门口。"sumi 酒"是亲事谈成之后由媒人带来与新娘父母互敬共饮之酒，一旦饮下这杯酒就再无反悔的机会，因此，"媒人"都希望尽早了却这一程序，每次前来交涉之时，都会悄悄将带来的酒藏在玄关处以备不时之需。就连"抢媳妇"的帮手们都要参与其中，可以说，他们在某种意义上也算是一种野蛮粗暴的"媒人"吧。

从中央地区一直到东日本，如今已经很少见到上述例子，但虽已成为"昔话"①却仍然留在人们记忆中的"onnadori""musumedori"②的故事还在各地流传。在岩手县的九户郡等地，当父母反对这门亲事，小伙子们就会赖在女方家中，将两条头尾相连的鱼系在炉钩③上，并将带去的酒放在炉边。如果能顺利地将女子带回男方家中则相安无事，若是途中被人发现而最终放弃的话，则会受人嘲笑。农村的夜晚伸手不见五指，即便是白天也人烟稀少，因此这种所谓"omoidachi"通常都会大功告成。

---

　　① 昔话即民间传说。指源于民众的生活，并经由民众的口头传承流传下来的口承文学、民俗资料。

　　② "onnadori""musumedori"日文原文分别为"女取り""娘取り"，意思与"抢婚"相差不多，都是将女子带回家中娶其为妻的意思。

　　③ 这里的炉钩指的是在日式地炉的上方用来吊锅的棒状工具。

一一

正如"媒人"一词使用了"女"字旁，以前扮演这个角色的通常是女性，也就是我们所说的"媒婆"。而在"媒人"制度像今日一般普及之前，想要将新娘顺利娶进家门，除了男方亲力亲为之外，似乎并没有别的方式了。翻看狂言的剧本就能够发现，以"××新郎"为题的狂言为数众多，其中大部分情况是女方已经与男方同居，接下来需要面对的就只有老丈人这一关了。看看焦急等待"婿入"的老丈人就能够明白，婚后的迁居一般都会在一片和谐中完成，但至少在当时的京城周边，并不是像今天这样只有在"媒人"带领下，用大红花轿①护送新娘的"嫁入"形式。虽说"扛"啊"背"啊这样的词听起来并不令人安心，但它们顶多表达了一种结伴而去的意思，并不意味着新娘及其父母的意愿被完全忽视。

在我的故乡，也就是中国②地区的东部，自我幼时起就总有人面带微笑地讲述"bouta"这一婚姻形式。对于一个孩子来说，

---

① 日本的花轿一般都用马拉，而不是人抬。拉花轿的马叫作"飾り馬"。
② 这里的"中国"指的是日本广岛、冈山、山口、鸟取、岛根等县。

"bouta"的意思并不明确，我也曾经想象过，这莫不是用长长的圆木①将新娘抬走的意思吧。后来我得以拜读折口君登载于《乡土研究》(一之十二)的报告，终于弄清了这一说法的起源。所谓"bouta"是"夺走"②的意思，也就是在父母毫不知情的情况下将其女儿带走，并将此事向公众宣布之时使用的词汇，这与长崎县某些地方的"tennai"等词汇的意思相似。然而实际情况是，莫说父母"事先不知"了，更有甚者会经过深思熟虑轮番交涉之后，亲口说出"若贵方'bouta'之心已定，吾等定将小女双手奉上"这样的话，并亲自将女儿带至男方家中。因此，待到他日家境宽裕起来，便会有人在背后嚼舌根，说什么"那可是'bouta'来的媳妇"③。《南水漫游》④《浪华百事谈》⑤中也曾出现过这些内容，基本上都是大阪南郊农村的事例，而这些事情不仅一直持续到最近，正如前文所述，甚至其发生的地域也一直扩展到了中国地方。

---

① 日文中"圆木"的发音是"marutanbo"，小孩认为与"bouta"发音相似，因此有此想象。

② "夺走"这一动词的发音是"ubau"，过去式是"ubatta"，这里的"bouta"应该是当地的方言。

③ 这里的"bouta"不是"夺"，而是"被夺"，指的是上述父母提前知晓的情况。

④ 《南水漫游》是江户后期的随笔，作者滨松歌国(1776—1827)。

⑤ 《浪华百事谈》，《日本随笔大成》编辑部编写，收录于《日本随笔大成》第3期第2卷。

我感到饶有兴味的是原本这种方式是更加普遍的。北到青森县的津轻地区，西至九州某地的农村，其他另有一些地方也是如此，即"嫁入"一行人中的领头者会向着人群高声喊道"新娘到！新娘到！"以宣告"嫁入"的开始。在尾张的古知野附近，则会委托人力车夫一边高声喊着"新娘到此！新娘到此！"，一边拉着载有新娘的车。机动车出现以后发生了怎样的变化不得而知，但从"嫁入"一般都会结队行进来看，上述情况应该已经非常少见了。之所以要在"嫁入"时兴师动众，是因为比起结婚这一事实本身，不如说是将女性本人从甲家迁移到乙家之时获得公众的承认更为重要，因此比起奢华体面的婚宴，以简单的仪式"迁移"新娘具有更大的必要性。据山阴某地区的调查报告所说，在当地就算是女子在途中伤心哭泣，只要路人知道这是在迎亲，便不会有任何人前去干涉，甚至连家人都不会插手。我们也许会觉得太不可思议，但或许是因为她们与"哭丧女"一样，"哭泣"只不过是离家之时必须履行的一种仪式罢了。如今的冲绳县久高岛等地就曾经有女子被男方带走时哭泣的风俗。

一二

　　"抢媳妇"的类似例子在中山太郎氏的《日本婚姻史》①中多次出现，此后大间知君等人收集的《婚姻习俗语汇》中，也列举了各地的事实，因此我们可以确定，这并不是局限于某一地方的奇特习俗，如今也没有必要重复列举相似事例。总括来说，至少在今天，在女性意料之外的情况已经非常之少，而拒绝对方返回家中的例子更是极其罕见。如此一来，父母认可的婚姻就越来越多。"sobiku"②"katageru"③"ottoru"④之类词汇也仅仅意味着不用经过普通的"媒人"式的交涉，直接通过一些程序使女性成为自家成员罢了，并不一定包含"非法监禁"的意思。是从一开始就按照这种形式，还是如今手段变得更加粗暴了呢？虽然弄清这个问题的证据资料尚不齐全，但至少过去的年轻女性即使结婚以后也依然留在娘家，在作为主妇的必要性产生之后，才会被迎去夫家。在这样的时代里，既没

---

　　①　中山太郎（1876—1947），是与柳田国男、折口信夫活跃于同一时代的民俗学者。其著作《日本婚姻史》出版于 1928 年。

　　②　"sobiku"是长崎方言，意思是拖、拉、拽。

　　③　"katageru"日文原文为"かたげる"，意为扛、背。

　　④　"ottora"是甲州方言，意思是强行夺走。

有今日所见的"媒人"的来回奔波，也没有需要"若者组"齐心协力完成的隆重的"抢媳妇"仪式。换言之，今天所谓的"抢媳妇"从中世以后就渐渐成为普通的"嫁入"风俗的附属产物了。

或者可以说，在遥远的过去，曾有不得将女子送给别家的规定，而这一规定在向着如今的男性继承制转换的过程中，诞生了"夺去""抢走"这样的概念，并一直持续到今天，然而这一问题尚不能通过民俗学的力量得以证实。总之，作为某一词汇的现代用法，或许"抢媳妇"一词只是一种夸张手法，仅仅意味着按照与正常方式稍有不同的程序来将新娘带入自己家中罢了。如果《日本风俗志》中的记载无误，那么在筑前各郡，人们在听到有新娘到来时，便会四处打听是"抢来的"还是"正式的"，由此可见"抢来"的比例非常之高，"抢媳妇"只是与"正式婚"相对立的名称而已。这一名称给人以不好的感觉或许只是因为它过于简略，但可以肯定的是，"抢媳妇"也是一种受到承认的娶亲手段。如此一来，处于其对立面的"正式婚"究竟为何物便成了一个问题，但其实所谓"正式婚"并没有什么特别的规定。在"抢媳妇"的情况下，通常也是由负责交涉任务的一位年长者——他们通常是"宿亲"①或者村中的介绍人，总

---

① 参见下章第九节中的解释。

之是扮演媒人角色的人——来进行各种疏通工作。如果进一步观察二者之间的区别的话就能够发现，女方的别家或亲戚参与相关事宜的策划及结婚赠言，在"正式婚"中是必不可少的，而在"抢媳妇"中却完全没有。我认为，这是值得我们注意的一个地方。

《民俗学》杂志(一之六)中曾经记录，在大分县的山村中，如果迎娶新娘之后不设婚宴则会被人耻笑为"抢媳妇"，但我认为这一说明并不充分。男方一开始就有伙伴们在一旁协助，并大声宣称要将新娘接走，事后男方必定会设酒席以表感激，因此也不能说没有举办婚宴。摆出一副事不关己的样子的不如说是女方的亲戚，这其中有确实完全不知情的，也有了解情况而只是佯装不知的。因此，"抢"变成了一种相当"风趣"的语言，或者说比起"抢"来说，"让对方抢"这一说法更为妥当。总之，仪式虽说简陋却也不是完全没有，因此也不算不合规矩。在岛根县的隐歧岛，此前提到的"omoitachi"被称为"nukeshugen"或者"nusumishugen"①。女性如果早早就有了可以前往的临时居所，便会在当夜带着换洗衣物前往。这种行为被称为"yado wo toru"②，女方的父母一般情况下都不会前去将女儿带回。女子在这里做出嫁的各

---

① "nusumishugen"日文原文为"盗み祝言"，意思参照前文注解。
② "yadowotoru"日文原文为"宿を取る"，原意为订旅馆、投宿、落脚。

种准备后被"媒人"带走，翌日清晨，男方邻居家的人会前往女方家中请求对方父母的认可，一般情况下女方父母都会点头答应，但万一对方拒绝，则亲事暂时中止，等到小孩出生以后，双方就会在不知不觉间修复关系。根据我的想象，这种风俗应该以前比现在更加普遍。因为虽然现在各个地方也会有女方的家人一同前往途中的"驿站"①，但这并不局限于从遥远的外村迎娶新娘的情况，就算是距离很近，人们也将其视为必要的过程，其起源除了这种风俗之外别无其他。使用这种"驿站"的情形可以说遍布全国各地。于是，这种"驿站"不仅仅是暂时休息的场所，同时也会举办某种仪式或者履行交接新娘的程序，如果双方都有各自的"媒人"，这里就是一个交接工作的场所。也就是说，这里是"媒人"履行职责的起点，有时会由"驿站"的主人担任这个角色，有时则是由"媒人"来提供"驿站"，只不过有名称上的差异而已。由此，正如隐歧的"nukeshugen"那样，有时新娘会从这种"驿站"而非自己娘家出发前往男方家中，因此在北九州的部分地区——如在丰前的后藤寺附近，这种娶亲就全部被称为"抢媳妇"了。或许，我们可以将其理解为由"媒人"或者相当于

———————————

①　日文为"中宿"，原意为旅途中用来休息的驿站，但进入江户时代以后，这个词带有男女私会的场所的意思，下文中柳田也提到，这里的"驿站"并不仅仅是休息场所的意思，故加引号以区分。

"媒人"的人担负起主要责任且在其中过多发挥作用的婚姻。在所谓"正式婚"中，这一角色当然也是不可或缺的，但他们更像是"代表"或者是"使者"之类的人物。然而在"抢媳妇"中，往往这个人会独断专行。因此，与其说是站在第三者的客观立场，不如说是在支持希望同居的当事人们的诉求。在西国以外的地方，如在能登的鹿岛郡，在亲戚毫不知情的情况下，将一身素装的新娘带回家中的"嫁入"被称为"抢媳妇"。那么由"媒人"告知女方父母"令爱就交付于我们了"的例子不仅在若狭地区存在，同时在非常重视"yomemorai"的飞驒的白川山村也能够见到。也就是说，压制女方家长意愿的必要性从很久以前就已经存在，而这也是使得"媒人"地位不断提高的重要原因。

一三

然而，被"扛"来的媳妇在土佐被称为"kataginyobo"，在鹿儿岛县被称为"kareome"，也就是"karuiomae"①，在冲绳诸岛被称为"kataminibichi"，也就是"扛来的媳妇"的意思，上述几种说法都是

---

① "karuiomae"日文原文为"かるいおまえ"，意思是"重量很轻的'你'"，"omae"是地位较高的人对地位较低的人的第二人称。

针对没有媒妁之言就娶来的媳妇，或许有人认为这与有关前述"抢媳妇"的说明互相对立，在我看来却不足为怪。这只不过是在足以承担"媒人"角色的这种核心人物还未出现的时候，由"doshi"也就是年轻人们共同合作，决定临时扮演这一角色罢了，在限制父母的自由选择上二者并无不同。

也就是说，这证明了"媒人"所拥有的巨大权力，其背后有未婚者人群的舆论支持。虽然精力充沛，但年轻人并不擅长交涉。进入这个环节后，想要毫无破绽地把事情解决，就会经常叨扰那些具有同情心的年长的中介人，因此，尤其是在从甲州到伊豆一带的地区，其中所谓"代表制"逐渐发达起来的也就是"dorabuchi"这一习俗。这一点已经在"出女房"的一章论述过，此处不再赘述，但总之互有感情的男女双方原本绝没有打算私奔。至少他们最亲近的朋友从一开始就参与并分担了他们的苦恼，另一方面，那些有头有脸的人也绝没有插手他们的决定。只不过是如果他们出面的话或许能够有效地说服父母，或者说他们曾经成功避开强行"扛走"或"抢走"而达到目的，因此他们会将事情全权委托于此人。待夜深人静之时，两人就会哭哭啼啼地登门求助。虽然不会像九州某地那样不询问女性的意愿就将其"扛"走，这也是爱意深切的人在基本认为此桩婚事木已成舟之时才会进行的尝试，但长辈们也完全允许他们这样做。最为常见的情况是，年轻男女一同前来，口中说着"劳您费力，助结连理"来恳求对方。于是，此人姑且应下，先是责备他们轻率鲁莽，而后又令双方许下一生恩爱永不分离的誓言，最后再去慢慢说服或顽固古板或优柔寡断的双亲。其说服的方法多种多样，其中，最为有效的说辞便是"你们也有风华正茂之时，回想下那时想要结为夫妻的迫切心情，就能明白孩子们的心意了"。当然，除此之外此人也会唠唠叨叨说一些利害关系，如果对方一直不肯松口，则至少会有一次突然态度变得强硬，并使用更为激烈的言辞："不要再嘴硬了。若是煮熟的鸭子飞了，孩子心灰意冷，出了事儿可就追悔莫及了。"此时一旁默不作声的母亲一般都会忍不住哭哭啼啼。或者板起脸说："就算你们要和孩子断绝关系也无妨，尽管将他们赶出家门，我自会收养，但丑话说在前面，这世上可是没有后悔药的。"因为父母们心里都盘算着哪天能和孩子修复关系，所以基本上到了这一步，大多数父母都会举手投降了。于是，事后二人会对他们的"再生父母"心存感激，而这些人在村中选举的时候也往往能够得偿所愿。但我并没有实际计算过，所以暂时还不能苟同。总之这一社会状态很早以前就已出现，因此我不认为这与关西地区的"扛媳妇"和"抢媳妇"毫无关系。直到今天，在这个地方的一部分村子里，依然由"若连中"专门负责这项工作中的大部分，所谓"dorauchi"绝不单单是男女二人的私奔。在伊豆地区最近还能看到的事例，都是在双方"若者组"的帮助下成功实现的。他们会假装向"情理"妥协，姑且将新娘送回其父母身边，与此同时，又会有另一位成员再将新娘抱走。虽然作为一种外交技巧实在是过于笨拙，但往往最终能够达到目的。世人对他们最大的误解，是认为"dora"就是男子放荡无赖、违法乱纪的罪魁祸首，于是我们很容易认为在这种情况下女性的意志往往是被忽视的。但如果真的心不甘情不愿，那么幸福就无从谈起，因此那只不过是一种误解罢了。"道乐"一词是后来人们才想出来的，"dora"就是"离家"，也就是打破了女性应待字闺中，等待夫婿前来迎接的这一古老的原则。"dora 猫"①中的"dora"就能够很准确地传达出这种感觉。

一四

我如今以一种如数家珍的口吻叙述这一陈旧的古老风俗，并不是希望其死灰复燃，也不是想要将其永久留存，这一点毫无疑

---

① "dora 猫"一般指偷吃别人食物的猫，或者没有养主的流浪猫。"哆啦 A 梦"中的"哆啦"即来源于此。

问。如果用一句话来说明我的目的，那就是希望诸位能够针对这个问题认真地想一想。选择配偶最初完全是自由的，虽然后来也出现了各种限制，但大体上以个人意志为原则，这一点直到最近都没有发生变化。而把完全无视个人自由的婚姻说成是"高雅的""安稳的"，实际上是新近出现的风潮，是对武家道德的盲目追求，也是常识在人们心中的消亡。但是，以"嫁入"作为婚姻的开始这一想法，既然已经被写入法律，那么女性因束缚于自己的原生家庭而产生自卑感就是无可厚非的。而想要让她们从这种自卑感中解脱出来，首先应该让她们明白结婚的真正目的，其次要让她们懂得，所谓家，是通过两个人的共同努力建立起来并维持下去的。

为了上述目的，我们必须正确利用妇女解放的这一绝好机会。虽有不少女性认为此前所谓自由无从谈起，可这种误解反而成为一种莫大的鼓舞，因此也就无须澄清了。然而必须通过迄今为止的事例让人们注意到，这种自由总是难以像我们想象的那样，为了实现现实生活中的幸福而有效地发挥作用。就算是明白在婚姻的选择中并不会受到什么制约，但如果可供选择的对象本身不存在，则这一自由也变得毫无意义；同样，如果可选择的对象太多，又容易让人迷茫、犯错，或者让人心有不甘而悔恨终身。也就是说，如果没有将这一"选择"向正确方向引导的所谓外部"机制","自由"就无法充分发挥其原有的价值。而为了解决这一问题，广泛意义上的性别教育是不可或缺的。如果可能的话，我们更希望这一教育工作能够由女性来承担，但令人遗憾的是，世间众多深谙世事的中年妇女们无知得令人瞠目结舌。使得社会变成今天这种状态的并不是男性，正是这些中年妇女。

于是我主张，以民俗学的研究方法为基础，以最为普通的农村妇女为对象，逐个记录她们的现实体验。她们当中的大多数从来未曾想过，自己所居住的村子或是经常来往的临近村落以外的地方存在可以选择的结婚对象。此外，她们也对所谓"前世约定""好姻缘天注定"等说法深信不疑。因此她们早早下定决心，也会轻易地为了适应自身的处境而改变态度。不得不说，她们既没什么出息，也显得有些可怜。但是至少她们的婚姻有一定的计划，也有对未来的期待，而且她们一定要让自己的整个人生都处在这些计划和期待中，不允许有任何意外。年轻时代的恋爱游戏基本上只能算作一种"练习"，她们不会将"练习"与最终的归宿混为一谈。这是因为她们始终都在旁观先例中的善恶种种，已经习惯了人生中的喜怒哀乐。她们择偶的目的最为明确。她们希望能够光明正大地爱自己所爱之人，至少这一点从来没有改变，她们所经营的家庭，也绝不会像黄莺、麻雀的巢穴那样不堪一击。在自己芳华不再、激情退去之前，那些应该去爱之人，那些即使拼上性命也要祈祷他们幸福余生之人，不断地出现在自己的生命中。于是，透过她们的幸福，不仅可以感受到新一代人的文化风潮，也能够在世间尚未变恶之前，仔细体会天道酬勤的欣慰。另一方面，人的一生难免遭遇病痛，更不用说祸福难料，此时来自外界的同情与帮助都无济于事，便只能寄托于相濡以沫的枕边人。总之，过去要想度过平静幸福的一生，只有家庭才是最坚固的避风港，因此，就算现在这一保障已经岌岌可危，依然将希望寄托在家庭上，这绝不是年轻人一时冲动的想法。警察也好，媒体也好，常常使用"痴情"①等字眼来描述的事件，往往是指并没有经过这一计划，又或者是计划失败的情况。

另外，过去的日本人对死后世界的存在深信不疑。就算是已经离开此世之人，依然会在每年的盂兰盆节之时返回家中，虽然看不到，但人们相信他们正与自己的子子孙孙共享美食、欢声笑语。由此，我们可以看出此世的人们是多么希望自己的祖先能够保佑家庭

---

① "痴情"这一个汉字词在日语中与中文的含义稍有不同，指的是一种陷入男女感情无法自拔的异常心理，尤其是对情色的异常迷恋，比中文的"痴情"意思更重一些。这里是指"痴情"导致的一些悲剧，如情杀、自杀等，所以提到了警察与媒体。

的永久兴旺，又是多么希望祖先的在天之灵能深爱着这个家族的世世代代。当然，如今的人们定会认为这只不过是封建迷信，但实际上无论你我，都曾经相信过，所以不仅我们会在祭祀之时无比虔诚，而且我们对死亡的恐惧也会大大减轻，如今，我们可以举出无数例子证明，死亡是从一开始就已经被写入人生计划之中的。这一自古以来的信仰开始一点点动摇也绝不是最近的事。为了寻找这一信仰的替代品，许多有志之人付出了巨大的努力，然而信仰也好，哲学也好，皆为个人的教化，无力支撑起这个小小集团的永久存续，在很多情况下，那些无知之人的墨守成规甚至会令他们羡慕不已。尤其令人唏嘘的是，越来越多的人在既没有解决方法也没有深入思考的情况下就将古老的信仰逐渐忘却，甚至不惜揶揄，只是为了眼下的利益而生活。与其说这些人的生活计划彻底失败，不如说他们最初就没有任何计划，能够平安度过一生实属万幸，于是，这种顾此失彼的恋爱游戏最终闯入了婚姻生活并与之混淆缠绕。就算是在无上推崇"自由"二字的社会中，也不能去拥护失去理性的"痴情"所带来的恶果。事实上，也没有人拥护。如今的"抢媳妇"习俗是有些牵强的"改造"，也可以说是一场类似于村戏的"演奏会"，但是，使其成为"主旋律"的，是为了让想要结婚的人如愿以偿而做出的努力。为了实现幸福的婚姻，社会的力量一直在发挥作用，这一点比起如今"顺其自然，听之任之"这一意义上的"自由"来说，仿佛更进了一步，然而事实又如何呢？或许还存在许多不同意见，因此，还需要更为扎实的研究吧。

（昭和二十二年十一月 《妇女的世纪》）

"媒人"以及这个社会

一

　　我们的出生和死亡都伴随着各种仪式和礼法，而它们大多数都在半无意识之间沿袭了古老的惯例和习俗。与之相反，只有婚姻的仪式几乎是完完全全地接受了所有的变化。因此，如今我们将婚姻中的某些要素称为"旧式"，珍惜它怀念它，这只不过是因为每个人都不了解其他地方的事例罢了，实际上各个地方经历了不同的历史，它们之间有着令人震惊的差异。那些奇奇怪怪的习俗如今仍在一些地方有所留存，也许也正在影响着现在的新形式。在日本，这些各不相同的习俗并不是一开始就同时存在的。也就是说，到了中古时代，由于某种需要而进行了数次改变，而其变迁过程中的各个阶段，则根据每个地方的不同情况分别被保留了一部分。因此，如果有人能够仔细调查各地的差异，某种程度上就应该能够梳理出这一变迁的轨迹。这就是为什么我们认为在这一点上，民俗学更容易有所建树。现在的婚姻礼法是否能够原封不动地永久持续，或者将会发生怎样的改变，又或者怎样的改善方法才最得人心，则不在我们的研究范围之内。但是，若要解决这一重要的国民"悬案"，首先就必须弄清迄今为止的变迁过程与原因。换句话说，广义上的历史知识作为参考资料尤为必要。近世的许多所谓改良政策都因为缺乏这一必要的准备而无法持续，有时甚至蒙受了不必要的损失，这些都是我们惨痛的经验。谁都不会故意制定这种毫无谋略的计划，所以这单纯是因为人们并不知晓过去也曾经发生过变化，或者即使知道，也并不认为有什么途径能够使之清楚明确。总之，如果不先反证以上两点，再提出"过去为何有必要进行这样的改革"的疑问的话，就无法消除改革只不过是将旧的东西打破，既谈不上失败也没有所谓失策，任何时候都将"改革"看成进步的东西并无条件接受的轻率之风。民俗学的世界已经开辟了一条让我们自由发挥的道路。我们应该尽量避免不必要的争论，只需依据事实证明以下两点：婚姻的礼法是为了适应社会状况的需求而渐渐不得不做出改变的；其中由于没有统一的计划，所以时常出现如今所见到的折中妥协，或者是"过度"与"不足"的交错，而最终陷入了未解决的状态。

二

如今的婚礼与过去的婚姻礼法之间似乎有几个不同的地方。虽然我想要尽量多列举实例，但首先最不为人所知的是"媒人"这一新角色的登场。中世以前的文献中也并非完全没有这个概念，然而上流阶级的婚姻自不必说，就算是在庶民阶层的婚姻中，"媒人"发挥与现如今同样的作用也是较晚的事了。我们可以推测，过去不需要此类制度的婚姻曾经非常普遍，而且如今也有相当多的人从未听说过"媒人"这个概念。那么，在这些地方一直又是何人代替"媒人"发挥着作用呢？即使是在同一村落中从小青梅竹马、无论是相貌还是性格都相互熟知的男女，不经过任何中间人牵线搭桥也是难以互相接近的。由于难以洞察对方的心思而被拒绝之时所感到的尴尬气氛在关系亲密的人之间尤其令人苦恼，不仅如此，一旦行此"自由"之事，则会遭到耻笑与蔑视，甚至伴随着无果而终的风险。由于这是终身大事，就算其中一方不顾一切后果地将事情往前推进，至少能站在女性的立场上，救其于迷茫苦恼之中，并引导其做出正确决定的"媒人"在任何社会都是必要的。正如"媒"这一汉字以"女"字为偏旁一样，日本的"媒人"也曾经是以女性为主的。但是在某些国家，"媒人"们通常都冲着男方的谢礼而积极奔走劝说。日本"媒人"却正好相反。因此，女方通常能够获得以她们利益为上的亲密的女性朋友，也就是"媒人"。

如今在"处女会"的前身"娘组"以及"青年团"的前身"若连中"这两个古老的组织依然活跃的地方，虽然伴随着多多少少的弊端，但凡是村里人的婚姻大事他们必定是事无巨细样样参与。于是，各个家庭一般都会尽量不去干预子女的婚姻，所谓性别教育也都会悉数委托给广义的同龄者们。甚至可以说，如果他们实际上并没有发挥如此重要的作用，也就没有让这一公然与家族制度对立的团体——也就是比家族制度出现得更早的组织——继续存在的必要了。正因为如此，以"家"为根本的武家式观念一旦风靡起来，新的社会道德就会对这种旧式的婚姻方式不分青红皂白地加以批判。其结果就是，多数能够做出改变的部分都改为武家式的礼法，而剩下的那些无法改变的，只得在非难中向更恶劣的方向发展。很多人认为，村落中所谓年轻人的礼仪、道德，在近世以后尤为败坏，即便如此，这个时代的道德标准中仍然有不少处罚规定严格、能够指导年轻人做出正确选择以及具备支持公认婚姻的力量的要素。尤其是在"娘组"尚在活跃的地方，不用说没有一桩婚姻是能够绕过她们的，甚至那些没有得到她们的肯定或鼓励的婚姻都是几乎不可能成立的。由此我们可以看出，女性之间共同自卫的决心与共同批判的力量是多么强大，多么坚决。此外，任何女子，都会拥有两三个无话不说、亲密无间的女性朋友。虽然不知给她们冠以何种称呼，但事实上的"媒人"理所当然地来自这些女性朋友之中。显而易见，在同村的村民之间，除此之外已经不再需要其他的协助者了。

三

　　然而，进入近代以来，对"媒妁之人"的要求又有了新的内容。男方的"媒人"必须是男性，是村中最有头有脸的人物，年龄也须远在当事人之上，一般都是父亲的朋友，没有委托符合上述要求的"媒人"而举办的婚礼，都会遭到蔑视。谁都清楚，这种方式有利有弊。首先，当日常生活的经营变得烦琐复杂，越来越多的人无法在这种事上花费过多精力，于是，为了维持这样的习俗，就会产生各种各样让人难以苟同的"权宜之计"。若是很久以前就已存在的方法则姑且不做评论，但如果是中途突然出现，它何以能够如此根深蒂固地普及，则不得不引起人们的怀疑。我最先想到的就是所谓"远方婚姻"。这里的"远方"不只意味着距离遥远，只要是没有共同生活的经历，哪怕是距离很近的村庄，从中挑选配偶者也属于这种"远方婚姻"。在这种习俗的影响下，青梅竹马的伙伴自然是不好插嘴，与此同时父母和亲戚则不得不给予更多的关注。一个村落一般最初都是由几支不同血脉的家庭构成的，而他们聚在一起共同生活的目的之一就是婚姻上的便利性。如此想来，上述"远方婚姻"不得不说是一个重大的变革。说到这一变革发生的原因，我们姑且可以说是小规模私有领地的统合与交通方式的发达为"远方婚姻"提供了便利，而另一方面，希望提高家族威望的人们则不再愿意从自己的下属中择亲，其他大多数普通人也逐渐开始效仿他们的这一做法。但是最为重要的原因是人口分布的不均，地广人稀的村落分散在各处，这些村落中的人们都迫切希望从其他临近的地方吸收多余的人口来补充劳动力的不足。对于劳动者们来说，这一原因同时也是一种痛切的体验。因此，他们都将迎娶新娘称为"tema wo morau"或者是"tema wo ireru"①，这一现象从东北地区一直到越后飞驒，非常普遍。在中国②地方已经开拓的土地上，人们也在不经意间使用着"tema wo kamaeru""tema wo yatou"③这样的动词。除此之

---

① "tema wo morau""tema wo ireru"日文原文分别为"テマをもらう""テマを入れる"，"テマ"指的是"手間"，意为劳力和时间。因此这里的意思是将迎娶新娘看作"获取劳动力"的过程。

② 这里的"中国"指的是日本广岛、冈山、山口、鸟取、岛根等县。

③ "kamaeru"是"备好"的意思，"yatou"是"雇佣"的意思。二者与上述两个动词词组意思相似。

外，这种将婚姻视为一种劳动力交换的契约的现象在九州地区也很常见。因此，以"嫁入"为开始的婚姻越发普及，曾经频繁活跃在上代文学艺术中的主题——"tsumadoi"的期间被极度缩短，"yobai"则沦为人生中最为可耻的行为，可以说这些都是漫长岁月的力量，但同时也是令人无比震惊的巨大变化。在这种状况下，限于村内的舆论与惩治无法像过去那样贯彻执行也是必然结果，因此，社会中需要那些交际面广、左右逢源的男性"媒人"。然而如果站在这些人的立场考虑，心甘情愿地参与这一新的事务，并且能够任劳任怨地承担这一额外工作，其动机仅仅从所谓"外部需要"进行解释的话就显得有些牵强了。或许侠义之心本是日本男子的天性，但为何这一天性却偏偏向着这一方向发展呢？我们必须弄清这个原因。

四

我想尝试着从另一个角度来再次审视这一问题。对于上述"有头有脸"的近世"媒人"，当事人双方当然会略表心意。在很多地方，新娘新郎在一生当中会像侍奉父母一样侍奉他们，而他们也会在盂兰盆节、正月以及其他节日，包括各种红白喜事的时候，先于其他人出面。可以说他们比当事人的父母还要上心，这也被认为是一种理所当然的情分，甚至在很多地方出现了"仲人亲"①这样的说法。但是在婚礼结束之后，娶妻或迎婿的一方会另外备下一定数量的酒食赠予"媒人"，这已经成了惯常的礼法。近年来，似乎很多人在谢礼之中又添加了若干金银宝物。在不少地方，"媒人"不会单纯地收下谢礼就了事，而是一定会邀请新婚夫妇和其他相关人员参加婚宴兼酒宴。由年长男性来担任"说媒"的任务是新近出现的风俗，因此不可能只有上述风俗是自古以来就有的，但是，关于这一风俗的叫法却已经是五花八门了。在群马县的利根郡以及南部的多野郡，都称其为"hanegaeshi"或者是"tonbi no hane"，这两种说法既指赠予"媒人"的谢礼，同时也指将谢礼分发给近邻朋友这一行为。虽然无法断言，但我认为这种称呼乃是一种"戏言"②。"hane"以及"hanegaeshi"指的是还礼，在有些地方，作为商业用语也将找回的零钱称为"hane"。也就是说，针对已经收下的礼品，我方也必须返回一定数量的东西，这称为"hane"，因此这不仅是商品买卖时的"找零"或者是收下东西时的"回赠"，现在还有很多地方把钓鱼用的道具也称为"hane"。另外一种说法称为"tonbi"或者"tobi"，这也

---

① "仲人"是"媒人"，"亲"是父母。"仲人亲"就是像"父母"一样的"媒人"。
② 日文原文为"戯語"，意为半安慰、半调侃的话。

同样是指正式的礼物，而如今这一词汇的用法逐渐开始受到限制，如仅限于食物类，或者是仅限于在仪式当天赠送的礼品。如果只取表面意思，那么这个词指的是将得到的食物的一部分分出去并送给赠予自己礼物的人。但两个词放在一起就变成了"tonbi no hane"，听起来好像是"老鹰的羽毛"①一样，不禁让人觉得可笑。最初发明出这些词汇的人固然伟大，但其中也一定包含着与那些能充分理解它们的巧妙之处并使之普及开来的地方人在情感上的共鸣之处。换言之，虽然心里有一丝惊喜也有些许困惑，但毕竟是对方的心意，实在盛情难却。然而即便如此，最初也并不是冲着这些谢礼来的。也许，他们只是试图将上述这种复杂的心情，以一片老鹰的羽毛来轻描淡写地表达出来吧。

实际上，如此深藏若虚之人在男性"媒人"这一职业上也必定游刃有余，因此，上述造词调侃的例子如果仔细寻找的话简直数不胜数。例如，甲州的谷村附近，在婚礼酒宴醉意正浓之时，新娘会更换第二套盛装并来到席间给客人奉茶。在这里，这种行为被称为"ineccha"或者"ikeccha"，并规定所有人必须一起微笑着说出这句话才算了事。细细说明的话则会变得冗长烦琐，总之"ineccha"是这

---

① 日文中"tonbi"与"老鹰"同音，"hane"与"羽毛"同音。

个地方的方言，是表达"如果您这就要回的话……（那就请便吧）"这一含义的稍稍有些强硬的语言。虽然其发明者不得而知，但说出这句打趣的话并逗得客人哈哈大笑，以此宣告宴席结束的这一小小伎俩对于"媒人"来说也是必备能力。"媒人"们不喜欢"谢礼"这样的直白说法，因此他们会发明一些风趣幽默的词语来代替，这种心理我自然能够理解。但如果不搜集更多的例子，则很难让更多的人知道。在我的故乡，"媒人"接受了谢礼之后，会自己添些其他东西并召集近邻朋友前来饮酒作乐，在很多地方，这被称为"hesonukume"①。在近畿地方，也将谢礼称为"媒人的 heso"，在还礼之时，会将新婚夫妇的父母作为主客设宴款待，并称之为"hesoiwai"②。正如我们所知，"heso"指的是"私房钱"，也就是将"uchibutokoro"③一词稍做改变，现在的"着腹"一词应该与"hesonukume"相对应。"媒人"们自己主动使用这些说法，可以证明他们并不贪财，同时他们也用自己的行动证明了这一点。在大和的生驹地区，当事人双方都会向"媒人"赠礼，此后会简单设宴款待亲友，在这里将这种聚会称为

---

① "heso"指的是肚脐，"nukume"指的是"使之温暖"。但根据后文，这里的"heso"应该指的是"hesokuri"，即"私房钱"的意思。也就是召集更多人前来，使自己得来的"私房钱"更有意义。

② "iwai"即"祝い"，是祝贺、祝福的意思。

③ 汉字写作"内怀"，指的是和服交领贴近肌肤的那层。

"hesohiyashi"①。本来担任"媒人"角色的人事先对谢礼之事抱有某种期待也无可厚非，但这些五花八门的叫法的出现，使得"不收礼"成了一个基本的原则。这也是我们不得不仔细思考之事。

五

"媒人"的工作非常烦琐。进展顺利之时，对方会爽快地应下这门亲事，但大多数情况下，嫁女儿或送女婿的一家会摆出一副半推半就的姿态。他们认为三番五次地答应见面，并且轻易就做出承诺的话就仿佛被人看透了心思，越是规矩严格的家庭就越会对对方的家庭或者本人吹毛求疵，就算是内心已经答应，表面上也会推三阻四。或者说着"我们可高攀不起""能不能配得上人家心里可没数"，几次三番地谢绝以试探对方诚意的做法，以及"为了将来做好打算"的态度，似乎正是继承了中世"悬想时代"②的女性传统。"媒人"们需要从这些场面话的字里行间判断最终的结果，如果感觉有戏，就

---

① "hiyashi"即"ひやし"，与"nukume"意思相反，是"使之冷却"的意思。
② "悬想"是"爱慕"之意，"悬想文"也被称为"艳书文"，指表达爱意的露骨直白的文章。所谓"悬想时代"应指中世时期，即流行男女双方互赠"悬想文"的时代。

不再讲究措辞，只需要足够的耐心和强势的态度。在信越地区，虽然每个地方叫法不同，但几乎到处都有类似"tejime no sake"或者是"katame no sake""sadame no sake"①这样的说法。虽说是"事成之酒"，却没有一家人会主动要求奉上此酒。按照惯例，如今一旦事情敲定，媒人就会提前将酒藏入一侧的腋下，或者悄悄将其悬挂在衣袂之上——此时称为"袂酒"——带去对方家里，当对方不经意吐露出应允之言，便会在顷刻间拿出酒来一饮而尽。一旦此酒下肚，便意味着木已成舟，但此前的忍耐却需要非凡的毅力。到处都有"做媒难，难于上青天"②这一有趣的谚语。肥前五岛由于临海，"媒人"竟然被称作"七舟半"，也就是说（在事情办成之前）不得不做好七次半航海的心理准备。虽说听起来有些故弄玄虚，但了解了各个地方的实际情况之后，就会明白这并非夸大其词。

此时我们不得不思考的是，不管如何想要为他人竭尽全力，这些花费大量时间来回奔走的人，不用说现在，就算是往前追溯百八十年，也已经难得一见了。说乡下生活平静而悠闲只不过是外人的

---

① 上述词语中的"…no sake"均指"……之酒"，意思相近，均为"贺成之酒""约定之酒""许诺之酒"的意思。

② 日文原文为"仲立ちは（より）逆立ち"，意思是在人和人之间斡旋，还不如倒立轻松。形容协调人与人之间关系是一件很难的事。

想象，据说在江户时代初期，许多大户农家的主人在插秧和收割的农忙季节里，为了监督土地开拓和堤坝修缮等大规模工程，也不得不亲临现场。家里有足够的人手，能够把工作交给靠得住的管事之人，自己则披上一件褂子就能够出门信步而行的，一个村子里至多就有两三个大户人家能做到。后来，如果不是那些将三四町的土地租借于他人并依靠收租维持生计的人家大量出现，那么每年上百万对的新婚夫妇就不可能以这样一种相同的方式结为连理。因此，这是明治中期以后只在很短的期间内出现过的现象。在此之前，也确实存在少量的不辞劳苦的"媒人"，而且他们也曾被视为高雅之人，但"媒人"制度普及开来并成为大多数婚姻的"标配"则是后来才出现的新的趋势。

因此，当事务纷繁杂乱的时代到来，就必须对上述制度进行一定程度的修改。如今的"男性媒人制"最先是在大城市应用于普通大众之中，而对这一制度进行改造的必要性最早也是出现在大城市。其原因有二。首先，这种闲暇之人在城市中越来越少。其次，人们越来越希望有能够胜任"仲人亲"的地位显赫之人来为自己承担媒妁之事。刚刚离世的石黑子爵①这样的人物非常细致周

---

① 石黑子爵指的是石黑忠悳(1845—1941)，是明治时代的日本陆军军医，日本红十字会会长，其爵位为子爵。

到，因此很少失手，但即使是这样的人，一辈子出席了近二百次婚礼，也不可能持续关注每对新人的婚后生活，因此也不会要求他们记住那些辈分上可以算作自己孙辈的人的名字。更何况那些所谓正式的"媒人"们，只不过是在酒席备好之后，带着写有自己名字的邀请函并出席宴会、例行问候而已，对于他们来说，有时候因为想不起新郎新娘的名字而尴尬无比也是可以原谅的。总之，这些已经是实质性的变化，后来的"媒人"与曾经从事"难于上青天"的任务的"媒人"们已经不可同日而语了。但是，与这些大城市的"teburu 媒人"一样，在乡下自古以来也有所谓"zashiki 媒人""sakazuki 媒人"①。这些都与当时由于实际牵线搭桥的人的家庭出身比其他人稍稍低贱故而只能勉强委托于他们，而他们在婚礼时只可列席参加的情况类似。而在岐阜地区，即便如此"媒人"也会与新婚夫妇结为义亲，他们之间的这种"仲人亲"的关系将来也会一直维持下去。在人们倾向于委托名士作为自家"媒人"的城市当中，前去委托的一方大概也抱有上述这种观念吧，但他们的愿望并不一定能够实现。其原因非常简单，大多数所谓"饭桌媒人"都

---

① "teburu"即英文外来语 table，西式餐桌。"zashiki"指的是日式的房间，尤其是指客厅。而"sakazuki"则是喝酒用的杯子。

不愿意去插手这种过于严肃、过于郑重的大事吧。

六

"媒人制度"的发达对于那些希望详细研究日本社会组织的人来说是非常重要的观点。在论述这一问题之前，我们有必要对地方之间的某些差异稍加说明。在东北地区，我们口中的"媒人"拥有很多别称，但很多地方的人却仅仅听说过标准语中的"nakodo"一词。在众多别称之中，"saenokami（塞之神）"可以看作一种"戏言"，这是促成男女姻缘的神灵之名，因此事实上，"媒人"们或许从一开始就参与其中。此外，在福岛县的中部称作"goshinansama"（御指南大人），在青森岩手县等地则称为"shikisha"（指挥者）或"kyuujinin"（给仕人）①，这些人的主要任务是安排婚礼的座席。也就是说，只有这些人的话是撑不起一场重要的婚事的，因此我们可以推测，在他们背后另有为了婚事的成功举办而奔波努力的人。然而，究竟是何人实际上参与了准备工作呢？为了弄清这一点，我们必须调查更多的例子。在东北的大部分地区，未婚男女组织都不怎么活跃，因

---

① 日文"給仕"一般指在饭桌上伺候客人。

此人们选择对象的范围最后还是扩大到了村外。如此一来，婚事不在未婚组织的管辖范围内，成员们会就此收手，而由双方的亲戚故交，尤其是"分家"或同族的夫妇们共同担任这项工作。在山形县的最上郡等地，将同为"媒人"的夫妇称为"onakado/menakado"①，并且男女双方需要交替举办婚礼，这一点与东京不同。虽然不知这样的"媒人"与男女双方中的哪一家关系更近，但在农村里一般情况下都由女方家的人来担任，大多会尽量挑选与新娘血缘较近的女性，这位"媒人"也会尽力去安抚即将出嫁远行、心怀不安的新娘。

此外，另有一个现象被世间大多数人所误会，那就是人们普遍认为日本的女性嫁人都由父母做主，因此对方是什么样的人家都有可能。不管在什么时代，这都并非事实。过去，正因为是大家族，主妇之位非常稀少，所以许多人不得不在自己的家乡度过终生。一些心思缜密的姑娘无不想努力趁着芳华之时，嫁到靠谱的人家成为主妇。"缘分"一词自古以来就被无数人使用，由于自己主动推荐自己不合规矩，她们会寄托于父母与长辈的判断，但大多数人都会在前来求婚的人中慎重选择，并尽量避免令人不快的婚姻。而绝大多

---

　　① 前者指男性，后者指女性。

数女性会在父母做出判断之前独处深闺，毫不知情。《七部集》的连句中有这样一句：

佛间邻室，雀喧鸠聚。①

养在闺中的女孩子不经意间听到了有关自己婚姻大事的议论，于是祈祷这桩婚事能够圆满。而当感觉到不合心意的时候，也有提前拒绝的机会。信州某个山村的一位女子日常仅以板栗果腹，因而感到自己的命运十分悲惨，于是无论如何都想要嫁到不吃板栗的人家去，于是她悄悄前去观察前来提亲的人家的状况，却发现那家的房子周围种满了栗子树，于是无比失望地返回家中。虽然嘴上不说，但如果心里不是特别在意的话，又有谁会如此大费周折前去确认呢？以"嫁人"为开始的婚姻普及以来，"tsumadoi"的期间大大缩短，而且也逐渐成了可有可无的过程。但是正是因为时间很短，反而显得更加珍贵，许多女性将其视为一生中的美好

---

① 这句连歌的原文是"次の小部屋で唾にむせる声"。直译过来是，在佛间旁边的小房间里，女伴们七嘴八舌，在说话时不小心被口水呛到，大声咳嗽。在这里引用这句连歌是想要说明女孩子一直被养在深闺之中，几乎不与外界有任何接触，在婚姻问题上也只能依靠父母的判断。而听到了有关自己婚姻大事的消息后，便会与女伴们议论。

回忆，因此，不得不说她们是凭借着各自的判断与决心，才走入这样的婚姻的。但是在婚姻问题上，也有一些女子不会将自己的感觉说出口，或者在心里也根本没有明确地意识到。如果母亲、亲戚中的女性以及其他女性朋友的劝说热心而又诚恳的话，她们或许会说自己在劝说之下动了心，最终无法拒绝——或者有意识地让自己这样认为。但如果最后的决定只是一种屈从而不是自己的真正想法，那么结局又会怎样呢？就算是娘家人认为这样也无妨，但至少娶亲的一方是无法放心地将一家之主妇的地位交给这位不情不愿的女子的。因此，在农村的寻常婚姻中，对方除了会通过"kikiawase"①和"naigiki"②的方式来了解亲家的家境和口碑之外，还一定会仔细确认本人是否心甘情愿。因此，他们通常会借助一些女性的力量，努力问出一些连女方父母也不知道的事，在有些地方，甚至要当面向本人确认，是否只要父母同意就愿意出嫁，随后才将这门亲事公之于众。虽然这是近畿地方的古老村庄里存在的事实，但过去津轻地区的山歌中也有如下一章，被收录

---

① "kikiawase"日文原文为"聞き合わせ"，专指在结婚之前或者是赠送别人礼物之前，探听对方的家庭状况或喜好。

② "naigiki"日文原文为"内聞き"，指的是打听内幕。

于《鄙迺一曲》①这一民谣集中。

> 娇娇谁家女，
>
> 伫立在桥头？
>
> 愿结连理好，
>
> 敢问姓阿谁？

> 贵客（ochaku）休问奴，
>
> 还请问爷娘，
>
> 爷娘果成允，
>
> 愿即与客（ochaku）行。

这里的"ochaku"也就是"okyaku"（客人），指的就是"媒人"。虽然山歌是姑娘们最能自由吟唱的歌曲，但从中也能够窥见时代所施与的各种限制。也就是说，如果有人通过他乡陌生的"介绍人"前来求婚的话，就算自己能够愉快地倾听，也不得不等待父母最后的

---

① 《鄙迺一曲》是由菅江真澄（1754—1829）所著的歌谣集，作者曾前往各地游历并记录了当地的见闻。该书中收录了各地的民谣，包括农家歌谣、山歌、船歌、念佛舞歌等。

应允。这是因为身份的转移是一个家族的大事，远在个人的能力之上。

<h1 style="text-align:center">七</h1>

配偶选择的范围在不断扩大，然而在"媒人"角色必须由男性来扮演这一点上，与过去的社会并无不同。但论及数量则过去远不及现在多，且根据时代和地方的不同，"媒人"的功能也存在许多差异。也就是说，这其中存在着许多我们不曾察觉的内容上的变化。如果说在任何一个时代，现在的"正规媒人"——也就是从最初的打招呼到后来男方的聘礼、女方的嫁妆全部包办的"媒人"夫妇都不能轻易找得到的话，那么就像在所谓"zashiki 媒人""饭桌媒人"的背后总有一些闲云野鹤之人和热情的中年妇女，甚至有专门冲着谢礼去的"高砂社"①一样，我们可以推测，过去也必定有一些实际做事的人在背后进行辅助。在富裕的大户人家，大多是领班或者是常来

---

① "高砂"本是日本能剧的演出剧目，其歌词来源于室町时代的猿乐师世阿弥的能乐，现在多以谣曲、地方民歌的形式出现。如今，高砂曲被认为是祝福夫妻之爱的吉祥乐曲，这里的"高砂社"应指专门前来表演高砂曲，并收取一定费用的营利团体。

常往的商人工匠，也可能是平日于其有恩的属下或"别家"的人，直到现在也仍是这些人在四处奔波。但就算是普通的人家，双方的亲戚们也会在必要的时候到处打听好人家，若是恰好碰到一起，就会互相沟通彼此的情况。在枯燥的农村生活中，这好歹也是一个有趣的茶余饭后的谈资，同时也是一次愉快的年中仪式，但这种状态究竟始于何时？在此之前是否另有其他的形式？如果不将这些疑问整理清楚的话，那么如今出现的"婚姻介绍所"的新事业也难免会伴随一些难以处理的事情了。

近世的男性"媒人"的出现，除了人们希望从本村以外的地方寻找配偶这个原因之外，其内部也存在着某种沿革或是根基。那便是在男女的结合中，有原本保持着密切关系的"若者组"或者"娘组"的衰退，尤其是前者纪律的涣散，夸张地说就是婚姻道德的沦陷，这一点尤其能够成为伦理学讲座的参考资料。根据最近出现的看法，同龄者团体除了解决婚姻问题以外，还有祭祀神灵和共同劳作等许多重要的功能，因此或许不能将其理解为以前者为主要目的的制度。然而，不论是哪一项事务，都时常与家族制形成对立，因此其中一方的功能会受到限制，考虑到其中男女间的私事至今对于亲人来说仍然是一个严格的禁区，许多人都相信即便是简单的部落内的婚姻，离了这一团体也无法顺利进行。男女各自都能够在选择适合自己的婚姻上不犯错误，一旦立下契约就能够一生一世不背叛，现如今，这仍是所有国民的共同心愿。然而，将之委托于每个个人的判断，并且任其我行我素的话，就会有许多人以失败告终。能够针对婚姻问题指出正确方向和选择标准的，只能是在同一片土地上共同成长、互相知根知底且自身也对这个问题抱有无限关注的青年男女间形成的统一观念。然而不幸的是，这些团体的道德纪律由于某些原因而逐渐崩溃。有些上了年纪的人认为，这一现象开始出现是在明治以后，然而事实并非如此。总之，现在所谓"若连中"已经成了浪荡游子的"典范"，这也是其在乡下遭到蔑视的原因之一，然而仔细寻找的话，尚能在一些零零散散的地方看到古老的规则习惯依旧在发挥着作用，而且也能够慢慢地对每个零散的阶段进行比较研究。对这样严肃的问题一笑而过，不仅不符合情理，同时也是对历史的背叛。

男女青年团体逐渐衰落的过程如今已经大体明了。最初，青年男女为了能够互相了解彼此的性格和能力并做出妥当的选择，都会尽量寻找工作以外的其他相聚机会。虽然祭祀活动、盂兰盆舞等是非常常见的形式，但这些都只是将自古以来就有的习俗利用于这一目的罢了，因此这些都属于另一个阶段的形式。普通村落中的年长者们虽然抱着一丝怀疑却也基本认可的，是在举办某个青年男子例行仪式的那一天，所有女子携带食物前往慰问的这种形式，而这一

习俗或许先是在某个时代产生的构想成为先例，而后又逐渐制度化的产物。此外，从东北一直到北陆的广阔土地上，在插秧、割稻等重体力劳动结束之后，男女都会按照年龄分成三组，并且举行只限组员参加的小型酒会。在很多地方，年轻的男子会带着礼物参加姑娘们的聚会，大家欢歌笑语、兴尽晚回。这些活动最初只是不成文的习惯，随着时间的推移，逐渐演变成一种固定不变的形式。在最近的非常时期，很多地方已经停止举办此类活动，连我自己也隐隐感到这并非一件好事。

八

比起上述活动来说，更加动荡不定的是常在从事远海重度劳动的渔村看到的例子。在船只满载着鱼虾入港之时，会以某种信号为标志而开始在陆地上置办酒宴。而村中所有未婚女子无一例外都会前往宴席招待客人。据说，拒绝此事的家庭会遭到所有人的厌恶，并且会处处吃尽苦头。现在已经很难再见到这样的部落了，因此上述说法必然是有些夸大其词。虽然有人认为，女孩子到了那样的场合也不会造成什么不可挽回的损失，但每个人的感情有粗有细，无法对此事形成客观公正的评价。很难想象那些将女孩子带入这等污

浊场所的人们的恋爱观还能够出淤泥而不染。

"若连中"的风俗逐渐败坏并不值得大惊小怪。这一组织的头领首先自己就是一名未婚者，因为一旦结了婚就必须脱离这个组织。同时，他们也是比任何人都要迫不及待找到配偶的最为年长的成员。年长者的一举一动都受到极大的关注，并且外人针对他们的批判也被当成最可信的参考。他们拥有很高的威望，而这种威望越是不受限制，后辈们就越是争相模仿，因此他们的行为不仅是一种模板，同时也标明了"自由"的界限。于是，继任者必定会从前任的追随者中选出，一旦染上了恶劣的风气，就再也难以复原。男女成群结队地交往并不意味着滥交。只不过"约婚期"①的生活变得更加散漫放纵，在尚未确定二人能够白头偕老的时候就轻易与对方缔结婚约的人稍稍有所增加罢了。

即便如此，对于这个问题，我们似乎仍在试图认为，仅仅依靠一己之力无法左右事态的发展是事出有因的。如果年轻男女公开集体相聚的机会增多，优劣比较就会变得更加残酷。被人啧啧称赞的人或是对自己心存爱慕的人，自己当然也会萌生情意，但如果偏偏是几个不分伯仲的人同时看上自己，则前述"生田川"之类的烦恼也

---

① "约婚期"指的是从订下婚约到正式结婚之间的一段时间。

会给女性带来无限困扰。原本这种令人不快的矛盾是可以事先避免的，但年轻人们往往欠缺这方面的警戒心。越是想要避免集体行为的统一性因此被打破，最后反而越是会演变为对双方过于"自由"的行为的放纵。

但是，另一方面，"娘组"等组织在尚且具有指导能力的时候，或许能够用集体的力量来避免草率的决定，并得以维护女性本来的立场，然而不幸的是女子团体从很早以前就已经走上了衰败之路。她们当中未婚的年长者甚少，就算偶尔有那么一两个也通常欠缺领导能力。除了极少数的例外情况，大多数女子团体都只是形式上的机构，夜里聚集在一起做做女红，或是扯些张家长李家短的闲话，或是一年组织一两次聚餐，仅此而已。而对于"若连中"肆无忌惮的进进出出，丝毫没能显示出应有的强硬态度。因此，许多谨慎的家庭都会让自己的女儿脱离这些团体。虽然这些团体的成员尚有一些婚姻常识，或者可以称为舆论标准，但通常都非常消极卑微。就我所知，甚至出现了这样一种风气，人们批评女性的草率大意，却对男性的道德败坏极其宽容，那些"阅人无数"的男性让人艳羡不已，被欺骗感情、始乱终弃的女性却只能被嘲笑为智商欠缺。由此看来，人们长期以来对乡下的旧式婚姻一概予以蔑视，并且从未试图认可其中保存下来的重要传统也实在是无可厚非的。因此，这并不是所谓素质问题，而是一种道德败坏的产物，这一点我们必须清楚明了。

九

我想要论述的是，所谓男性"媒人"的普及毫无疑问是跨村婚姻流行的结果，然而其最初的起源却另有原因。一直被认为是为了支持旧有婚姻制度而存在的"若者组"和"娘组"逐渐失去了健全的机能，也就是说为了弥补这些团体的弱点，而出现了这一有些小题大做的习俗。

支撑上述推测的资料即便是今天也并非难以获得。如果将全国各地直到最近都依然存在并且有大量的人尚且保有清晰记忆的"若者组"和"娘组"的实例收集起来的话，可以看出这些组织大致能够分为两类。虽说二者之间的主要区别在于领导者的年龄，但是作为团体最大特色的"若者宿"的"宿头"①，其中一种是从组织中的年轻人里选出，另一种则是由"宿"的主人来担任，大多数是年龄稍长的男性，被称为"宿亲"。"娘宿"中究竟有没有女性"宿头"不得

───────────────

① "宿头"指的是"若者宿"的管理者。

而知。一般情况下都由"宿亲"夫妇关照其成员，但这种"关照"也分为几个层次，其中也有仅在夜间把外屋借予她们并任其大声喧闹的情况，由此看来，这种"娘宿"原本也是认可这种"自治"形式的。就算是"宿亲"承担起监督管理的责任，也并不一定是全天候地严格看管。他们通常都是沉默寡言或者是满嘴玩笑的中年大叔。从来不将训诫之言挂在嘴上的"宿头"，只会偶尔开口随便说几句"公道话"了事，并且只有在男女间有感情纠葛的时候才有必要充当这一"和事佬"的角色。在争吵和关系破裂之时自不必说，他们的工作与所谓"调解人"不同的是，他们会在事态恶化之前就感觉到气氛的微妙变化，并制定出防止或挽回事态发展之策，这也是他们受到年轻人敬服的原因。虽说在当下的"青年团"中也能窥见这一倾向，但过去的人们更希望尽可能不给年长的"宿头"添乱，而依靠自己的力量来处理这些问题。如果问题无法解决而去劳烦一位值得信赖的前辈，一般都是因为出现了预料之外的困难，也就是说，或许我们可以认为这是以"宿亲"为中心的习俗的二次发生。将女儿嫁往别家，或是从村外迎来儿媳、女婿这一家庭计划一旦开始，同村青梅竹马的男女伙伴们的美梦往往就会破碎。一旦家庭与同龄阶级间的意志发生冲突，年轻人并不具备收拾残局的能力，此时，人们将会更加深刻地体会到"宿亲"这一角色的必要性吧。

当"媒人"这一称呼开始普及，我们总是能够发现某些令人意外的"人物"也包含其中。例如，在越中五个山的某个部落中，"媒人"由外公外婆来担任，而有些部落则一定是由新郎的姐夫或妹夫来担任。例如，在信州更级的山村中，人们认为"媒人"应该由姐夫来担任，而只有"说媒人"这一角色才会委托给其他人，"本媒人"①则会委托给其他亲戚。另外在有些地方，会由新郎的"乌帽子亲"②与伯父来承担"ainin"③的职责。这些都是在二者意见相冲突的情况下，断然排除年轻人组织的干涉，而只是维护自家利益的角色。也就是说，可以认为这是既有合作制的败北，但是另一方面，男方的朋友伙伴充分发挥作用，对各自家庭的利益加以限制并尽可能地使婚姻当事人自身的愿望得以实现的运动在很多地方也开展得轰轰烈烈。所以，他们所说的"宿亲"，大约都是在这种情况下站在自己一边的人。

---

① "本媒人"即整体负责做媒事宜的人。

② "乌帽子亲"是一种名义上的亲子关系，是男子在成人仪式上为其"加冠"的义亲。在武家社会，男子成人被称为"元服"，此时会举行"加冠"礼，并委托当地德高望重的人为其戴上"乌帽子"，因此"乌帽子亲"也被称为"元服亲"。

③ 这里"ainin"应该指的是"合人"，是承担调解、斡旋、交涉工作的人。

一〇

　　如果用高深的词汇来表达的话，我们可以说这是支配婚姻的社会力量。如今，这一力量的形式已经发生改变，但也并不是踪迹全无。如果将其忽视，则更是无法指望它能够在婚姻问题上发挥作用了。只是目前在地方还能够看到的是这一力量的最古老的形式，人们对过渡期的各种情况准备不足，因而没能避免许多不愉快的经历。村中男女青年间的舆论一旦成形，就算无法得到家庭的认可，也基本能够顺利成婚。举一个我所知道的极端的例子。在有些岛屿上，年老的家长顽固不化，无论如何也不愿让女儿出嫁，但除此之外的事情毕竟鞭长莫及，于是法律意义上的"私生子"就会出生。这种情况必然会带来极大的困扰。只要婚姻限于同一村内，年轻男子中的年长者就会蠢蠢欲动。然而由于他们不善措辞，而且经常会带三五个人一同前往，这一重要的谈判通常会中途破裂，动辄出现各地所称的"抢媳妇"之类的暴行。这时候人们就明白思虑周全的"宿亲"为什么受人尊敬了。或许我们可以想象，所谓"宿亲"正是因为人们事先预见到这种窘迫状况的发生而新出现的一种"管理机构"。"宿亲"对每家的情况、父母的性格等早就了如指掌。如果他们预先判断这桩婚姻没有希望，就压根儿不会插手，甚至会阻止婚约的缔结，尽自己所能，至少让当事人朝着选择理想配偶的方向行动。女方的"宿亲"也是一样，并且多数情况下都是由双方的"宿亲"进行商谈。他们一般被称为"两仲人"或者"相仲人"①，在很多地方，明明不是一桩很大的婚事，却有两对夫妇前来充当"媒人"的角色。在信州中部等地，除了"媒人"以外还会委托"kaneoya"和"haneoya"②，并拜托他们亲临婚礼现场。为了避免仅仅有一方的意愿被特意强调，"宿亲"双方必须进行商谈。如果"媒人"真如字面意思一般是"站在中间起到媒介作用的人"的话，那么应该就没有必要设置这么多烦琐的环节了。

　　总之，在人们主要在部落内部成婚的时代里，"宿亲"是最为可靠的负责人。如今，中流阶级家庭的父母们听到这些必然会眉头紧锁，然而在尚残留着过去那种习俗的地方，因为年轻人都会离开家在外面留宿，因此父母们对他们的情况一无所知。他们担心子女们过了适当的年龄还孑然一身，因此时常向亲友们打听"我家的孩子已有人家了吗"。对于年轻人来说，这看起来是再自由不过的生活了，

---

① 　这两个词在这里指男女双方各派一对夫妇作为"媒人"，所以是两对"媒人"。
② 　"kaneoya""haneoya"的含义与"宿亲"相近，是当地的叫法。

然而实际上只要村子里的风气稍微变坏，就算听到自己孩子的婚事已经尘埃落定也无法完全放心，只有那些相信一夫一妻的契约能够遵守到底的人，才会感到松了一口气。而当人与人之间的信任稍稍出现危机，紧接着出现的情况便是一见到男女双方的"宿亲"都不得不说一句"真是拜托您了"。作为个体事件，或许矛盾的双方发挥的作用更大，但是实际上，正是经由这些"宿亲"们的手而顺利结合的数不清的姻缘之中，孕育出了使得国家能够发展至今日的巨大的原动力。

一一

对于"宿亲"的内敛低调的关怀，生身父母自然是无比喜悦，但比起"宿亲"来说更应感谢的却另有人在。在日本，从"乳亲"①"名付亲"②"乌帽子亲""笔亲"到"职亲"③"寄亲"④"草鞋亲"⑤等，凡

---

① "乳亲"指自己的乳母。
② "名付亲"指给自己起名，因此将自己视为子女的人。
③ "职亲"指子女就职之时，代替子女的亲生父母或其他长辈扮演担保人角色的义亲。
④ "寄亲"指保持主从关系的双方互相认定的亲子关系。
⑤ "草鞋亲"指来自外村的移居者进入本村时为其扮演担保人角色的长辈。移居者称此长辈为草鞋亲。

是称为"亲"的人物，通常都与父母的年龄相当，他们之间的亲子关系一般从"父母"一方年老而感到孤单的时候开始，持续到弥留之际"子女"陪伴病榻之时为止。女婿受到老丈人的疼爱，以及希望婿养子来继承家业的风俗一直以来都是日本社会中意味深长的一大特色，为了使这一关系保持牢固，甚至出现了"义理"这一在唐土①并不存在的概念。单纯指望长久地享受这一精神上的富足，不求任何回报，只是一心一意为婚事的圆满而竭尽全力，这种做法在外国人看来确实是求之不得的珍贵情谊。但是世事变化，社会更迭，这一佳话也难免沾染污秽。例如，只要想为了某些政治目的或者事业上的方便而利用这一关系，就会轻而易举地实现。如果考察某个地方的德高望重之人受人尊敬的原因就能发现，虽然如今已经发生了变化，但以前通常是因为他们能够很好地承担起照顾婚姻双方的责任，并且很多人也认为他们受到尊敬是理所当然的事。

即使在距离东京并不遥远的地方，也有很多类似的例子。这些地方同龄集团的力量已经大大削弱，很难再积极发挥有效作用，但是仍有很多人追求古代的那种自由。人们将不经过父母的认可就订

---

① 这里的唐土指中国。

下婚约的人称为"dora wo butsu"①，当他们"放荡不羁"到走投无路之时，便会前来哭求"请您行行好，帮帮我吧"。而此时必会在村里有这么一位"心善"之人，一开始一定会声泪俱下地训斥他们，此后会说"事已至此，也别无他法了"，然后便会责问他们"你等可会一生厮守，不离不弃"。当然，没有人会否定，于是便会让其本人暂且留下，再前去说服尚未同意的父母。这个人会根据其父母态度的强硬程度来随时变换交涉方式。例如，向其父母试探说"这些年轻人啊，万一做了不顾后果的事可如何是好"，此时一般女性家长内心就已经开始动摇了。对于那些抱着强硬态度说出"那从今以后断绝亲子关系！"这等话的父母，则会以"如此那我收留可好"这类仿佛合情合理的话来获得对方的认同。打算远走高飞的年轻人则不会前来拜托他们。大多数都是销声匿迹三五年之后又回到原来的村子里继续居住。有过如此经历之人一辈子都在义亲②面前抬不起头。如果村中举行选举活动，他们就算不参加，也会向义亲询问他们的意见。家庭与年轻人的婚姻计划，长时间以来都处于互相对立的状态。至少是近世以来，其中一方家庭有

_____

① 在现代日语中应是前文中出现过的"dorawoutsu"。

② "义亲"指的就是这位帮助年轻夫妇的人，与前文的"宿亲"等各种名义上的父母意思相近，这里没有给出具体的说法。

强烈的意愿，而另一方却不以为然的情况突然增加。拥有自信的大多数"媒人"特意选择这一艰险之路并希望以此流芳百世的观念，除了上述"放荡之子"的情况以外，在其他方面也表现得极其明显。这与以前朴实无华且崇尚顺其自然的"宿亲"相比，无疑是一种进步，但是同时也使得"媒人的嘴，骗人的鬼"①这一不好听的谚语普及开来，并且导致做媒成为一种有利可图的买卖，也带来了令人蒙羞的社会风气。抱有改革大志的人们必须将力量聚集于这一点。最初就作为某种糟粕而出现的习俗，在任何一个时代都不是孤立的。

一二

人们认为"kaoyaku 媒人"②的存在带来了便利，同时也是不可或缺的，其中一个理由如下。在过去的青年团体中，成员们在恋爱的萌芽时期就能够互相察觉到，互相指出其中的利害并加以控制，成员们一旦认为时机已经成熟，就会共同给予认可和支持。

---

① 日文原文为"仲人口"，在日语中含有"不可信、靠不住"的意思。
② "kaoyaku"日文原文为"颜役"，意思是在某个集团内有声望的人。

就算不会进一步奔走于各家进行劝说，或者不动用"宿亲"的力量，他们也会相信那些隐约存在的舆论最终会成为缔结永久婚姻关系的强大力量。然而将毫不知情的女子送往村外，或者从村外迎来媳妇、女婿的事情此后却成了普遍的情况。就算人们对"嫁女儿就是失去一口人"的这种抵触态度已经不再认可，至少那些被颠覆了希望的人们心中的不满是难以抑制的。在这种情况下，让事情能够尽量平稳地发展是非常必要的。如果不是具备了胆略与智慧的"媒人"，想要平稳度过这一风波是非常困难的。其中，最痛苦的莫过于被"婿入"的女婿。据说，在我生活了三年的地方，在伊势讲的酒宴上给秋刀鱼剔骨或者给竹笋剥皮的工作都由婿养子来承担。在东国的乡下，他们为庆祝新的年轻人加入的宴会买酒，并与十五六岁的新人一起屈居于下座。虽然女性并没有进行强硬的示威运动，但是在有些地方，人们会在路边肆无忌惮地评论新娘的容貌和衣着，有些村子的人家还会敞开大门，让人们从院子里观察新娘，甚至有些地方还沾沾自喜地认为用手指沾上口水在纸门上戳出的洞越多越吉利。这一切，都源于"我村原本就有限的主妇之位又被外人夺走了"这一人们心中若隐若现的恶意。因此，就连孩子们都顺应这一观念，要么在村外的路上焚火，要么挥舞着棒子一边拦下结亲的队伍，一边起哄道"要想从此过，留下买路钱"。

　　然而，上述恶行的动机却未必只是源于共同的嫉妒心。我们注意到，在九州地区的乡下，直到最近还盛行着"嫁入歌"的风俗。十几位女性朋友一边唱歌一边护送新娘，原本的意图是守护新娘的矜持而不让迎亲的人轻易通过，搬运行李的工人们也是一样，直到今天，他们一看到迎亲的人迎面走近就会开始兴奋。在国内目前依然残留的"yomekakushi"①和"yomemagirakashi"的风俗中，与新娘年龄相仿的女性以类似于新娘的装扮列席婚礼的这一环节与上述古老的习俗有相似的意义，都在试图表达一种"虽然木已成舟，但也不能让你轻易得逞"的最后的倔强。如果村中迎娶一位别村的女子，对于年轻男子来说原本并没有什么坏处，但这样做就有可能扰乱婚姻组织的管理，因此人们都会感到些许不安。这种情况下最常闹事的就是这些年轻男子。从"扔泥巴""扔石头""敲墙壁""搬地藏"②等露骨的行为，逐渐转变为以"tsundashi"③

---

　　①　"yomekakushi"日文原文为"嫁隠し"，意思是把新娘藏起来。
　　②　"搬地藏"或指年轻人搬运村中的地藏菩萨来阻挡婚事的进行，其目的多为索要钱财或食物。
　　③　在岩手方言中"tsundashi"的意思是"给我、拿来"。

"taruire"①"zarukorogashi"②等的名义，偷偷搬来各种容器，强制对方提供丰富的酒食。其中，还会有人添上一枝花，或者吟唱几句"hebo 歌"③表示祝福。虽然一些明理之人曾数次批评这些行为过分野蛮，但若不弄清这些行为出现的原因，恐怕也不能称为真正的明理。只要在精神深处潜藏着某种特殊的情绪，即便刻意压制，也早晚都会以另一种形式爆发出来，如果没有使之彻底平息的方法，压抑反而会招致更大的麻烦。于是，"媒人"们想出了一个妙招。从一开始就给领头的人送点小礼并拉拢他们，其中一个更简便的方法就是安排若干人担任接待或是伴郎的角色，但他们一旦饮酒玩乐到得意忘形的地步，就会混入宾客当中，难以区分。婚礼的规模之所以不断扩大，其原因也在于此。此前，能够列席婚礼的人非常有限。而能够有幸尝到喜酒的人，更要经过极其严格的挑选。翌日，或许会款待隔壁的主妇，也就是所谓"女客"；再往后一天，又或许会犒劳那些来帮忙的人，但即便是一家之主也会对宴请名单上的人数十分留意。后来，人数逐渐增

---

① "taruire"日文原文为"樽入れ"，本义指作为婚约成立的标志，由男方向女方家中赠送"柳樽"（一种酒杯）。

② "zarukorogashi"指的是日本茨城县、栃木县等地的丧葬习俗。在出棺之后，将一个笊篱（有些地方使用的是竹篓）从曾经放置棺木的房间中滚出来，然后用扫把扫出房屋，其意义为让死者不再返回。

③ 这里应该指的是歌人和泉式部的作品，柳田称其为"hebo 歌"。

多，"既然请了此君，也邀请一下彼君吧"，结果婚礼渐渐办成了和村里祭祀活动一样的规模。或许，这就是为什么后来有许多人由于财力窘迫而不得不将婚礼简化到另一个极端吧。

一三

婚姻的成立原本应该具备三个条件。有不少学者认为有内部与外部两个条件，但至少在日本的历史上，可以明确划分为三个。第一，二人必须情投意合。不论是何种婚姻形式，也不论是处于哪个时代，如果不能满足这个条件，那么就只是名义上的夫妻而已。第二，一旦成婚，那么双方就是亲族关系，也就是说，二人以下两代、三代人之间至少是与血亲同等的姻亲关系，而如今，夫妻关系大多数是凌驾于血亲关系之上的。如果细分的话，那么除了夫妻间的关系之外，还有新郎新娘与对方父母的兄弟姐妹间的亲子关系，次之的是与对方兄弟姐妹间的关系，还有成婚之后不得不建立的双方其他亲戚间的关系。上述关系的建立被称为"杯事"①，以前要求

---

① "杯事"，即"sakazukigoto"，日文原文为"盃事"，指没有血缘关系的人之间通过对酌来确认关系的行为。

必须共饮一碗酒，共进一钵食。履行正式的程序需要花费很多时间，因此渐渐将数个程序合并进行，尤其是最近，这个过程变得极其简略，而以前几乎要花上一年的时间才能完成。

第三个条件便是社会的认可，用我们今天的话来说就是"公开"，这个环节本是必不可少的。但是由于宾客太多所以简化了程序，并不与"杯事"一起举行。这是因为以前村内婚姻为主，因此在漫长的准备过程中人们之间已经互相熟知，自然而然就会确认这桩婚事并无什么不妥。如今，在"嫁入"和"初婿入"的日子，对方的父母也会跟随前往并拜访近邻，在客厅问候是比较传统的，大多数情况下，邻居们很早就开始站在路边对新娘新郎品头论足，或者从走廊外侧开一个洞偷偷观察，彼此都是熟人，也不会有人有什么异议。然而，即使是这样简单了事，程序毕竟是程序，若不正常履行，也会被当成外人，而且也无法跟别人搭话聊天。在跨村婚姻逐渐普及以后，迎亲列队似乎就成了仪式的核心环节。也就是说，就像新娘过门之时的"跨门槛"仪式十分烦琐一样，在进入一个新的村落之时，规模庞大的看客团队挑剔的目光和刻薄的评价是最大的难关，而一生只有一次的凤冠霞帔恐怕就是为此而准备的吧。

这一推测绝非空想。因为每个地方对迎亲队伍的排序和结构都有不同的规定，尤其是一种叫作"喊新娘"的高声宣言，在全国各处都能够听到。虽然我搜集了很多事例，但是各地的情况都有不同。在奥羽的乡下，一位被称为"tarukoseoi"的少年会站在队伍的最前端一边走一边大声喊着"新娘到！新娘到！"，而在筑前大岛的迎亲路上，"若者组"的成员们即使在白天也会点亮组织的提灯，一边敲着太鼓，一边喊着"新娘来啦！"。到了汽车时代，或许已经没有了这种边走边喊的形式，但是至少在使用人力车承载新娘的时代之前，不论是佐贺还是名古屋附近或者是其他地方，人们都会要求车夫连声呼喊"yomegozo"或者"yomesansan"①，虽然可谓是一大奇观，但它的源头却在遥远的过去。某些父母因为尚未知晓或者无法知晓而在毫不知情的情况下被"抢"走女儿的风俗或许比坂崎出羽守的事例②更为古老，但直到大约五十年以前在有些地方还能够看到。这些尚未完全消失的前代的野蛮习俗中，却也有包含严格戒律的同一个宣言。或者暂且把新娘藏到难以找到的地方，其中一个帮手再返回新娘家中，并向其父母报告，您家女儿已经被某人"抢"走了。还有更"自信"的男子

① "yomegozo"和"yomesansan"都是对新娘的称呼。

② 坂崎出羽守(？—1616)是安土桃山时代到江户前期的武将、大名。曾在大阪夏之战(江户幕府曾与丰臣家进行了两次合战，分别为大阪冬之战和大阪夏之战)之时救起了一位名叫千姬的女子。千姬即将嫁于本多忠刻(1596—1626，江户时代前期的大名，本多忠胜之孙)之时，坂崎试图抢夺，事情败露后于元和二年(1616)9月自刎。

会亲自前往，并说一些"没错，正是在下抢走了您的女儿"之类的挑衅的话。在大阪附近被称为"bouta"的就是这种行为，"bouta"也就是"夺走"①。也就是说，即使第二个环节被省略，上述最低限度的"公开"方式在婚姻成立的过程中无论如何也是必要的。

一四

在西方社会中，两人一起前往乡下的小教堂，并委托教堂里的牧师来操办两人的婚礼，这是在小说中经常见到的场景。然而在日本，结婚登记制度早已制定，只要盖上户主与担保人的印章即可。但即便如此，人们仍希望能在更多人面前大张旗鼓地公开两人的婚事，这恐怕就来源于上述"喊新娘"的传统。新娘会在这一天化极浓的妆——因此人们就会忘记她日常的素颜，而且前往几乎从未去过的远方的餐桌参加宴会后立刻返回，在第二天途中即使以这样一种近乎失礼的状态出现，总之也算是公开过了。总之，虽然可以拜托德高望重的"zashiki 媒人"并精心做好无可挑剔的准备，但并不是任何一个时代都有机会得到他们的帮助，终于，这种与"媒人"之间的

----

① 解释参见前文，151～152 页。

亲子关系逐渐淡薄，他们慢慢被埋没在对方众多普通的"熟人"之中。虽说坚守自古以来的习俗是一种高雅之举，但是，如果不对这些习俗产生的过程稍做思考的话，最终这些习俗就有可能会变成毫无原则的虚礼。但这一领域已经超出了民俗学的范畴，因此我只能暂且作罢。

而以下问题则属于我们的研究范围。现代的婚礼可以被称为一种"集体仪式"，其原因有二。其一，其中的每个成员都是各自抱有各自的目的而结合在了一起；其二，这并不是进入新时代以后才出现的观念，而是很早以前就已经有了这样的倾向，只不过现在变得更加明显罢了。人们彼此相会，共享美食美酒，在过去是非常正式而隆重的事。这是因为在那个时候，人们相信同样的酒食进入彼此的体内，便会建立一种看不见的关联。只要"敌人"或者"他者"还存在，这种"共通"就一定会受到限制，因此面对一般社会的"程序"也就用"杯事"区分开来了。名义上的亲子关系、兄弟姐妹关系或者同行、村内亲戚等类型的亲戚越来越多，于是人们更希望能够仅与"自己人"分享这一喜悦，因此虽然婚礼宴会通常会兴师动众、热闹非凡，但一般在结束后都会另设宴席款待"自己人"，从中可以看出，在人们心中，"内"与"外"的界限是何等的严格。然而如今，疲于奔命的生活使得这种区别对待已经无法实现了。

其次，在过去，当事者双方饮下订婚之酒比现在要早很多。一般情况下，这是"嫁入"仪式的第一个环节，此外，两人在卧室饮下此酒，被称为"床杯"①；给两人另备食物，被称为"takamori"或者"hanatsukimeshi"②，二者也许都是"杯事"这一习俗的残留。另有更为少见的例子，在有些地方至今还存在。例如，在新婚之夜新郎绝不能出现在席间，而是着便服在厨房烫酒或是四处玩乐以打发无聊的时间。可以推测，在这种情况下，"嫁入"即等于"入家仪式"，也就是成为男方父母的女儿并成为主妇候选人的那一天。之所以此时能够建立亲子关系，是因为之前已经完成了夫妻对酌的仪式。至于何时发生了变化，不同的时代做法也不尽相同，如今还留存的习俗中，既有在"嫁入"当天的上午，新郎前往新娘家中的被称为"asamukoiri"③的做法，也有在带去彩礼的那一天，与"媒人"同行前来进行"杯事"，被称为"yuinomuko"④的做法。送彩礼在城市里

①　"床杯"，即"tokosakazuki"，日文原文为"床盃"，应指在婚床上饮下订婚酒。
②　"takamori"和"hanatsukimeshi"日文原文分别为"高盛り"和"鼻突き飯"，指的都是因饭食装得太多而溢出容器，通常在葬礼和婚礼上都有这种习俗。
③　"asa"即"朝"，意思是清晨。
④　"yuino"即"結納"，意思是结婚彩礼。

被看作婚约成立的仪式，但其实这也是一种形式上的合并，原本在送彩礼之前另有一个叫作"sakeire"①的仪式，而且在那时就已经敲定婚约，而送彩礼则是在确定搬家时间或是商量其他事情的那一天进行，因此，会占卜一个在"sakeire"之后的吉日，由新郎单独前往，这样的例子在福岛县等地能够见到。所谓"miai"②如今也正如其字面意思一样，只是在演出或是公园等场合远远地看上一眼对方的身影，然而正如我数次提到的那样，在过去并没有这个必要。即使是跨村婚姻，一般也是在事情基本已经敲定之后，男方才会前往女方家中并进行"miai"，因此从结果上来说这一般都是初次"婿入"。如果男方就此下定决心，那么就会当场留下扇子或其他贴身的物件。虽然没有听说过当场就进行"杯（事）"的例子，但在奈良等地，一旦婚事敲定，女方就会赠予男方三组小酒杯。我认为，所谓"miai"其实就是"miawaserareru"③的日子。总之，原本是在另一天举行的夫妻间的"杯（事）"，如今与"嫁入"合并为同一天，是后来才出现的改革。

---

① "sakeire"日文原文为"酒入れ"，意思是倒酒、斟酒。

② "miai"相当于中文的"相亲"，该词原意为"互相观察、互相观看"。

③ "miawaserareru"是日语中"miai"（互相看）的使役被动态，意思是"互相被别人（这里可能是父母、亲戚、媒人等）强迫着观察、观看对方"。

一五

与古老形式更为明显的差异是，新郎与新娘的父母、兄弟姐妹之间进行的"杯事"近年来被极大地简化，这在极其需要男性配合的时代里，比新娘与新郎的父母间的"亲子杯"①要重要得多，然而近年来却只是在第三天新娘回门之时，新郎会与之同行并进行拜见之礼。而有些新娘的父母会在婚礼第二天就迫不及待地前往新郎家，更有甚者会直接加入新娘的迎亲队伍一起行进。如此一来，形式上的拜见就已经结束，新郎的初次拜见（初次"婿入"）形同虚设，无法给人留下任何印象了。

我们可以举出许多事例来证明过去事实并非如此。最常见的是上述"asamukoiri"，在一天之内料理完所有事情看起来省事，实际上会让人异常忙碌。新郎会前去与新娘的父亲进行"杯（事）"，但一般情况下那时夫妻的"杯（事）"已经完成。由于与父亲的"杯（事）"正好是在"嫁入"那天的上午，会被误认为是前来迎接新娘，于是为了区别这两个不同的目的，又出现了一种有些奇特的习俗，在广岛县叫作

---

① "亲子杯"即与双方父母确认亲子关系的"杯事"。

"muko no ushimodori"，在山阴松江附近叫作"muko no shirinige"，其他还有"kuinige"或者"kuitachi"①等表示相似意思的不同说法分布于全国各地。新郎前来之时会煞有介事地带着扇子之类的礼品权且当作谢礼，而中途则会不打招呼一个人溜掉。为何这种行为会被赋予了那样的意味还不得而知，也许这是很久以前，人们利用这个机会正式宣告此家的姑娘乃是自己的意中人这一风俗的残留吧。这并不是毫无根据的猜想，在岛原半岛等地，当"婿入"的酒宴接近尾声之时，新郎会与被称为"mukobuse"②的同行者一起，悄悄离开宴席跑到屋外，立刻又从大门进来，问候新娘的父母。这种行为俗称"hizatatenaoshi"③。"hizanaoshi"④一词全国各地人人皆知，但这个词在每个地方的意思又有微妙的不同。例如，在甲地是指婚后第一次回门，而在乙地则把新郎前往老丈人家中赠礼称为"hizanaoshi"。因是二者同时进行，所以名称混淆也无可非议，而新郎通常在此时肩负着两

---

① 这四个词的日文原文依次为"婿の牛戻り""婿の尻逃げ""食い逃げ""食い立ち"，后两个词在现代日语当中是"吃霸王餐"的意思，由此延伸出来，这几个词均指新郎未完成相应的流程就中途离开。

② "mukobuse"日文原文为"婿伏せ"，"伏せ"是埋伏好准备行动的意思，即等待和新郎一起行动的人。

③ "hizatatenaoshi"日文原文为"膝立て直し"，"立て直し"是"端正、纠正"，这里应指(在见对方父母之前)再次端正自己的姿态，以表尊敬。

④ "hizanaoshi"日文原文为"膝直し"，意思是婚礼举行过后，新娘择日回门。

个任务，想要通过一次拜访就全部办妥，就必须先暂且结束一个任务，然后重新"端正自己的姿态"开始下一个任务，因此，这与新娘的回门并无关系。而所谓任务，其中一个是宣布自己对女方早已情有独钟，第二个是请求对方父母能够允许将已经与自己许下婚约的女儿带走。只要翻看中古文学中出现的婚姻流程，人们就会很容易把这两个任务认定为毫无关联的事情。然而，娶妻一方的工作已经委托给靠谱的"媒人"来处理了。难道不是正因为如此，新郎们才会在中途逃跑吗？这只是一个猜测，至于是否正确，我相信在不久的将来就能够真相大白。

在某个时代，女子对于各家来说都是非常重要的生产劳动力，将女儿嫁出远比迎女婿上门要更加慎重。虽然有父母们感叹"实乃贤良之婿"并答应男子的请求，但有时也会有莽撞之辈做出愚蠢的回复，惹得对方父母恼怒，并把女儿再次带回家中。看一看能剧、狂言中的"××新郎"①或者听一听浴佛会②上老者的故事就能够明白，没有什么比"婿入"更加隆重更加豪华的场面了。将这一仪式延后，在新娘回门之时举行是后来发生变迁的结果，但如今进一步把这个仪式安排在"嫁入"的宴会之中，人们甚至开始意识不到它的存在了。其中一个重要的

---

① 这里指的是名称中有"新郎"或"女婿"二字的能剧和狂言。

② 浴佛会是庆祝释迦牟尼诞生的佛教仪式。

原因是单单新娘的各种准备就已经花费了巨大的精力，加之经济结构也有所变化，家中不再具备举办婚宴的条件，打杂干活的人手也不足，因此只能安排在酒店举行。如果同样的宴会要举办两三次，对于这个家庭来说就是巨大的经济消耗。因此，尽量将烦琐的仪式合并成一次举行，这也不失为一个良策。然而，如此一来，出风头的净是那些逢场作戏的时髦人，而重要的亲戚只能屈居于小小的角落，仿佛变成了专门在外人面前撑场面的虚礼，这或许并不是人们的初衷吧。

一六

我认为日本的婚姻仪式如今已经发生了巨大的变化，且从今以后这一变化还将持续下去，作为国民中的一员，我对此抱有些许的希望和要求。例如，希望"媒人"这一角色务必让当事人的亲友来扮演；避免亲人之间的情谊因为每一次婚姻而发生变动；众人的支持与承认能够更为牢固且在更广的范围内展开，停止那些享受完美食就立即忘却情谊的酒肉之宴；等等。此外，我还有许多其他的愿望。当然，这并不是基于民俗学的结论，但是如果不依托于这一学问的话，迄今为止的事实我们将无从知晓，而如果不依托事实与经验的话，我们就不能判断上述提案是否恰当、是否能够实现。如果其他更多的有识之士忽视这些事实的话，就算我们可以自说自话，归根结底也只能像现在这样只是对西方的形式进行拙劣的模仿。若结局果真如此，那着实令人遗憾，因此，我对民俗学的兴盛抱有极大的期待。大约四五年前，我们编辑了一本名为《婚姻习俗语汇》的书，将本文中提到的诸多事实都按照一定的顺序收录其中。如果可以援用其中的内容则十分便利，然而——不知是幸运还是不幸——此书已经售罄，即使在二手书店也极少见到。我希望在不久的将来能够对该书进行一次增补修订并再次出版。在那之前，也请诸位姑且相信本文中提到的那些事实吧。

（昭和十六年十一月 《岩波讲座·伦理学》）

婚礼的起源

一

我们可以发现，所谓习俗一般有两种，由此，考察习俗的方式也有两种。其中一种是当事人知晓这一习俗的意义，而对于外来的人来说就略显新奇，因此他们会抱有较大的好奇心。经过别人的解说他们知道了其中的含义，对于了解远离自己家乡的这片土地上某些难以想象的事实，这些得来的知识就成了某种有力的参考，并不断地累积起来。被译为"土俗学"或是"民族学"的"ethnography"①这一学问如今依然是这一研究领域的主力军。另外一种则被称为"奇

---

① "土俗学"与"民族学"是使用日文汉字的译法，"ethnography"中文一般译为"人种志"或者"人种论"，此处是为了说明日文对该词的理解，因此以日文汉字译出。

风异俗"，即使是当事人也很难理解为何会有这种习俗的存在，因此，这是一种一旦有了某种契机人们就会立即终止的、自古以来就存在的习俗。从比例上来说当然比前者要少得多，但所谓"奇特"与"罕见"同立场有关，对于一无所知的外国人来说，所有的日本习俗或许都要归于这一类，而从另一方面来说，如果仔细观察，就会发现这类习俗也并非少到可以忽略不计的地步。既然是习俗，就有其存在的合理性，与第一种习俗不同的地方在于其中有些部分任何人都难以解释清楚。但凡人类所行之事，从一开始就必定带有某种意义、某种目的。所谓"难以理解"只不过是与之相关的知识被埋没了而已，这同时也是学问的乐趣所在。我们把这类事实称为"残留"，也称为"无意识的传承"，但这些称呼是否恰当也不能轻易做出判断。总之，研究这一问题的除了"民俗学"——英文称为"folklore"——之外别无其他。抱有人文关怀的人们甚至能够深入其他民族的民俗学，或者说如今这个时代，如果没有这样的人将是一大不幸。但我们已经肩负了国内这一问题的研究重担，其精力和心思已经在此，因此更容易自始至终地关注日本内部的习俗。如此一来，那些近在眼前的迄今为止尚未解开的谜团，就会一点一点地沐浴在学问的阳光之下。其中，尤其是有关婚姻的知识需要依靠我们的努力使之成为人人皆知的普遍常识。除此之外，再没有什么能让千千万万的人焦急等待着自己亲自掌握做出明智判断的本领。我们必须迅速丰富他们的常识，这也是我试图考察婚姻礼仪的最初动机。

二

去年我亲自撰写序言并出版的《女子之书》中，有一篇名为《出嫁之前》的文章出自一名新婚女子之手。该文并未局限于自己身上发生的事，这一点拥有巨大的价值，但是其中一节偶然提到了青森县东部的一个叫作五户的城市，在"嫁入"那天，当新娘到达并来到席间与对方的亲戚进行"杯事"之时，仅有新郎一人无所事事，只是在厨房帮忙烫酒。对于居住在大城市的人来说这简直是个笑话，如今别说在城市，即使是在农村也非常少见了。在五户人看来这也只是一个奇谈，绝不会大张旗鼓地当成好事一样四处宣扬。然而实际上，在日本与之相似的例子绝不在少数。令我吃惊的是，这类习俗竟然拥有如此难以抹杀的深厚力量，甚至与其他任何观念都水火不容。也许有人认为，东北地区的开发始于中世，其后由于与中央之间的交通不够发达，于是上述奇特的习俗便只能从相邻的民族流传而来，而这种习俗在农村尤为常见也丝毫不值得大惊小怪。但是我想说的是，这绝不是某一个地方的习俗——也就是说不是所谓地方风俗，而是有一个必须存在的一般理由。而且在观察的过程当中，我们逐渐明白，古老的习俗原本就是如此，且每种习俗都有其理所当然的源头，于是，这绝不是可以付之一笑的话题。

虽然我也有留意观察，但发现在东北六县当中，再也难以找到与五户相似的例子。这恐怕是在东北较为富裕的家庭中，有不少人认为这一做法会遭人嘲笑，因此先于其他家庭开始对这一习俗进行改良的结果。也就是说，在这种情况下，所谓"习俗的力量"在某种程度上被弱化了。这是与所谓"社会阶层"的结构相关联的问题，然而不论如何试图维护新的居住者的地位，这一观念的影响也没到能够全面覆盖的程度，因此，古老的形态在某些地方还依然得以保存。只不过是这些古老的形态仅仅作为这一个地方的代表性特色，并不向外部公开而已。民间传承的调查与观察尤其需要在东北地区积极、热情地开展，其原因就在于此。哪怕只是一个突然出现的个例，也不可视而不见，其原因也在于此。

三

然而遗憾的是，整体来看我们的资料搜集依然没有什么进展。所幸少数实例分布于全国各个角落，因此在推进调查这个意义上，我感到应该将今日问题之所在向更多的志同道合者展示出来，但如果关注这一问题的人一开始就很少的话，那么我们也就无法像现在这样做出如此细致绵密的论述了。

　　按照顺序，首先应该从关东地区开始。茨城县北部某村的实例通过前些年我与伙伴们的同期调查已经逐渐清晰，其中一部分研究成果也已经公开发表。这个地方的所谓"shugen（祝言）"①分为新郎与新娘两方，当然根据一般的观念，更加偏重于娶妻或迎婿的一方。新郎一方的"shugen（祝言）"在当地称为"hikiawase"或者是"ohikiai"②，以新娘与新郎家的亲戚之间的"杯事"为主要环节，结束之后再前往宴会现场。新郎本人虽然会列席"hikiawase"，但此后会立刻退到厨房里帮忙做一些杂事。也就是说，烫酒就是他这一天的全部工作。这个习俗中始终贯彻着"shugen（祝言）"不以新郎为对象这个宗旨，但最后新郎会在席间短暂地露面，简单问候在场的人。我们需要注意的是，在这里也有让新娘吃下满满一碗米饭这种被称为"新娘的takamori"的仪式，但负责服侍的只有女性"媒人"，她只是让新娘吃一口便罢，之后要如何处理却不得而知。按照其他

---

①　本意指祝福的话，但是在本文中指的是结婚的仪式。

②　"hikiawase"和"ohikiai"都是动词"引き合わせる"的名词形式，原意是将二人叫到一起互相介绍。

地方的习俗，这一"takamorimeshi"①仅会在新婚夫妇面前摆放一碗，两人当着众人之面将其吃下的场景会成为当天的重头戏，甚至在有些地方，其间新郎新娘的母亲会将饭箱拿到席间，并亲自为其添饭直到溢出饭碗。也就是说，夫妻双方通过分食同一碗饭来建立某种关联，这与夫妇间的"杯事"拥有完全相同的目的。在进行上述仪式的前提下，却又将新郎置于宴会中心之外，可以说这绝不仅仅是一种程序上的简化而已。

此外还有另一个例子。这个例子发生在距离上述事例发生地点以南十几里的千叶县的原野地带，也就是毗邻上总与下总边界的山武郡境村。这是出生于此地的秋叶隆教授从其母亲那里听来并已经公之于众的事例，因此具有很高的可信性。在这个村子里，人们将"嫁入"时的"shugen（祝言）"称为"uketoriwatashi no sakazuki"②，不光是新郎，就是新娘也只是前来但并不出席。也就是说，这被看作男女双方亲戚互相接触的仪式。然而，即便在这个场合，"takamorimeshi"的习惯也没有消失。一般将饭食放在另一个房间供

---

① "takamorimeshi"日文原文为"高盛飯"，指的是因装得太多而溢出容器的饭食。

② "uketoriwatashi"日文原文为"受取渡し"，其实是两个词，前面的"受取"是接受，后面的"渡し"是交予。

新娘食用，此后又由新娘将剩下的饭食端给躲在厨房里的新郎，并让他食用其中的一部分。似乎这被称为"kasawakemeshi"。所谓"kasa"指的是很小的餐具——如饭碗的盖子之类的东西，不论在哪里，"takamorimeshi"都是用这种容器食用的。这本来是新婚男女在洞房花烛夜互相立下誓约时举行的仪式，为何与亲戚们的"杯（事）"的祝贺宴会合并在一起了呢？当地人反而无法解释这一问题。根据我的想象，因为这是一种令人印象深刻且非常容易模仿的做法，所以后世的人们为了使婚宴更加豪华热闹，就从江户时代的各种习俗中独独挑选了这一种沿用至现在。

四

有关伊豆诸岛的风俗，有若干见闻录流传于世，但这些资料都出自游客之手，因此难免有不甚精确之处，此后又不断发生变化，因此难以作为确凿的证据加以参考，但是，至少我们从中可以看到一些古老的痕迹。例如，在大岛等地，曾经在很长一段时间内，成为人妻的女性一般情况下并不举行"嫁入"仪式，但是近年来，以"嫁入"作为婚姻开始的情况越来越多。明治三十九年（1906）的调查被登载于《人类学杂志》第 246 期，据此我们可以得出结论，此岛的"嫁入"确实发生了很大的变化。到了傍晚，新娘就会换上日常便装中较新的一件，在亲戚或者"媒人"的带领下步行而来。于是，许多双方的亲友聚集在一起，互相祝贺并小酌几杯。其间，新娘一直孤零零地站在土间①的角落里，就这样等着亲戚和"媒人"们相继离开，然后才会与新郎的父母、兄弟姐妹进行"hikiai"。新郎也会在这个时候前往友人家中玩耍，通常不会出现在席间。也就是说，这种入家仪式的目的并不是决定当事人双方的夫妻关系，一言以蔽之，只不过是新娘成为新郎家庭成员过程中的一个环节，而且一般情况下新郎的父母会有两三天的时间居住于隐居室中，同时这也是新娘继承主妇地位的仪式。在小小岛屿内部的婚姻中，新娘新郎绝非在这个时候才第一次见面，应该很早以前二人就已经立下誓约，只不过在父母为了隐退做好准备之前，一直在外等候罢了。这对于父母来说也绝不是什么秘密，而且双方都了然于心，因此也不会造成什么隔阂，"媒人"的工作负担大大减轻，对于他们来说，这是一个轻松愉快的世界。如今，又过去四十载，这个习俗必然发生了变化，但岛屿上非常流行隐居，若要把隐居地当成自己的长期居所，

---

① 土间指的是日式房间中的三合土地面房间，也就是既没有铺地板也没有铺榻榻米的房间。

那么年轻男女就不得不在家以外的地方寻找住所。"嫁入"就等于"okatanari"①，也就是等于正式登上主妇之位。只有这个习俗以些许不同的形式存在于各个地方，且一直被保存下来。

据说以前，从立下婚约到"嫁入"的这一段时期通常都会成为令人难忘的美好时光。未来的主妇虽然不会搬来，但会用其他各种方法试图与对方的父母建立亲子般的关系，这种说法在七岛中的其他小岛上也广泛流传。近藤富藏是曾在八丈岛生活了六十多年的被流放的罪人，此人留下的《八丈实记》②（卷十八）中提到，由于入家仪式是在同居数年以后才举行的，所以新郎并不会出席仪式。似乎新郎在此时定会前往别处，这应该是一种自古以来就有的习俗。这是一位现在已经无人知其名的老人在一百年前讲述的事情了。当时，"寝宿"③形式的生活非常流行。此后幕府时代的风俗警察认为这一做法有伤风化，因此加以取缔，这使得年轻人们都想要尽快地进入自己的家庭，从而对父母的隐居更加迫不及待了。

---

① "okata"有贵人之妻的意思。近世以来，一般庶民将他人的妻子敬称为"okata"，在这里指的是一家的主妇，"okatanari"即成为主妇。

② 《八丈实记》是江户时代后期至明治时代初期的旗本近藤富藏（1805—1887）所著的游记。富藏出生于江户，由于伤害町人一家事件而被长期流放，后来虽然得到了赦免，但依然在八丈岛度过了自己的后半生。

③ "寝宿"指的是青年男女在正式结婚之前的同居生活。

五

新娘"嫁入"时仅着便装对于我们来说或许也有些不可思议，在遥远的对马海岸和濑户内海的一两个岛屿上，也能见到同样的习俗。那么是否盛装华服就完全没有用武之地了呢？其实，新娘必须着盛装的日子另有其他。在伊豆各岛，妻子会在丈夫亲戚的葬礼上盛装出席。我们可以把这看作主妇的就任仪式。不论去到哪里，葬礼与祭礼自古以来都是"晴"之日①，出席之人皆着"晴服"。由此我们可以看出，在过去的某个时代、某个地方，人们为了新娘着想，而不将"嫁入"这天规定为"晴"之日。

提出这个话题似乎有些跑题，然而新娘出嫁时随身行李的运送虽然是非常重要的环节，但在很多地方，人们依然将搬运行李与"嫁入"仪式分开在不同的日子进行。当然，人们已经逐渐开始倾向于尽量早些把行李运送完毕，但在德岛县等地，仍有人专门在另外的日子，甚至是特意改变路线来搬运新娘的行李。在近畿周边的伊

---

① "晴"与"亵"是柳田提出的概念。"晴"指的是正式的、官方的、特殊的场合。与之相对，"亵"指的是日常的、普通的场合。在"晴"之日里，一般着"晴服"。

贺地带，以及与之毗邻的奈良县的东侧等地，人们认为行李经过一年以上方能到达的才算作是"高雅"的做法，而与行李同时到达的新娘则被贬低为"tsurikakeyome"①。在滋贺县的湖北地区等地，新娘到达夫家并安顿好之后再过上很长一段时间才会前往娘家取回自己的衣物，在前一任的主妇隐居或者去世，并且拿到仓库的钥匙之前，都会将自己的随身物件托付给娘家，也不能随便触碰家中的储藏室和储衣柜。也就是说，"一家不容二主"的观念已经成为人们心中的常识，在大家族中，主妇工作的交接是非常重要的程序，母亲们都是从年轻时代走过来的，因此她们会坚决彻底地守住自己的权力，有时甚至会持续到自己的丈夫去世之后。在婆媳不同住的国度里，或者说在不同住的时代里，婆媳之间恐怕不存在什么相互同情。然而刻意让她们凑在一起并埋下纠纷的种子，这无论如何都不能算是一种给人带来幸福的变革，但这似乎是源于武家这一阶级的特殊要求。这一源头虽然尚未彻底查明，但也能列出几点。第一，我所说的"远方婚姻"；第二，女子在自己娘家地位的下降；第三，

---

① 此处的"tsurikakeyome"日文原文为"つりかけ嫁"，意思不明。虽然大间知笃三曾在奈良县宇陀郡的调查报告中提到过类似说法，但却是以"tsurikakeyomeiri（つりかけ嫁入り）"的形式出现的，而且并没有说明"tsurikake"的意思。根据上下文，这里或许指的是"搬运"。

家庭收入来源过于单一而产生的经济上的必要性；第四，基于儒教伦理的有些牵强附会的解释；第五，仅在成年仪式之前对青年男女进行生活常识的培训已经不能满足需要；第六，获得住所已经变得越来越困难等。另外还有其他各种原因，但综合来看，尽早把女儿送入女婿家中的这一愿望越来越迫切，最终形成了一种特殊的社会状况，在这样的社会中，以"嫁入"作为婚姻的开始，或者作为恋爱的萌芽期竟然毫无不妥。当租房变得越来越容易，都市里开始流行与父母分居，如若房子烧毁走投无路则不得不忍受着窘迫和父母挤在一起，一旦有了点微薄的收入便将父母之言抛于脑后，不受任何束缚。这样的年轻人越来越多，或许我们可以说过去的同居主义并不是那么合情合理的现象。只不过从今往后我们不能止步于对未来的预测，而现在正是思考什么才是最为安全稳妥的方式，怎样做才能培养出健康苗壮的后代等重要问题的时候。如今，已经没有余地给我们在一无所知的情况下说任性之言了。

六

虽说如此，但如果不是以弄清诸多疑问为基础，上述"说教"恐怕很少有人会耐心听取。所以我们还需要对各地的实际情况进行调查。伊豆诸岛——如御藏岛、利岛等岛屿——近世以来发生的变化对于我们来说仍然是一个未解的谜团。如果伊豆半岛历史悠久的地方也残留着类似的婚姻方式的话，那么对于我们解决问题则是非常有利的，但是坦白地讲，这些婚姻方式只不过还暂时处于我们的调查可以触及的范围外，并不能就此断定完全不存在。与伊豆相对的海角顶端是纪州，发生在那里的一个小村庄中的例子被记录在《结婚宝典》一书中。其内容应该是转载于某个风俗画报，这本杂志中多为旅人夸大其词的见闻，因此可信性并不高，但其中也提到了新郎会在婚礼的当晚离开家，并不出席仪式。在伊势的度会郡面向外海并与之相毗邻的熊野四郡又是怎样的情况呢？为了解决这一问题，如果能够在调查得以开展的地方获得若干类似的例子，那么上述志摩南端的资料，就会成为可以信赖的重要参考。

　　一直以来我们都非常重视证据的搜集，稍不留神就会漏掉重要的内容，甚至是听到不着调的谎言。然而，接下来我将要列举的两个事例从来没有过交错却大体上趋于一致，在每个地方也基本上保持统一。其中之一是在北陆一带，从能登半岛到加贺、越前，这里大概有四个地方；另外一个是在九州的南部，尤其是集中在鹿儿岛县。除此之外，我还期待着例如分布在土佐的冲之岛这样偏远地方的一些证据也将源源不断地出现。根据当地的实际状况、距离和交通等因素，我们也可以从现有的资料中大致推测出哪些地方还留有上述证据。

　　然而我们如果连调查方法和关注点都要一一论述的话，那么对于事实本身的关注度就会降低，因此接下来我将专注于对事实记录的介绍。新郎缺席的现象在北陆地区主要集中于能登的凤至郡黑岛村的一端。在这里，婚姻主要限定于村内，嫁往外村的现象尤其不受欢迎。郡志中记载，这一天的仪式以亲子之间——也就是新郎父母与新娘之间——的"杯（事）"为主，有的地方也会进行"夫妇杯"①，有的地方则没有这个环节。但郡志是以大多数新郎会离开家而藏身于某处为例，所以上述"夫妇杯"的环节不存在也很正常，这恐怕是因为躲在厨房里烫酒的工作实在是有失颜面，于是就独自离家不知去向了。但只有在对方是婿养子的情况下，新娘才会在厨房里忙碌，她们在宾客们酒意正浓之时着正装来到席间，并向新郎表达问候，也就是说，就算双方都在场，"杯（事）"也是不存在的。在同一本郡志中还记载，有一个叫作鹈川的村中，在"嫁入"宴会的那一天，不但公婆与新娘不会进行"杯事"，新娘与新郎之间也几乎不会进行"式三献"②的仪式。在半岛的

----

　　① "夫妇杯"指的是双方通过饮酒的方式来达成某种约定。因此，"夫妇杯"指的就是双方通过饮酒来确立夫妻关系。
　　② "式三献"是日本中世以后出现的酒宴的礼法。敬酒之时分三次，每次分别敬大、中、小三杯，重复三次，共九杯酒。

皆月浦等地，新婚夫妇之间并没有"杯事"，只有婆婆与新娘会进行"亲子杯"。或许婆婆一人代表了新郎的双亲，但总之是将"嫁入"视为婚礼的核心，与此同时，却并没有将这一天视为夫妻关系确定的日子，以如今的常识来看恐怕是难以理解的。

七

与上述地点仅相隔十几里的加贺能美郡里也有相似的习俗，并被记录在杂志《民俗学》(二之八)中。虽然没有说明具体是哪个村子，但恐怕在那里有很多相似的例子，因此记录下来的内容已经足以说明事实。文中提到，在结婚的当日，新郎没有任何任务，也不会出席任何宴席，所以连衣服都不用更换。他们躲在窗户的角落或是后门门口，又或者是混入厨房的人群之中，协助备酒。第二天会举办婚宴，一直到第三天的夜里之前，新郎都不与新娘见面，也不会出入客人的席间。如果新娘是素未谋面之人，在她到达的时候新郎会忍不住想去偷看，但如果这样做就会立刻遭到耻笑。如果对方是平日就十分熟识的村内人则姑且不谈，但戴着丝绵帽子，从老远的地方娶来的新娘就这样被隔离开来，未免太不人道。于是，甚至出现了新娘要将新婚初夜献于惠比须神①这一毫无根据的说法。如此低俗的戏言竟然也给人们提供笑料，说不定就是这种奇葩的规定获得广泛认可的结果。

至少我们有证据证明一直到相邻的福井县的海岸都能够见到上述习俗。《乡土研究》（七之四）中记录着越前丹生郡城崎村的部分区域的某个习俗，即在婚礼当天，人们会逼迫新郎外出。在某一年的区长会议上，议长再次对这一风俗提出了自己的疑问，希望能够进行一些修改，但没有一人回应，因此也就不了了之了。根据我的想象，其他人的反应并非想要维持这一传统。虽然所有人都认为这一习俗有许多不妥，但既没有充分的理由也没有合理的必要，人们也就无法下定决心把这一自古以来就有的习俗彻底废除，也就是说，这种习俗的由来已经难以追溯了。

以前，"嫁入"并不是夫妻生活的开始，在当事人的婚姻已经结成的情况下没有必要再进行"杯（事）"。在这样的时代里，上述少见的例外情况似乎是理所当然的，但近年来"媒人"会从很远的地方将素未谋面的新娘带来，于是优先于所有环节之上的就是当事人们的"hikiawase"，在漫长的岁月里，人们逐渐习惯了这个古老的方式，

---

① 惠比须神也称惠比寿神，是日本七福神中的财神、土地神。

而且由于变化是缓慢发生的，所以人们并没有刻意进行更深的思考，依然将原有的东西沿袭了下来。在恰好与北陆互为表里①，位于日本国土的边缘之边缘的四国和九州等地，相同的习俗也保存了下来。这一事实恰好向我们揭示了这些习俗绝不是什么时髦的爱好或是流行的趋势。

八

土佐冲之岛的例子曾经是由我们的伙伴进行调查的，与之内容大致相同的新闻报道登载于昭和四年（1929）八月的大阪《朝日新闻》上，其中并没有什么夸大其词的表述。岛屿位于土佐西部的海面上，过去曾经与伊予之间有过领土纷争，但由于是一个孤岛，所以还保存着一些其他的古老风俗。在新娘出嫁的当晚，以新郎为首所有的年轻男性统统都会外出，在他们离家的期间仅由双方父母来完成仪式。曲终人散，当新娘的跟随者们悉数退下之后，新郎和其他男子才会一同返回家中。据说这一做法表现了男性即

---

① 日本国土靠近日本海的一侧被称为"里日本"，靠近太平洋的一侧被称为"表日本"。

使在结婚当夜也不忘工作的勤奋精神，但新闻报道的附记中写道，从另一方面来说，由于当事人双方在仪式举办之前就已经开始了恋爱关系，所以已经没有必要再进行"shugen（祝言）"，仅由双方父母操持办妥即可。

据樱田胜德君①听到的说法，这个岛屿的"嫁入"与伊豆其他岛屿不同，"嫁入"本身意味着年轻夫妇的"分家"或者是房屋的让与，而父母们并不会立刻"隐居"。如此一来，"嫁入"就成了仅对自己的儿子已选定终身伴侣这一事实进行认定的仪式了。即便如此，"杯事"也不需要新郎的列席，毫无疑问，这是因为事实上他已经不再是"新郎"，二人的夫妻关系已经尽人皆知，所以到了这个地步已经不再需要进行"杯事"了。但是要将对方视为自己家人，并且正式开始"本家"与"分家"的生活则依然需要有一个正式的仪式才算稳妥。于是有时候并不是男女双方已经结为夫妻就等同于已经得到周围所有人的认可。在乡下，人们似乎曾经对这种不稳定的状态并没有表现出过多的忧虑。但很多人会感到这至少从女性的立场上来说是一大损失，因此而误了前途的先例也越来越多，于是人们自然而然地开始向着"三思而后行"的做法倾斜，而我并不认为这是对婚姻

---

① 樱田胜德（1903—1979），日本民俗学家。

自由的限制。如果是情投意合的伴侣，只要有足够的忍耐力静静等待时机的成熟，总有一天能够光明正大地成为令人羡慕的夫妻。只不过在这个世界上，能够守护这一伟大爱情的人越来越少，我们不得不承认，人们变得容易见异思迁，既是这一制度发生巨大变化的原因，同时也是它所导致的结果。

正如前述东海诸岛的事例所显示的那样，最初婚姻完全与继承无关。曾经，如果父母的一方去世，那么在新的主人和主妇上任之前，一边悠闲地经营婚姻生活一边静静地等待的年轻夫妇到了后来，就会开始想要为了尽快得到父母的同意而事先做一些准备工作，或者迫不及待地希望父母能够早点隐居以便更早"嫁入"，这是因为"婚舍"也就是"寝宿"①问题，即究竟应该让年轻的夫妇居住在哪里这一问题越来越难以解决。一开始我推测是由女方的娘家提供初期的婚舍，但这仅限于一部分受到认可和支持的婚姻，后来我慢慢发现，这对于很多夫妻来说是无法苛求的事情。这是因为女方提供婚舍就意味着女方的父母明里暗里已经认可了这桩婚姻。在八丈岛等地，据说能够得到政府的支持，而在长门的见岛、壱岐岛等地，都设有为年轻夫妇准备的距离女性娘家较远的"寝宿"。这些"寝宿"

---

① "婚舍"与"寝宿"指同一事物。

都非常狭小简陋，而且脏乱无比。若不是白天在室外进行高强度劳动，仅在夜间前来留宿，或者是对奢侈生活尚无概念的男性，无论如何都无法屈居于这样的陋室。如果再添了人丁，情况就会变得更糟。因此，他们对尽早回家的渴望恐怕比任何人都要强烈吧。

九

然而我们需要重新审视的问题，不是在上述婚姻业已结成，只有迎新娘的仪式一直都会晚一步进行的情况下人们对新郎的态度，而是从一个陌生的家庭中迎来素未谋面的新娘时，也会如此地忽视新郎的存在，这究竟是为何？这看起来是个微不足道的问题，但如果不充分进行说明，又将成为一个被埋没的知识。或许有人会认为这只不过是一种习惯或是一种惰性而已，但就算如此，明明有人因此而感到困扰，却既不抱怨也不反抗，使得这一习惯一直持续至今，不得不说这背后隐藏着巨大的力量。如果说经验告诉我们，拥有确实的存在理由的习惯绝不会轻易发生改变，那么不论这是好事还是坏事，至少我们都应该给予其更多的关注。

此文一旦发表，或许还能够获得更多九州南部的事例。之所以这么说，是因为这些事例都被看作稀松平常之事，从来没有被当作奇闻逸事流传于世。虽然我目前所知的只有三处，但恰好分布在三个方向。其一是位于萨摩西部海上的甑岛列岛北端的一个叫里村的士族部落，这里相对来说比较开放，与中央文化的交流也较为频繁，但即使这样，在"嫁入"的当晚新郎也照样会消失。可以想象，在列岛的其他村落里也是一样的情况。其二是距离此地非常遥远的大隅半岛东海岸的内之浦一带——尤其是岸良村等地，这里还残留着浓浓的古风，高桥文太郎①的见闻录中记载，这里至今仍然没有所谓"三三九度"②。最近只有较为发达的地方才会进行"三三九度"的仪式，而过去大部分地方都没有。新郎在迎亲之夜会藏身于某处，一直等到宴会结束、宾客散去，才会回到家中。因此，是没有机会进行"夫妇杯"的。

其三是位于雾岛山北侧、宫崎县西侧的真幸乡。这里的事例在我的已故挚友楢木范行的著作《日向马关田的传承》③中有详细的记述。这里是武家与农家混住的大规模村落，但新郎会在"嫁入"的当晚前往邻居家中玩耍，只留新娘一人参加宴会，这已经成了一种惯

---

① 高桥文太郎(1903—1948)，大正至昭和时代的日本民俗研究家。
② "三三九度"是神道式婚礼的饮酒方式，男女各喝三杯，每杯分三口喝完。
③ 楢木范行(1904—1938)，日本著名的民俗学者，1937年出版《日向马关田的传承》，将扎根于地方的"地域民俗学"的目标付诸实践，得到了学界的好评。柳田曾为该书作序。

例。我通过此书第一次注意到，这一奇特的习俗竟然不是单方面的，也就是说与"嫁入"相对的"婿入"，也是只有新郎列席婚宴，并与新娘的父母、兄弟姐妹和其他亲戚进行"杯事"，只不过此时不会出席宴会的是新娘罢了。如果仔细观察的话会发现，这种现象在全国各处都能见到。由此我们可以判断，虽然如今的婚礼已经变得极为简略，但我国的婚礼原本就是由"婿入"与"嫁入"这两种形式构成的。

一〇

可以说，在这两种互相对立的仪式中，过去曾有一个阶段"婿入"比"娶入"重要得多。这固然不能成为母系继承制残存的证据，但毕竟其中一方即将失去一位家庭成员，因此，比起要增加一位家庭成员的一方，他们更加需要精神上的慰藉，而且父母也希望和子女继续保持亲密关系，于是力量被削弱的一方总是感到痛苦失落的。然而众所周知，实际上随着时代的变化，"婿入"时的彩礼愈渐轻薄，所谓简略仪式已经形同虚设，与完全没有并无两样了，如今，越来越多的人认为"嫁入"就是婚姻的开始。若没有什么天大的理由，这样的变化便不可能发生，但这个理由究竟是什么呢？我们或许可以将圆满回答这一疑问作为文化史学进步的一大目标吧。

我虽然在这里自以为是地夸夸其谈，但其实自己也尚无任何头绪，实在是滑稽至极。但至少，我的脑海里已经浮现出些许的线索。同时，我也始终注意搜集各种视角的新的资料，避免做出草率而冒失的判断。例如在冲绳，婚礼当晚新郎潜入那霸市辻①的"游廓"里彻夜不归是近世以来的风气。虽然也有愚蠢的人认为这是为了告诫女性应控制自己的嫉妒心而进行的最初的"考验"，但恐怕连他们自己也不相信。我们无法得知在"游廓"建成之前，这个地方是用来做什么的。要想解决这个疑问，首先需要对这里与九州南部之间的——也就是位于通道上的——各个岛屿的习俗进行调查，但我们暂且可以认为这里也与前述事例的核心部分相同——即以新娘与新郎父母的"亲子杯"为主，当日，新郎通常会无所事事。但这里的例子存在一种特殊性，不能等同于东北的青森县三户郡的情况。在冲绳县诸岛，迁移新娘的宴会被称为"nibichi"。这个说法或许是来自"nebiki"②一词，也可能是 n、m 音在这里发生了转换，而原本应

---

① 辻是位于冲绳县那霸市的一个地名，此地在二战期间遭到空袭而被烧毁，在此之前一直是有名的花街柳巷。
② "nebiki"日文原文为"根引"，意为连根拔起。

该是"mebiki"①。与其他地方不同的是，这里的仪式并不会备酒，人们会以水代酒一饮而尽，这称为"水盛"，而且新婚夫妇也会进行这种"杯（事）"。还有一个不同点是，"杯（事）"结束以后，新娘会立刻返回娘家，到了第三天晚上再回到夫家，并以此作为正式的仪式；另外，在举办仪式的当晚，新郎的朋友们会用各种办法善意地捉弄这对新人，这种情况在日本内地虽然也并非没有，但在冲绳尤其盛行。《人类学杂志》中曾有过几个报道，在这里还有一个奇特的习俗，就是强行拉着新郎到家中最为污秽的地方行走，而且这是上流阶级的婚礼上必不可少的环节。在八重山主岛，也会在新娘到来的时刻，强制新郎进入此岛最为肮脏的场所——也就是猪窝兼茅房。这些做法都不仅仅是"yomeoshimi"②的表现，它们或许是来源于某些咒术。总之，为了尽量减轻这些奇风异俗带来的痛苦，新郎们就会前往妓院之类的地方花天酒地，不醉不归，由此逐渐形成了这一恶习。因此，我们不能简单地将其与其他地方的"新郎不出席"的习俗视为同一事物。

或许是两个隐藏起来的原因相互结合，从而产生了如此令人不悦的习俗。那么，在这两个原因中，仪式是作为亲子关系的契约，

---

① "mebiki"日文原文为"妻引"，这里应指将妻子迎进家门。
② "yomeoshimi"在这里是"惋惜、怜惜"的意思。即通过对新郎略施小惩来表达对即将出嫁的女子的怜惜、惋惜之情。

而对于夫妇结缘来说，一些其他的自古以来的条件已经具备，或许这种观点占据了主流的地位。还有一种说法，在中等以下的家庭中，在"nebiki"的次日男性会前往花街柳巷，女性则会去观赏戏剧，二者各不相干。总之我们可以看出，当事人并没有打算把这一天看作为了他们而准备的重要日子。"婿入"的仪式先于迎娶新娘的仪式而举办，这在冲绳非常普遍，当天，除了与新娘的双亲进行"水盛"之外，还会前往其家中参拜火神与祖灵。而这些活动新娘是否会参加呢？这只是其中一种观点，目前我尚无机会进行确认。眼下比较清晰的一个例子是在宫古岛八重山中部的多良间岛上，"婿入"会在"shugen（祝言）"之日清晨满潮之时进行，而仪式中却没有新娘的身影，这也被视为标准的做法。

一一

所谓"婿入"，正如我曾经详细论述的那样，现在大多数已经退化为在"嫁入"之后三天左右，即在新娘回门的日子里与之合并举行。在那之前新娘的主要亲戚们互相见面、互相敬酒，并从这一天开始互相接近的就已经是远方亲戚或附近的邻居了，也就是说净是些没有直接关系的人，因此越来越不受到重视，甚至有很多人连新娘嫁去哪家都不知道。在家与家之间的对立较为激烈的时代，"婿入"原本就是"求人"的一方所希望的方式，因此才会被看作重要交往的开始。于是，如今在乡下的每个角落，仍有众多人认为这个环节是不可省略的。在这些地方，在"嫁入"的当日，就算只比"嫁入"早一点点，也要先完成"婿入"，在这之前是不会把新娘送出的。因此有时候会变为新郎亲自前来迎接的形式。总体来看，针对公婆的礼仪与迎亲的礼仪被严格地区分开来，而且为了划分界限，甚至出现了新郎的"shirinige"这样的奇特风俗。也就是说，人们清楚地区分以下二者——希望与岳父岳母建立永久的亲子关系才是"婿入"的唯一目的，而将新娘接到自己家中则是另外需要商量的事。因此，这一天，在这个场合，新娘的在场远远比新郎更引起周围人们的关注。① 根据我的推测，虽然现在的婚礼人多杂乱容易混入其中，而且新娘在狭小的房子里也无处躲藏，但是新娘不参加"婿入"仪式的"亲子杯"是一种常识，因此也很少在各种报告中被特别提到。但是根据目前我们已经确定的事实，除了前述多良间岛的"mukuiri"以及雾岛山麓的"婿入"以外，相似的例子还能在全国

---

① 此处柳田想要说明，原本"婿入"的仪式新娘是不应该参加的，所以新娘在场会让人们感到很奇怪，故而会引起更多的关注。

各处找到。在周防大岛等地，此时新娘一般都在厨房劳动，新郎有时候也会帮忙烫酒。在这种场合下，新娘就算逃走也没有地方去。在鸟取县的米子地区，新郎一般在"嫁入"的前一天到来，三十年前的报纸上也曾经提到，新娘并不会在宴席上露脸。在东北地区的陆中花卷附近，"婿入"在"嫁入"当天的傍晚开始，在进行"亲子杯"之时，新娘也是不出现的。关东地区的群马西岸北甘乐郡史中提到，在"婿入"的时候新娘会去往别家，之后才会回来进行简单的问候。如果是童养媳的话，在信州的松本附近，会在"婿入"的时候把女儿送到别人家，此后才会让她回到男方家中。这种做法似乎说是"嫁入"才更为合适。在上州附近，就算是当天晚上将要出嫁的新娘子也会在"婿入"之时被藏匿起来。在甲州上九一色附近的"婿入"，与迎亲一起举行且二人同行而归，但即便是这样，新郎与新娘双亲进行"杯（事）"的仪式之时，新娘本人也是不出席的。人们都认为，实在是有必要向外界宣称这并不是为新婚夫妇准备的仪式。

一二

这个问题并不经常被人提及，所以我将所知的资料进行了冗长的列举。虽然能够预测到相同的例子此后还会被不断地追加进来，但也只会稍加留意，只有在与之矛盾的事实得到确认的时候，我才打算拿出来做一比较。在"神前结婚"①这些新鲜事物出现以前，夫妻的"杯事"在"婚舍"里——也就是双方共同生活的地方——举行，如今则是在新郎的家中举行。因此"婿入"应该在即将前往的新娘父母家中举行，那么在那里并不会举行二人的结婚仪式也不奇怪。但是以前却与现在不同，自己的妻子长期留在娘家劳动，待两三个孩子出生之后，才会搬到夫家就任主妇的位置，因此，通常情况下在此之前就已经完成了"杯事"。而以"嫁入"为开始的近代婚姻却不能如此。因此人们更加提倡在"婿入"之时不必举办夫妻的"杯（事）"，不仅如此，还特意在那个时候让新娘外出，或者身着便装在厨房里劳动。也就是说，这是一种因为意识到制度的变化而做出的习惯上的改变。

另一方面，新郎一方针对此事则需要追加一些必要的仪式。在"祝言"的席间才第一次看到妻子的容颜，这就算是再时髦的做法，也很少有人模仿，原本至少有办法在商量婚事的途中就让二人互相认识，因此，今天我们称之为"miai"的，原本也是在定情之日进

---

① "神前结婚"指按照神道礼仪，在神社里举行的婚礼。

行，我们甚至可以想象，"miai"或许就是"meai"①。所谓"miai"，不仅仅是让新郎从远处悄悄观望新娘的样子，双方通过"miai"想要极力避免的就是半途而废，因为这样也会招致外人的各种猜测。而将其解释为一种"面试"的，是所谓文化人对文字的拘泥。民间使用"miai"一词的地域并不广。于是在有些地方，当婚姻契约在实质上已经确立之时，人们会以"结纳婿"为名暂且容许二人保持亲密的关系，而在同一天也一定举行"杯（事）"，因此实际上到此为止婚姻已经算是正式成立了。虽然事情进展到这个地步已经不太可能出现谈判破裂的情况，但那些懂得给自己留下余地的谨慎之人，都只是把它当成整件事的一个环节，并迫不及待地盼望彻底事成的那一天早点到来。

小笠原流②的书中曾对"嫁入"当日的"夫妇杯"进行了极尽华丽的描写，但我认为这只不过是局限于某个阶级的偶然现象。如今沿用这一方式的婚礼已经寥寥无几，即使是同样认为这个环节必不可少，在婚礼上的做法也是各有不同。迎亲的家庭有一间叫作"小座"的屋子，或者是用屏风围起来临时隔出一个空间。新娘被人带到这

---

① "meai"应指目光与目光相对，即二人见面。

② 小笠原流是弓术、马术、礼法等的一个流派。现在作为礼法的流派非常知名。

间屋子里，并与新郎进行"夫妇杯"。最近我们得知，夫妻双方当着亲戚的面进行最初的"杯（事）"，然后马不停蹄地开始与彼此的亲戚进行"杯（事）"，这明显是两种仪式的合并和简化。美酒是当天的压轴戏，因此无论如何都要把重点放在后面的酒宴上。或许是觉得这样的安排并非新婚夫妇二人所愿，于是让他们早早离席，另外单独进行"床杯"等其他仪式，因此就出现了要进行两次"杯（事）"的奇怪习俗。虽说是自古就有的惯例，但其必要性在哪里，我们实在是难以理解。

近世的婚礼变成了一种过度的消费，人们为了将所有的精力与财力都用在刀刃上，就想出了很多简化程序的方法。毕竟是一生仅有一次的回忆，谁都希望能尽量办得奢侈排场，这一点无可厚非，但由于这一变化发生得过于突然，我们甚至都还未察觉到各地家庭已经采用了五花八门的新方式，更不用说去追溯这一变化发生的过程了，这不得不说是巨大的损失。婚礼的当晚新郎在厨房里手足无措，人们只会去关注这个难得一见的场景，但是我认为，这一现象真正的价值，在于它更能促使我们思考为何这种习俗会得以存在。一言以蔽之，我们现在称为"婚礼"的，实际上是主妇的入家仪式，或者是主妇候选人的就任仪式，其目的主要是让新娘与四周的人结为一家、一族。当事人双方的结合远比这个仪式要开始得早，只不过需要重新认可一次而已。新郎当天在自己家中无所事事本是理所当然，却不断有人觉得稀罕，想要关注，甚至觉得可疑。有些地方至今仍然能够看到这样的事例，在那里，配偶选择相对更加自由，而且妻子会受到来自娘家的更多保护。但我们不能将其视为一种旧有习俗的保存。这是因为过去的家庭和家庭之间关系亲密，没有必要煞有介事地进行"婿人"和"嫁人"仪式，亲戚间的"杯（事）"这样的走过场的事也没有任何必要。总之，婚礼是由于相隔较远的家庭之间的结合才发展起来的。最初只是情投意合的两人共饮一杯酒，分食一碟菜，感情便从这柴米油盐中逐渐萌发出来。

（昭和二十二年 《未来的走向》）

"婿入"考

一

　　在过去三十年间，我站在门外汉的立场上对日本史学的发展进行了考察，感到喜忧参半。就我所见，史学在日本是最受重视的学科之一，因此这条研究道路上涌现出了众多优秀的才子。但同时，史学也毫无统一性，每个人都可以自说自话。其一，人们心安理得地认为编年史是在形式上按照年代的顺序整理出来的可以信赖的体系。其二，很多人有这样一种误解，即日本国土是最为统一的生活共同体，因此只要是其境域以内的历史知识，无论是多么互不相关的发现，都能够自然而然地结合为一个整体的学问。其三，将历史读本编写工作的完成等同于学问之统一的风气甚嚣尘上。

　　举出自然科学某个领域的例子，我们立刻就会发现这种所谓

"安心"实际上是毫无依据的感觉。于天文学则是对有关星球的所有知识，于植物学则是对所有微观世界的彻底研究，但如果不能从中发现某些一以贯之的法则，就不能算作形态完整的学问。然而，我们众多的史学家们究竟是否正在任劳任怨地献身于这一项伟大的事业呢？至少在现代的史学界，人们都倾向于挑选自由开放的题目。原本是有传承有历史的学问，其中却有大片被人遗弃、无人管理的空地如今正渐渐荒芜。现在，如果史学能够像历史课的考试那样，提出一些问题并向他们索取答案，情况又会怎样呢？如果有人像病人拜访医生、迷路者请教警察一样，抱着谦虚的态度向他们求教，又会如何呢？我等凡夫俗子为了未来的生活且行且烦恼，心中有千千万万个只有历史才能够回答的疑问。世界上的史学家正在以超乎我们想象的力量赋予这一学问成长的希望。因此，失望也将是在所难免的。

即使是一般人，如今也开始逐渐明白历史与史学的区别了。除了整理保存流传下来的稀有的文书记录之外，所谓"变无知为知"的力量是如今人才济济的新近史学家们对史学的最新期待。尤其是处在当下社会变迁的转折点，他们的课题选择实际上是某种"众望所归"，并非是完全自由的。当然，我不是想要称颂那些旧式的"博学多识"的、所谓"移动的百科词典"式的人物，但至少我们必须承认，这一学问根据时代的要求，其课题也存在着轻重缓急。就像手工业者那样，有时候他们必须优先准备客户定制的商品。然而，所谓纪事本末体①的历史进入明治时代以后开始被人们留意。例如，《田制篇》《租税史》《货币史》《大日本农史》等，一直到水产业、盐业的各个细节，都由各个行政机构组织编纂，曾经盛行一时。但这类书籍的共同缺陷在于它们并非真正的本末体。尤其是当下针对一些问题的非常必要的解释说明或者是我们迫切想要了解的中世五六百年的历史被略过，没有丝毫记录。在农业史方面，本以为从历代的诏敕到政府发文以及符宣②的各个条款等都能够被严谨地引用，结果却突然出现"于江户时代如何如何"这样的字眼，令人摸不着头脑。如此一来，首先读者就不会认可。因此，虽说这种形式最早走进了死胡同，人们却没有因此而采用其他解释方法。大家依然自说自话，用更为平实的话来说，就是只有那些答案先于问题出现的部分才被视为真正的问题而公之于众。如果当今世人能够稍稍抱有批判之心，毫无顾忌地带着心中疑问前来倾听的话，我们是否有颜面一边告诉他们"你要的东西我这儿没有"，一边指向邻近的空地呢？

———————————

① 纪事本末体与纪传体、编年体一样，都是中国史书的文体之一。纪事本末体由南宋的袁枢首创，是以事件为主线，将有关专题材料集中一起的文体。

② 符宣指收录了太政官符、宣旨的法令集。

然而如今的世人想要知道的事越来越多，他们甚至相信历史学家对这些事如数家珍。我所尝试着论述的结婚制度的变迁以及导致变迁的原因等，便属于上述问题的范畴。

<h2 style="text-align:center">二</h2>

关于这个问题，现在我们没有将法律制度与社会实际生活结合起来，只知道过去不曾出现的"事实婚姻"、户籍制度上的私生子等现象正在困扰着这个国家。面对死者家属救助金究竟应该由谁来领取、遗产的归属是否符合本人的意愿等问题，人们尽可能地兼顾法理的推论与现实的必要，这一倾向一年比一年明显。事实上，虽然法制的力量并不能对上述现象进行否定，但究竟这些现象为何会出现，恐怕永远是个谜。为了处理这些"事实婚姻"和私生子的问题，不管怎样都先要弄清产生这些问题的原因。这个问题明显属于历史问题的范畴。这是作为一名历史学习者所必须回答的问题。这个问题已经不能再继续被搁置下去了。

据我所知，谈到所谓国史，有人认为只需要探索"社会精英"们带着鲜明的意识而完成的"主要功绩"即可。这样想当然轻松，但那些无名的凡人无意识间改变的家族组织的中心——婚姻——这一事

实的古今差异是否就是国史以外的问题呢？对于这项研究的怠慢和
滞后，究竟哪种学问应该承担责任？这是一个来自社会的直截了当
的责问。我们目前所面临的问题究竟是不是属于上述"主要功绩"，
这一点由谁来决定？至少，目前我们不能将这个问题托付于那些自
由奔放的"问题选择者"。必须另有一个决定"主要"事项的独立标
准。例如，从常识的角度来思考的话，导致日本人的生活如今发生
了巨大变化的原因可以说是"主要"的，但是对他们的体质与气质产
生重大影响的衣食的变化——从亚麻到木棉再到人造纤维的流行，
饭食的烹饪方法以及对温热食物的喜好、放弃了粗拌生鱼丝而转向
刺身的经过等，都不是"社会精英"们有意识的行为，因此它们也并
不能算是国史——如果这样判断的话姑且不论，如果认为事实并非
如此，就算心情很迫切，实际上也没有任何开展研究的途径。在精
神生活方面也是一样，如果只是沿袭过去的方法，就会有很多难以
解释于是自然而然地逃避、最后只能遗留给后世之人的问题。实际
上，所有人都已经隐隐地感觉到如今我们所抱有的期待是难以实现
的，然而人们的所谓"自尊心"似乎已经拖慢了前进的脚步。

　　但是，至少史料采集范围的扩大是近代以后出现的明显倾向。
迄今为止，我们已经对人们所留下的那些仔细记录并试图向后世传
达的言说进行了发扬或论述，以此为历史从中进行取舍，甚至试图

找出尚未被讲述的事实。江户时代后期，有一位名叫喜多村信节①的随笔家，他着手搜集极其新颖的资料——也就是从偶然的记录中发现意想不到的题目，成为诸如"关于《倾城禁短气》②中表现的京都町人的伦理观"这类流行的研究的先驱。即使在同以文书为唯一资料的研究中，此研究也可以算作"革命"性的巨大飞跃了。也就是说，人们逐渐开始承认史学在既有的束缚下是完全无法完成其本来的使命的，既然如此，当然就应该在方法论上做出改变，同时对于其他辅助性学科的参与也必须采取更加谦逊的态度。但是，史学曾经对语言文学中的"文字的力量"进行了过度的肯定。对于遗迹、遗物的学问也是一样，至少是关于上古那个缥缈的时代，由于没有意识到自己把这一研究让给了过于"自由"的判断，现在各郡的地方史一概被"古坟发掘者"③占领了最前沿的位置。这种有史以前和以后的差别究竟能不能够用同一根绳子来贯穿整个国土和全部国民，我对此表示怀疑。就算是有千百文书记录贵人、伟人起居的时代，大多数百姓的生活依然维持着文书记录出现以前的状态。但二者的境遇却是互相交错，社会也完全是一种混合交融的状态。我认为只要

①　喜多村信节(1783—1856)，江户时代的日本国学者、随笔家。

②　《倾城禁短气》是江户时代的浮世草子，作者江岛其碛(1666—1735)。

③　此处应指考古学家。

"考古学"不被这一陈旧的汉字译法所束缚，仰仗这一学问的支援不仅在以前是必要的，在以后还会变得更加妥当，但现在，我不愿深入探讨这个问题。总之，文书之所以能够统御既有的史学，是因为它被认为是叙述某个史实的唯一手段。那么，如果我们确定有一种能够理清过去事实脉络且在精确程度上更胜一筹的途径存在，那么至少在这个领域，我们已经承认它是不可忽视的部分，所以是值得欣慰的。然而依然令人担心的是，好不容易有新的方法可以追加进去，却动辄沦为随意的让步，而用于选择、整理资料的精确严格的鉴别方法却无法适用，或者仅仅根据一般常识的指导，就用那些杂乱无章的偶然见闻添油加醋，我们一边自己招致结论本身的疑点，一边又以此为由尽力逃避使用辅助学问中有价值的部分。近年来，终于将迎来出头之日的日本民俗学尚未作为史学的一部分巩固自己的地位，其中有一半责任在于从事这门学问的人态度过于散漫，另一半则应该归结于利用民俗学的史学者们大多胆小懦弱。所谓历史，只不过就是将我们已经忘却的事实重新记起。而这门学问经过大量的论述与争辩，最终成为胜利者的，无非是那些巧言令色之人，而这正意味着史料利用的技巧丝毫没有进步。再加上从未经过充分的比较与整理从而变得散乱无章的奇闻逸事中，选出一些不为别人所知而只是于己方便的若干事例，匆匆忙忙地捏造出一个自以为是的结论，这样的做法在大多数情况下反而会招致历史知识的混乱。传统的史学者将其视为洪水猛兽，并以此为由独自站在险峻的城塞，始终在旧有的土地上耕耘不辍，并且大多都会显出一副不知"开拓"为何物的表情。因此，这些问题如今仍然在原野上像滚雪球一般越积越多。若要为了当下而对这些问题进行妥善处理，恐怕首先需要判断这些文字以外的史料价值在何种情况下不适用，而又在具备怎样的条件之时，能够采用并作为既有史学方法的补充。因此，如果在现在这种杂乱无章的状态下就直接认可民俗学的效果和功能，那么最终就会像考古学在上古史中的地位那样，任何时候史学都会将民俗学拒之门外，白白地将学问的沃土让与他人马群，反而在自己内部筑起一周牢固的围墙。如今，我试图去做的，是弄清所谓一种解救方法——也就是如今正在进行的民俗学这一研究方法（一般我们会称作"folklore"）、研究顺序能够在何种程度上辅助于史学，只是因为这正好适用于顺应时代要求的问题——婚姻，于是举出一些事例罢了。

三

试图探寻前代的社会生活，尤其是家族组织特点的人们首先抱有的疑问，就是日本的婚姻习俗从古至今虽然确实发生了很大变化，但究竟是从何时开始变化的，又是由于何种原因而发生了变化，这种极其重要且必须让大多数人都了解的历史问题，早就应该能够用一句简单的话概括清楚，但就我所知至今这一点也没能实现。江户时代，有不少学者将《源氏物语》批判为淫秽书籍。或许其中确实有不少低俗内容，但今天仍有一些人认为我们应该抱着别的目的重新阅读。甚至有很多史书都提到，在那个年代，京都贵族间乱象丛生。既然出现了"乱"字，那么理应有一种被视为"正确"的标准，而当问到这个标准存在于哪里，又是以怎样的状态存在之时，就会有人回答"就在这里"——也就是指当下的风俗。确实，这里发生了"变化"。总之，不仅仅是紫式部描绘的那个社会，不论是在那之前还是同一时代，只要翻阅文献记录，就能够发现上流阶级的绅士们人人如此。他们直接与女性通信来往，只要基本确定对方不会拒绝，就会前往女性所在的地方。这就是婚姻的开始。与之相比，我们现在的婚礼被称为"嫁入"，将新娘带入夫婿的家中成了结婚过程中最主要的环节，甚至很多夫妇都是在这个时候才第一次见到对方的容貌。这与过去最为常见的做法恰好相反。这种形式究竟在中古以前是否存在，谁都无法给出肯定的答案。于是，我们不得不承认这确实是时代的巨大变化。是非得失暂且不论，首先应该明确这一变化的过程和轨迹，这才是历史研究者们肩负的重要使命。

当我还是一介书生的时候，"日本新娘"事件曾一时间成了尽人皆知的话题。一位叫作田村直臣的基督教牧师在美国著有一书，其中提到日本的姑娘们都是由自己的亲哥哥送去新郎家中的。还提到在日本，年轻人在配偶选择上没有丝毫的自主权。得知这本书的内容后，许多所谓知识分子勃然大怒并进行了尖锐的批判。但是，在这些批评者中，有一半人认为这些纯粹是信口胡说，另外一半则认为虽然情况确实如此，但毕竟家丑不可外扬，公之于众就是对国家的侮辱，如今看来，这种两种观点并存的现象着实罕见。那么，田村氏的观点究竟是对是错？是否只是不应该将这个事实公开呢？如果他说的都是真相，那么那样的奇怪行为为何只在日本才存在呢？如果并非事实，那么是什么导致了这种错误的偏见呢？这都是一些意味深长且重要之至的问题，就算没有这样突然出现的契机，也早就应该去认真思考了。

按照常理，所谓"日本新娘"是不可能存在的。不论多么微不足道的小动物，都有权选择自己的配偶。就算时间非常短暂，所谓"tsumadoi"也不是完全没有。所谓完全"一无所知"的婚姻，要么本身不是婚姻，要么就是背后已经进行了相当于"tsumadoi"的流程，而且如果没有特殊的原因，这种匪夷所思的事情就不可能自己冒出来。至少这不能作为一个民族固有的共通习俗。实际上，即使是近世这样被普遍认为已经彻底贯彻了这种习俗的时代，与这种"原则"相对立的"例外"——最终甚至不能称之为"例外"——也非常频繁地被人们付诸实践，因此，事实上，还没有被弄清的只是这一变化为何如此显著，以及为何人们能够逐渐承认变化已经发生而已。女子年纪尚轻不谙世事，只得相信父母并嫁往他们指定的地方，这样的事实际上只有在拥有一定地位的人家中才会发生。因此，对于地位不高的大多数人来说，他们一直都采取了其他的方法，而这些究竟都是前代的形式，还是此后又稍稍衰退之后的形式，或者完全是刚刚出现的不合规矩的做法？不幸的是，至今没有任何人对这一问题进行过思考。

导致这一不幸的主要原因在于已经僵化的既有的史学研究方法。文书记录中没有包含的生活状况、与文字无缘的阶层的习俗就算占据整个国民的大部分，也可以将其排除在历史之外，这些观念都使得人们对这个问题置之不理。所幸在政治或者战争问题上，哪怕是从一个狭窄的局部进行观察而留下的记录，都不妨碍我们了解更广泛的知识。但如果这是对大大小小的家庭都同样重要的事情，那种做法就会立刻将过去彻底埋没。所谓"folklore"，任何时候都试图在这种情况下登场并发挥作用。也就是说将记录中未曾留存却已经发生了变迁的前代的标准文化，通过其残留的痕迹来一窥究竟。

都市生活开始以后，新的文化一般会从其内部产生，然后逐渐向周边波及，一个一个地将此前的旧有文化推向交通不便的深山或海角。于是，越是古老的东西越是难以留下记录，也就没有了拿来比较的机会，最终被遗弃在角落里各自孤立。例如，关于婚礼，我们通过文字记录所了解的只有伊势流和小笠原流之类的流派，因此一旦实际情况与文字记录的形式不一致，就连我都会感叹"竟然还有这种奇风异俗"。不知为何，这种现象在全国遍地可见，古今一贯，甚至偶尔能够在其他民族中看到类似的情况。如果不尝试着进行比较研究，那么人们都会将其视为当地的野蛮习俗而感到耻辱，或是尽量隐瞒，甚至希望尽早废弃转而模仿中央的主流做法。这就是为什么一旦文字记录的流传盛行起来，旧有的文化就会更加快速地在都市新标准的逼迫下进行改革。"folklore"与其他各种研究一样，最初的出发点都来自对某种迅速消失的事物的惋惜之情，此后渐渐开始批判新的文化，人们甚至认为，为了避免错误选择的危险性，能够事先知晓其变迁的路径不失为一个有效的方法。想来史学终究不是一门能够否认其世俗功能的学问。因此，过去曾经微不足道的民俗调查作为新的辅助学问，其功绩值得期待，但同时作为一个重要条件，这一调查务必保证精确、周到和细致。然而，直到最近，被称为"土俗学者"的人们所做的也只不过是对奇闻逸事的若干收集整理，或者提供一两个极其罕见的事例而已，因此，其工作的目的反而会遭到误会。人们通常是因为"有趣"才会觉得某个习俗罕见而奇特，而如果这种"有趣的习俗"确实能够被称作"习俗"的话，那么一定会在某个不同的时代和不同的地方，存在着其他类似的现象。然而如果只是突然出现的孤立事例令人大吃一惊的话，那么要么是在其他地方虽然存在但尚未被发现，要么就只能是观察者的误解了。哪怕是稍稍存疑的证据，作为论证的资料也十分不妥，如果还存在尚未发现的部分，那么"发现"它们才是民俗学者的首要义务。但是，这种资料的搜集向来都是举步维艰的工作，也正因此这项工作才会受到学者们的尊重。如今这些资料依然被悉心地保管，但是这些资料的学术价值，只有经过集合、分类和比较才能够体现出来，因此孤立而珍奇的事实，无论如何吸引眼球，也只不过能对某个推论起到提示的作用，其本身并不具备补充史料的能力。这便是民俗志与民俗学最重要的区别，但一直以来总是被人们混淆。

发现与收集对于我们的学问来说，永远都是非常重要的工作，但如果不具备将其进行整理与说明的方法，则往往会白白浪费精力，对新知识的灵活利用也会受到妨碍。尤其是面对如近代史学这般信奉极度严谨的实证主义的学问之时，将不成体系的若干"爆料"强制"出售"的做法，对于那些学者来说不亚于将他们深锁于惶惶不可终日的牢笼之中。这明显对于双方来说都是极大的不利。虽然民俗学也是回顾反省之学问，但它仅把"记录"看成"事实的容器"，并尽量去把握尚未文字化的眼前的事实，故而总是会让那些"传记家"们退避三舍。因此，为了使其成为史学研究中必要的辅助学科，恐怕需要以十二分的确定性，首先保障其绝对的真实准确。所以吾等一直以来都坚持在调查时保持绝对的敏感，但在下结论时却尽量"迟钝"，就算是依据现存的习俗来解释同样存在于历史中的问题，也至少要具备四到五个基本条件才敢下手。其一，有大量可信度高的事例，尤其是在相互远离的地方要存在一致性。其二，人们对这些事例的保存是在无意识间进行的，其理由是无从解释的。虽然人类的行为不可能没有某种意图，但如果已经被人们忘却，那么我们就可以推测这是来自前代的残留。其三，对资料的收集与比较是具有可行性的。不停留于同一时代各个国家的相似现象，挖掘与日本国内的过去记录相一致的内容，以及与种族完全相异的其他民族中经常出现的类似的风俗。这种做法是独立于起源论和分布论的，这同时也证明了每个独立资料的重要性。其四，由于问题在过去的观念里实在过于平凡琐碎，所以连一丝一毫的文书记录也没有留下。因此第五点就是，无论是多么重要、人们多么求知若渴的历史事实，单单凭借当下的手段都无法使其明朗，或者甚至可以大胆地断定这些事实已经被长时间地束之高阁。过去不曾有的日本国民的婚姻习俗为何曾经一时间化身为所谓"王昭君式"①，此后又再次被婚姻自由论"挟持"，而且这一问题还迟迟得不到解决呢？这归根结底是一项重大的社会课题。而这一问题究竟是否适用于民俗学的研究方法，我自己也想要试着请教一位具有深厚学问功底的史学家的观点。

四

在"结婚"一词成为普通用语之前，在日本并没有与之精确匹配的词语——也就是意味着"夫妇关系的开始"的词语。但是，在近世时期，几乎所有中等以上的家庭都以新娘的迁移作为婚姻生活的开始，因此事实上将"结婚"称为"yomeiri"②，对于那些人来说完全在情理之中。然而另一方面，在一些地方至今依然在结婚之后很久才将新娘送入新郎的家中，这种做法得到公开的认可，而且越是往前追溯越是分布广泛。在《源氏物语》的时代，即使在京都贵族的家

---

① "王昭君式"婚姻指的是带有某种其他目的的婚姻。例如，政治婚姻。

② "yomeiri"即"嫁入"。

中，也并没有一开始就迎接新娘的习俗。如此一来，"嫁入"并不等同于结婚，而只不过是结婚之后的一道手续罢了。然而当今的法律依靠其约束力，将与前代不同的风俗统一起来，并将一部分残留的习俗隐藏了起来。只将与新娘迁移同时举行的仪式称为"仪式"，并且规定这个仪式就意味着婚姻的开始。户口的迁移则在此后进行。于是，就算长子不会成为所谓"私生子"，并未足月就呱呱坠地的情况也会频频发生。我们的习俗因地方和当事者的身份、境遇不同，在近世时代已经可以分为若干个种类。经过证明我们可以发现，这并不是一开始就分属不同的体系，而是代表了原本相同的习俗在进化过程中的不同阶段，而如今被公认为"正确的风俗"的一种便是偶然成为其中最为先进的形式——即武家这个阶层基于其特殊的必要性而加以简化或改定之后的形式。虽然武家人以前均出身村民，其社交的范围却比其他阶层扩大得更早，在他们当中也最先产生了与远方家族通婚的必要性，于是，渐渐地不再能够原封不动地沿袭既有的农村的婚姻制度。而只有迎新娘的仪式成了极其受重视的环节，是因为所谓远方婚姻使得几十次的往返不可能实现。但是此后即便是相邻的家族之间也开始以所谓"小笠原流"为唯一的礼法，这一风潮也渐渐波及试图将农村旧家的礼节适用于城下武士的人们。在"冠、婚、葬、祭"四大仪式之中，唯独婚姻有上下两种习俗在村内并存。然而法律将其中一种视为惯常做法，另外一种甚至连"例外"都不能算。于是，这种风俗与实际习惯之间的相互关系并没有固定下来。当然，这是时代的巨大变化，但同时，直到今天我们也不能断言这一变化已经完成。

　　毫无疑问，以"嫁入"为开始的婚姻随着时间的推移其比例是不断增加的。即使在其他婚姻形式中，我们也不能否认"嫁入"仪式的重要性一直都在增强。查看村中的俗语就可以知道，单纯意味着"迁移"的"kakanari""mukasari""okatamukae""gozemuke"①等词已经变成了死语，取而代之的是"yomedori""yomeiri"等词汇。正如橘守部②在很早以前注意到的，"yome"一词原本的意思是"吉女"，即化着浓妆的女性。现在，女性略施粉黛、身着丽服，十分平常，但追根溯源的话，甚至可以说这是一种与宗教相关的行为，总之，如果不是在令人心驰神往的"晴"之场合且以重要身份参与的话，并不会身着"晴服"。在伊豆的大岛和对马的须佐奈等地，在"嫁入"这一天会着便装进入家中，而只会在为父母出殡时才会身着"晴服"（《民族》二卷三号）。虽然听说在有些地方，女子在"嫁入"当天从

---

　　①　"gozemuke"是鹿儿岛的方言，意思是结婚典礼。"goze"就是前文提到的"瞽女"。前几个词的原意已经不明。

　　②　橘守部(1781—1849)，江户时代后期的日本国学家。

厨房出来以后就立刻开始劳动，但从很早以前开始，人们基本上会将"嫁人"视为女性一生的"晴之日"，即使是观看、欣赏、捣乱、捉弄这样的"附属仪式"都会以新娘为中心。在关东等地，一般只会将此日的仪式称为"Shugen（祝言）"，而在其他地方一般会称为"婚礼"，很多以"toriaimeoto"①的简略形式步入婚姻的人，开始感觉到必须要重新履行这一程序，或许这意味着人们早已认可"嫁人"作为能够与外部社会相对抗的方式是非常必要的。

总之，以婚姻为中心的其他所有仪式一概显示出简略化的倾向，只有"迁移"的仪式却有所发展，最近反而变得越来越复杂了。此后我将就此详细论述。原本是在其他场合举行的仪式却全部集中在这一天一并举行，这样的例子竟也屡见不鲜。至少在外人看来，每个仪式的重要程度差别很大，因此将"嫁人"等同于结婚的法学家式的思考方式并不一定是以自己周围有限的社会新惯例为基准，从而类推出其他大量不为人所知的事实的结果。换言之，过去代表着婚姻成立的内部仪式，原本就是极私密的事，因此对其他部落无法形成对抗，而此后又一再被简化，其统合力逐渐被削弱。但是，如

---

① "toriaimeoto"日文原文为"取り合いめをと"，"toriai"是四国的方言，意为"恋爱"。不经过婚礼，而直接通过恋爱就结婚的夫妇被称为"toriaimeoto"。

果仔细观察的话会发现，其痕迹还有所留存。不把女儿的"迁移"看作婚礼的全部，这与所谓上流社会的做法完全一样。实际上，只是因为出现了较为物质化的贞操观，人们就将所谓黄道吉日到来之前就"木已成舟"的状态视为某种"约定"而特殊对待。过去，将之前得到的银钗拿在手上并大闹"shugen（祝言）"的女子，大多在评书中被描述为家道中落的人。看起来男方好像是由于什么见不得人的隐情才会违背婚约，但其实人们一直以来只不过是谨小慎微地避免受人责备，这种违背契约的行为原本在常人的生活中并不少见。所谓彩礼一般都会选择当事人的贴身物件，因此经常与聘礼混淆，但大多数情况下带去的东西都以酒食为主。原本是由新郎亲自带去并与新娘一方的亲戚共同饮用，这或许与中世贵族的"tokoroarawashi"①或者叫"露显"②的仪式相同。因此，在这一系列程序走完之后再毁约，从感情上来讲与解除"iinaduke"③的关系并不相同。被称为"miai"的环节或许在当时也有特别的目的。在婚事已经进行到了相当的地步且大致可以做出决定之后再让当事人双方见面，这绝不可

---

① "tokoroarawashi"日文原文为"処現し"，或者写成"所顕し"，是平安时代贵族举办的婚礼宴会。

② "露显"也指宣布婚姻成立的仪式、宴会。

③ "iinaduke"日文原文为"いいなづけ"，即未婚夫或未婚妻，订下婚约的双方。

能是为了选择而做的准备。此外，就算是用今日之观念加以说明，也不能判断这种习俗的产生是毫无意义的。"嫁人"从父母的角度来说是"meawasu"①，从当事人的角度来说则是"meau"②。我们仅仅依据这一点就能够想象出"miai"曾是婚姻的主要形式。就算是进入了当下的"嫁人"本位时代，古老的习俗却还保留着一些观念上的影响，恐怕我们要通过对残留习俗的细致观察，才能够弄清其背后的原因吧。

五

"miai"与"taruire"这两个仪式在"婿人"的环节更能够体现出它们对古老形式的保留。我们所能了解的最为普遍的例子，是在新娘到来的第三日的"回门"之时，新郎会与新娘同行并正式拜访新娘的家庭。然而从很多方面都可以证明，这只是一种基于后世"方便主义"的、将两次宴会合二为一的做法罢了。如今，这一风俗从中部地方一直到日本海沿岸的广阔区域都在盛行，但有些地方称之为

---

① "meawasu"的意思是令自己的子女结婚。这里有使役的意思。
② "meau"是能动态的"结婚"，表明这一行为是当事人自愿做出的。

"ichiken（一见）"，有些地方称之为"genzo（见参）"，还有些地方称之为"初入"或者"初手入"，从中可以看出，此行的主要目的是接近岳父。"婿入"主要指的就是新郎的"初次拜访"。将与对方的亲人缔结姻亲关系的程序冠以上述名称，这一点与"嫁入"是相同的。但是，实际上"嫁入"这一名称是仿照"婿入"这一名称而在后来产生的。新郎正式被认可为与岳父属于同一家门的人，对于一个家庭来说是非常重要的事，因此，自古以来其仪式也举办得十分庄重。将其称为"露显"，是因为当事人在习惯居住在一起之前，至少在表面上与对方的父母和兄弟姐妹之间还保持着陌生的关系。在把"婿入"放在"嫁入"之后也并无不妥的时代，也仍然有些地方把初次见面称为"uchiake"①。虽然有人说"uchiake"意味着表示"宴会"意思的"utage"，也就是"uchiage"，也有人说它指的是针对亲戚朋友的婚事公开，但若不是将迄今为止隐而不报的事情向大家"告白"，我们也不会称之为"uchiakeru"②，可以说，这也是过去的习俗偶然留下的一个痕迹。

《狂言记》中说，还未完成"婿入"的新郎有时也会把新娘接来

---

① "uchiake"日文原文为"打ち明け"，是"告白、坦白"的意思。
② "uchiakeru"是"uchiake"的动词形式。

在附近住下，其中还有这样的对话：

——贵府可有令爱唤"ona"①？

——是。然小女已与小婿同住。

人们大多认为在那个时代已经有了如今这样的"嫁人"风俗，而且父母未曾知晓就将新娘带走的所谓"yomekatage"也已经在相当广泛的地方盛行起来，但是将自家劳力交付于别家，大体上都是需要父母的认可的，而且这一认可也通常会以"婿入"的形式给予对方，因此，"婿入"是不得不先于"嫁人"举行的仪式。当然，这一仪式逐渐被简化，但是直到最近，仍然有很多地方会以过去的方式举行"婿入"仪式。虽然不能举出所有实例，但是我们至少有必要论证这些实例并不是孤立的、不可理解的奇风异俗。如果从最北端开始算起的话，那么在秋田县鹿角的草木村附近，新郎会在伙伴们的指引下从"若者宿"出发，携带美酒拜访新娘的家庭，并围着其家中的地炉连转三周，同时进行"祝言"（《东京人类学会杂志》四卷，270

---

① "ona"是古代对别家女儿或妻子的统称，这里使用"ona"来代表这类女性的名字。

页）。在岩手县的远野地方的山村，在"嫁入"当天新郎会与"媒人"和亲戚一同前往新娘家中，进行交接新娘的"杯事"。仪式结束之后，新娘会随新郎一同归来，因此在宴会席间新郎数次催促新娘被视为正确的礼仪。在第三天的"回门"之日，新郎也会同行，与新娘亲戚之间的"杯（事）"会在此时进行（同上，二十八卷，555 页）。在岩手县紫波郡的饭冈村，"婿入"仪式会在婚礼当天的上午举行，人们会歌唱被称作"御祝仪"的高砂歌谣。新娘会盛装出席仪式，但是与新郎之间的"杯（事）"在此时并不会举行。于是，傍晚时分新郎一行离开后，过不多久"嫁入"的队伍就会出发（《旅行与传说》二卷七号）。在福岛县石川郡，婚礼当天新郎会在"媒人"与"见参人"（近亲）的带领下，先前往新娘的家中出席宴会（《石川郡志》）。在东京附近的千叶县千叶郡也是一样，新郎上座，先与新娘一方的亲戚进行"杯（事）"的仪式，然后再移至酒宴席间，而新娘在当晚要尽量晚些出门（《千叶郡志》）。在安房等地也是一样，新郎本人与其中一名兄弟姐妹再加上若干名亲戚和"媒人"，一同带上定亲礼品前往新娘家中，与新娘的父母进行"杯事"。这一仪式被称为"互认亲子关系"，其形式与当夜的"嫁入"基本相同。仅有仪式上的酒是不够的，所以在此之后，又会另举办一次宴会饮酒作乐，此时的酒会被称为"村雨"或者"moriage"（《安房郡志》）。在群马西岸的北甘乐郡，与上述事例完全相同，在当天上午举行"婿入"仪式，并在新娘家中享用盛宴。这被称为"一见"(《北甘乐郡史》)。在静冈县志太郡，相同的仪式则被称为"koshimukae"①。只不过新郎在与新娘一同出发之前，不仅仅要参加有亲戚列席的飨宴，还会在某个人的带领下前往新娘家的四邻中拜访、问候。在"嫁入"的路途中新婚夫妇携手同行，暂且在"媒人"家中稍事休息，等待夫家的迎接，这也是当地的一大特色(《志太郡志》)。

在和歌山有田郡也有相同的习俗。在这里，"婿入"似乎也被称为"舅入"②。正式的问候结束之后，会先说一句"shimokeshi"③，给对方斟酒一杯，然后给新娘的父亲敬酒，此后宴席开始，人们共享美食。"shimokeshi"应该是新郎在夜间前往新娘家中的时代残留的说法。在这个地方，新娘并不会同行，入夜之后她们会暂且外出，然后进行几乎相同的"杯事"(《纪州有田民俗志》)。九州的《宇土郡志》和《下益城郡志》中也有记载，此处的"婿入"会在"嫁入"的当天，先于"嫁入"进行。新娘的父母与新郎的"杯(事)"也

① "koshimukae"日文原文为"輿迎え"，意思是"迎轿"。
② "舅"在日文里是"しゅうと"，指的是配偶的父亲。
③ "shimokeshi"日文原文为"霜消し"，原意是在霜降之夜饮酒去除寒意。后来泛指饮酒。

会在此时举行，因此，并没有像其他地方那样新娘的父母与"嫁入"的队伍同行的情况。在四国伊予的西海岸，也有新郎身穿带有条纹的和服裤裙来到新娘家中参加启程宴会的习惯。此时，多数情况下新郎的父母和"媒人"也会同行（《民族》二卷三号）。在土佐的安芸郡也有同样的风俗，但这里是先进行问候然后暂且返回，此后新郎的友人聚齐之后再前往迎接新娘。其他地方的这种习俗或许已经发生改变，但在广岛县的吴附近，也是按照上述流程进行的。尤其值得注意的是，在此地，新郎会脱掉和服裤裙和鞋子，草草进行"杯事"之后便匆忙返回，而由新娘将新郎脱掉的衣物收好之后带回去。在尾张地区的名古屋，原本是在"嫁入"之前举行"婿入"，并且有人端上盛有贝类做成的清汤的小碗（sakazuki）。而新郎不会动手触碰，并且始终保持沉默，此后便匆忙返回，似乎在此地这才是惯常的做法（以上三个事例出自《现代结婚宝典》）。织田信长的逸事中也曾经提到，这一天应当是"嘲弄"新郎的一天。因此，新郎会严守自己的言行并尽早退场，但其中也流传着各种各样的笑话，如喝得酩酊大醉的新郎俯身对新娘说"你先回去等着便是"。

在上述礼法具有必要性的时代，总体来说，如果只是为了保存形式上的古风的话，那么出现在沟通好的基础上将其与"回门"之日的仪式合并这样的变化也是自然而然的。在很多地方，都是由"媒人"代表新郎一方，趁着天亮前来迎接新娘。此后，我还将详细论述这里的"媒人"在过去与现在"女"字旁的媒人有所不同的问题。在能登等地，也有许多新郎一方的经验丰富的亲戚与"媒人"同行迎接新娘的例子。在岩手县的上闭伊，与远野乡相隔一重山的海边村落，一般情况下新郎不会亲自前往。若干名亲戚与"sai no kami"①也就是"媒人"同行迎接新娘并接受宴请。在有些地方，迎亲队伍的人数包括新郎在内必须为奇数才算是吉利，但此处由于新郎并不同行，因此人数必须为偶数。当日的聘礼中除了酒樽与酒肴之外，还包括被称为"御持物"的男女各一套衣服与绑带，再加上两双草鞋，这些一同被装入柳条包里带去。衣服的叠放方法是非常复杂的，而新娘一方也会根据规定的方式，将衣物叠成比翼双飞的形状并带回，因此，从前后的流程中可以看出，此地原本也是存在"婿入"仪式的，不仅如此，只有在婿养子的情况下，新娘本人也加入并前往迎接新郎。这一习俗一直保留到今天(《民族》二卷三号)。

---

① "sai no kami"即前文中的"sae no kami"，指"塞之神"或"道祖神"，一般指的是为了防止恶灵侵入而在村落边界或悬崖处供奉的神，也指保护旅行安全、促进姻缘之神。这里指最后一种。

六

如果我们能显示出对这个问题的足够兴趣，那么还能够就此类事例进行成百上千次比较研究。"forklore"的主要任务便是将其进行排列并弄清它们变化的过程。然而，本土的所谓"土俗家"们却刻意将其中的特例挑拣出来，并夸大其词地渲染其"珍奇"的一面。从中明显可以看出，其目的并不在于学问本身。所谓风俗，绝不是像时髦女郎的服饰一般，根据地区和时代的不同，从"长襦绊"①到"腰蓑"②，从"振袖"③到"腕makuri"④进行循环往复的演变，而是即便过着那种变化无常的两重生活，也依然要按照周围人的做法行事。如果"婿入"与"嫁入"中也有如此这般的双重系统，那么可以说，这意味着它也曾经在某个时代里，与某个异族文化对立过一段时间。但是，我依然不能够依据确实的资料，去证明在我国曾经存在着两种以上的婚姻方式。之所以将其看作变化的末端，或者认为是

---

① "长襦绊"指穿在和服里面的打底的内衣。
② "腰蓑"指和服中为了遮住腰部以下部分的下摆。
③ "振袖"是和服的一种，根据袖子的长度分为大振袖、中振袖和小振袖。
④ "腕makuri"在这里是指将和服的袖子挽起来。

人类的智慧与思虑使得选择变得多样化，恐怕是因为"土俗家"们没有合适的手段去理清迄今为止的缓慢的变化过程。然而，这一手段确实是存在的。幸运的是，今后我想要寻求的资料只要拥有某种程度的数量和准确度，基本就可以确定婚姻习俗从古至今的变化实际上只不过曾经对新娘家与新郎家的交涉协议——也就是婚姻的本质——以及现如今已经没有直接关系的"婿入"这一环节本身有过影响。于是"婿入"为何如今被轻视，而又是为何在以前受到如此的重视，从根源上来讲可以归结为日本固有的社会结构问题，同时，这也是中古数世纪间不明原因的经济发展究竟具有怎样的性质这个问题本身。但是，它原本就是从单独一个方面无法推出结论的复杂问题。我们必须承认，为了最终解决这个问题，各方必须坚守自己的立场。

正如"婿入"后来被并入"嫁入"后的"回门"一样，以及正如"媒人"和新郎亲友会代替其本人参加这一仪式一样，此前也曾经流行过这一仪式的简略版本，这一点我们能够从残留的特殊习俗中追寻其足迹。首先，我们并不清楚在"嫁入"当天的上午匆忙之中就完成"杯事"究竟是从何时开始，但至少我们可以判断它并非一种古老的形式。随着亲戚居住在较远地方的情况越来越多，频繁聚集也越来越不便，而且随着聚会饮酒的仪式变得越来越奢华，人们不愿将精力花在操办几场酒宴上。但更加重要且隐蔽的动机，依然在于"婿入"之后留宿新郎的设施并不完善。于是逐渐与新娘迁移当日新郎本人前来迎接并进行一次"杯事"的仪式合并，因此当天的"婿入"并不等同于迎接新娘，而是暂且返回，此后才会载着新娘回到家中的做法与新郎在原地等候再与新娘同行的做法混合在一起。如今或许已经发生变化，但是在伯耆的米子边，直到二十年前，"婿入"都是在"嫁入"的前一天举行的。此外，与其他地方一样，"媒人"也会与他们同行，并且还会有同龄的男性一同前往，这被称为"mukokakushi"①。而为了不让同行的同龄男子给新娘增添麻烦，不令新娘对好不容易谈成的婚事感到后悔，通常都会选择比新郎略逊一筹的男子，听起来实在是过于烦琐。然而此日新娘并不会出席宴会，新郎也会在醉意渐浓之前早早离开，这被称为"muko no shirinige"（《人类学杂志》二十八卷，368 页）。将那些面容丑陋的男子称为"mukowakigao"②，这一戏谑之语曾经广为流行，而大多数家庭都会找两三位与新郎同龄的友人前来陪伴。而女方也

---

① "mukokakushi"日文原文为"婿隐し"，意思是将新郎隐藏起来。
② "wakigao"是侧脸的意思，这里是指新郎旁边的人，配角。

如民间传说"菖蒲还是杜若"①那样，由几位同龄的友人列席宴会，是自古以来的做法，但其本来的意义似乎已经被人们忘却。我们可以推测，女性被称为"待女郎"并参与出嫁便是来自上述典故的做法。也就是说，"弱水三千，独取一瓢饮"，将这种心情用语言以外的形式表达出来。"miai"也许是象征婚姻开始的古老方式，或者是比"婿入"更早出现的"男女相见"这一习俗的残留，如果将上述观点与"待女郎""迎新娘"等仪式与其他仪式曾经数次融合的事实结合起来看的话，它们绝非毫无根据的虚言。在近世，"miai"同时也是一种"婿入"。有关已故先辈山座圆次郎氏②的逸事中提到，他曾经在酒醉之后以未来山座夫人的膝盖为枕酣然大睡，这一情景至今仍然被作为愉快的经历为人们所记忆，这一点对我来说具有十分深刻的意义。总之，虽然本意是在"嫁入"之前进行"婿入"，但两者之间一旦相隔的时间太久，如何解决新郎的住宿问题就成了当务之

---

① 自《太平记·二十一》，讲的是源赖政因为击退了猛禽而被赏赐了一位名叫"菖蒲前"的美女。但在接受赏赐时，源赖政却被要求从十二名同样美貌的女子中选择一名。"菖蒲还是杜若"便是此时源赖政所吟唱的歌曲，杜若也是花名。该典故比喻很难做出选择。
② 山座圆次郎（1866—1914），明治、大正时期的日本外交官。曾任驻中国特命全权公使。

急。因此，虽然在"婿养子"的情况下有"内祝言"①的仪式，但是在"嫁入婚"的情况下会首先进行被称为"ashiire"或是"ikimatagi"②的迁移新娘的仪式。如果这一仪式也过于简略，那么"嫁入"当日上午草草了事的"婿入"就不得不充当填补空白的角色了。

据调查，在福岛县信夫郡的某个地方，"婿入"一定要在每月的十日举行，但是我还未亲眼见到相关资料，所以很难确证（《现代结婚宝典》）。这与现在的"miai"极为相似，男子身着猿袴③，戴着护膝，骑着白马，在"媒人"的陪伴下与女子初会，如果当时就能够订下婚约，男子便与对方约定，日后定奉上定亲礼。总之，既然"媒人"会与新郎一同前往，这所谓"miai"就不单单是一种"申请"了，而是基本要将婚事敲定。但是在新娘"迁移"完成之前，恐怕还要等待很长时间。一旦上述两个日子间隔的时间过长，那么自然就很难再说婚姻是以"嫁入"为开始的。所谓"仪式"究竟指的是"嫁入"还是"婿入"，已经很难判断了。在濑户内海的岛屿之中，每个岛屿都有各自不同的生活状况，其婚姻习惯的各个阶段也一直保存至今。

---

① 此处应指内部举行的仪式。
② "iki"是大门下面的门槛，"matagi"是跨过去，与"ashiire"意思相似，都是新娘进入新郎家的意思。
③ "猿袴"是男性在劳动时穿着的一种和服裤裙。

一般情况下，在这些岛屿上，从"婿入"结束一直到"嫁入"当天，间隔的时间比国地①和町方②都要长。在我所熟知的备中北木岛等地，婚姻仪式中最为重要的部分被称为"omiki wo ireru"③，相当于其他地方的赠送聘礼仪式——"taruire"。以前，恐怕这也是新郎本人第一次拜访新娘家的仪式，但如今，会有新郎的朋友或是家人携带美酒美食前来共同享用。在这里，这些人被称为"媒人"，一旦这个仪式完成，新郎就正式成为新郎，此后在女性怀孕之前，大概在两三年的时间里都只是每天夜里前往女性家中留宿。因此，在此处附近的岛屿，结婚本身与将女儿这一劳力送与女婿家中是完全无关的两码事。在北木北部相邻的几座岛屿，尤其是在面积最大的神之岛的各个海岸，上述做法是婚姻的常见形式。据经常到访此地的官吏说，有一家虽然宣称已经将女儿许配于人，但什么时候去都能够看到那家女儿尚留在家中。后来，这些官吏才明白，有时候以为女儿已经嫁人离家，特意考虑对方的情绪而从不询问，但实际上女儿却长期留在家中，似乎是这个地方的一种习俗。以前，或许是女

---

① 国地是与岛屿相对的概念，指的是日本本土、陆地。

② 町方是江户时代出现的概念，与"地方""村方"等相对，指的是町人居住的地方。

③ "omiki"是"神酒"，即供奉给神灵的酒，这个短语的意思是"倒神酒"，与"taruire"意思相近。

婿与岳父之间重新建立起了一种劳动关系，但如今，并没有足以支持这一推测的证据，只不过从有些地方将"shiuto""shiutome"叫作"shigotojisa""shigotobasa"①中能够看出一些踪迹，但是这只是新娘对共同居住的丈夫的父母的称谓，而新郎是否也以同样的方式称呼新娘父母却不得而知。更不用说只是因为夜间留宿，就将平时穿衣饮食方面都各自行事的人看作已被编入新娘家的家庭成员，并转而试图从这一事例中寻求母系支配社会的影子，这种做法与其说是危险的，不如说是对历史资料毫无章法的滥用。

七

比起上述问题，我们更应该优先考虑的是新的婚姻生活开始的场所。家主在年轻时就娶妻的情况另当别论，如果新郎是家族的一员，那么就必须给予他一处"私人领地"。在濑户内海的许多岛屿上，这一"私人领地"通常都是新娘家住宅的一部分。在前述的北木

---

① "shiuto"和"shiutome"分别是丈夫或妻子的父亲和母亲的意思，"shigotojisa"和"shigotobasa"中的"shigoto"是工作、劳动的意思，后者的"jisa"和"basa"分别代表年长的男性和女性，这里作者想要说明的是后者对于对方父母的称呼中，包含了某种与"shigoto"——即工作、劳动——相关的意思。可参照前文"shigotooya"的解释。

岛等地，一般都会将二层的储物间或者是长屋的一个角落等出入相对自由、相对私密的地方作为"私人领地"给予新郎。在伊予的下岛七岛中的睦月岛上，新郎在得到双方父母的许诺之后，就会前往新娘家中居住。其寝室被称为"heya"，在长屋房门的外沿，与本屋中间隔着中庭并且与走廊相连，这是在任何家宅中都有的独立小屋。新郎大约在此生活三个月以后，女性才会前往丈夫家中居住（《民族》二卷一号）。"heya"原本是从属于本屋的小房间的名称，此后将一栋家宅中被分出的一个部分写作"室"并读作"heya"，因此在有些地方为了与之区别，将其读作"hiya"。从"味噌部屋"①"薪部屋"②等例就可以看出，"heya"原本是独立的小房屋的名称③。而将长大成人的男女称为"heyazumi"④，也就意味着在这个时候能够赋予他们一部分行动上的自由。新婚夫妇们将此处作为自己的大本营是有充分理由的。在对马壱岐五岛等地的广泛区域，还未举行"嫁入"仪式的男女间的关系被称为"hiyahiya"，此后逐渐演变为"私通"的意

---

① "味噌部屋"即储藏味噌酱的小房子。

② "薪部屋"即放柴火的小房子。

③ 在现代日语中，"heya"汉字即写作"部屋"，单纯指"房间"。

④ "zumi"是动词"sumu"（居住）名词化、浊音便之后的词，"heyazumi"原本指还未继任家长的嫡子，即不能继任家长，但是还未"分家"并一直居住在"本家"的孩子。

思也是基于上述原因。然而随着建筑技术不断发达，人们开始喜欢宽敞的大宅院，又因为水土等原因，无法将"部屋"独立出来的情况时有发生，因此，实际上很多时候新郎们也并非一定能够住在"heya"中了。

村中"分家""新屋"的数量不断增加的原因中，或许就有这种婚后分居的风俗所带来的影响，但关于这个问题需要另外考察论述。而我根据一定的顺序，首先想要考察的是所谓"女性的 yobai"与"寝宿"这两个特殊的例子。虽说是"特殊的例子"，却也在相当广泛的区域内盛行，正如：

<blockquote>丹波是个好地方，女子个个行"yobai"</blockquote>

这种俗谣一样，人们只是将开头的一句进行替换，在各个地方都广为人知，但是稀奇的是无论在哪里，都会在临近的地方存在完全对立的习俗，因此经常成为周围人们议论的话题。如果如后世轻浮之人的歌谣中所唱的那样，只不过是偶尔一次的"私通"的话，就绝不会分布得如此广泛。在男女结婚之后尚未进行正式的"迁移"之前，要求男方家提供"heya"是有些不合规矩的，而且在古老的上流生活的记录中，从未见过类似的事例，但是如果仔细探寻的话应该会发

现这种做法也有相应的理由。或者说与不对外举办公开婚姻的仪式，时不时让新娘到新郎家中来的这种称为"ashiire""三日加势"的习俗之间有着某种联系。有时候，比起让对方充当家庭的劳动力，负担对方的日常开销会成为更大的问题，因此比起将人送出的一方，接收一方家长的认可更加重要。上述事实只要对各个地方的产业组织，尤其是妇女的劳动状态进行详细调查就能够弄清，但至少我们应该注意到，在京都、江户等女性工作并不多的地方，很早以前就有"女性的yobai"这样的现象。例如，宝永二年（1705）京都发行的《轻口あられ酒》①（卷五）中有如下一则笑话：

> 某地某家公子，年二十四五，尚未婚配，独居别室（heya）。某夜，唤女子至。夜半，其母前往，闻室内人声，遂问："吾儿不妥乎？"公子大惊，答曰："无事。但跳蚤肆虐，着实烦恼。"母面不改色，道："跳蚤着实恼人。"遂归。近旦女子归，公子天明拜见其母。母曰："吾儿可怜，未可安睡！不妨以朝食予跳蚤，以安其心！"

----

① 《轻口あられ酒》是露五郎兵卫（1932—2009）所著的落语集，共五卷。落语是日本的传统曲艺形式之一，与中国的传统单口相声相似。

这里所谓"着实恼人的跳蚤"就是俗称的"一夜妻"，实际上其中也伴随着给予女性某种物件的习俗。但这也并不意味着仅在"女性的yobai"时感情才显得尤其淡薄。其实，类似赫罗与林达之恋①的许多凄美爱情故事，只有在女性每晚都趁着夜色悄悄上门的地方才能够被人们广为传颂。依我看来，就像婴儿出生有产房、为故人送葬有停丧屋一样，在过去，为一桩婚事而准备婚舍也是必要之事，但究竟应该设在男方家还是女方家则并不是一开始就确定的。因此，如果草率地将其判断为古代母系制度的残留，则是十分牵强的。

此外，有些婚舍会将寝室设置在正中间。当然，这只是其中一个特殊的例子，且如今已越来越少见。在壹岐志原村的久喜浦等地，从成婚后到继任家督②完成的这段时间里，年轻的夫妇会前往其他住处过夜，决不会与双方父母共同生活（《东京人类学会杂志》四卷，203 页）。作为成为主妇的必经阶段，女性要以"yome"的身份经受长达十年甚至十五年的残酷磨炼。而在日本，上述事实只有

---

① 在希腊神话中，赫罗是神庙里的女尼，而林达是一位英俊的少年，由于爱与美的女神阿芙洛狄忒的撮合，两人成了情侣。但因为赫罗是女尼，不便与林达公开往来，所以林达每夜都要游到希里斯本海峡与赫罗会面。一个暴雨之夜，赫罗的引导灯火熄灭，林达溺死海中。赫罗发现他的尸体后，投海而死。因此赫罗与林达成了痴情爱侣的象征。

② 家督就是日本古代家庭中的一家之长，一般由嫡长子继承。

在近世的文献中才能够找到相当数量的例子。"嫁入"日期的提前，难道不正是意味着主妇权的继承也就是所谓"shakushiyuzuri"①的延后吗？总之，直到最近都在农村随处可见的"娘宿""若者宿"等，后来逐渐变得仅为婚姻开始的阶段提供方便，而它们最初恐怕相当于"heya"的集合体，是一个处理不受各家长管束的有关"性"的所有私密事情的地点。在距离我家乡颇近的中国东部的各郡，在"嫁入"的当日通常会设有"中宿"，哪怕是门挨门的距离，迎亲队伍也要暂且进入其中，更换衣物，互相问候，后来经过打听，才得知全国各地均有此习俗。《真澄游览记》记录的天明五年（1785）的见闻中，记载着在出羽的雄胜郡有称为"小宿"的地方，通常会选取新郎家附近熟人家的房子，人们会用"moriki"②将新娘背入其中。在信州的北安云野郡，如今仍然将其称为"ochitsukiyado"③，且新娘必须进入其中，暂且休息。有时候也会从别处选择"宿"，但多数情况

---

① "shakushi"即"杓子"，是烹调时所用的大勺子，把"掌勺"之位让于新娘，即让新娘继承主妇之位。

② "moriki"日文原文为"もり木"，原本出自菅江真澄（1754—1892，江户时代的旅行家）1785 年的日记《小野的故乡》。在"嫁入"之时，新娘会暂时进入新郎家附近的小居所，然后新郎将新娘背入自己家中。在背新娘的时候，新郎会在新娘的臀部下方垫一块板子，并抬着板子的两端。这块板子被称为"moriki"。

③ "ochitsuki"的意思是令人心安的、舒适的。

下会选择被称为"hane 亲"的类似于义亲家的房子。在阿波的德岛等地，也一定会设置"中宿"，就算离得再近，也会在这里暂且休息，重新整理衣裳与妆容（《现代结婚宝典》）。在九州肥前川上郡等地，"嫁入"的队伍在途中一定会拜访亲戚或者关系亲近的人家，而并不是直接前往新郎家，这被称为"由'中宿'而出"（《乡土研究》四卷二号）。我们可以推断，此等习俗并不仅仅是应当下需要而形成的。于是，我主张现如今的"媒人"制度与上述"中宿"之间有着某种联系。

八

"做媒难，难于上青天"这一滑稽的谚语在九州等地广为流传。虽说在村内社交中没有比做"媒人"更棘手的任务了，但同时，像这样"有里有面儿"的好差事恐怕也是打着灯笼都难找。然而恐怕尚未被注意到的是，在外国的婚姻习俗中自不必说，即便是在日本，古代发挥这一作用的"媒人"也并不存在，也就是说，自古以来的几乎是无意识间形成的习俗与晚近逐渐普及开来的"嫁入"的风俗之间，在某个点上既相互抵触又相互妥协，因此才使得"站在中间的人"不得不品尝"倒立"般的痛苦。虽然"媒人"与中国的"媒婆"在文字上偶然一致，但实际上中国的"媒婆"只不过就是"营利版"的日本"高砂社"，也就是说，她们只要能够说服男女本人即可。与之相反，日本村中的"媒人"则通常需要说服双方的父母。他们的所谓"媒妁之言"，通常代表着娶亲一方的愿望，但偶尔也会有人接受出嫁一方的委托，冒着一旦失误就要对男女双方的终身幸福负责的风险，前往对方家中进行谈判。这一点与不经过娘家父母的同意，就辅助新郎断然"抢媳妇"的"若者头"在某些地方十分相似。"yomekatage""yomemosoi"等行为中，女性在毫不知情的情况下被强行带走并给予食物，而一旦女性吃下这些食物便被认为是一种许诺，甚至有人嘴对嘴将铁浆吹入女方口中，逼迫不情愿的人就范。但通常情况下，很多姑娘由于家庭原因而错过了婚配的最佳时期，对方又是中意自己的热情小伙，因此姑娘们大多心甘情愿，有时候，也会有人在行动之前简单地打好招呼。而对于家里来说，"嫁人"的准备开销常常让人颇感窘迫，甚至有人对前来"抢媳妇"的人说"你要'抢'就尽管'抢'去好了"，在很多地方，连警察也不大会进行干涉。从村中的常识来看，这是男子应尽的义务，还是不应提倡之事？他们的选择与决断究竟是否妥当，事后是否会遭受近邻的非难？为了弄清这些疑问，他们必须与同龄人中最年长的那位首领商量。他们就是婚姻的"辅导员"。因此，不论是"婿入"还是

"taruire"或是"miai"，既有同龄伙伴一同前往的情况，也有以"媒人"相伴的地方，可以说，二者在干预婚姻这一点上处于几乎完全相同的立场之上。

女方父母的认可原本是非常重要的条件，但双亲也并不是一直都能够行使这一权利的。一直寄予厚望的成年女儿忽然离家，对于二老来说必然是一种困扰，但话说回来，"花开堪折直须折"，没有父母希望看到自家女儿佳期已逾却依然独处深闺。然而，良缘难求，哪怕虔诚地向神灵祈祷，女子也难以获得自主选择的机会与方法。这既是近世中流家庭的父母不为人知的烦恼，也是都市中出现的"媒婆式营利者"不择手段的原因。如前所述，农村中"媒人制"并不发达，在年轻人团体的纪律较为涣散的地方，形成了许多品行败坏、不伦不类的试婚方法，甚至在有些地方，父母不得不放任、怂恿子女的放荡淫乱。"若者宿"与"娘宿"经常受到不明就里之人的嘲笑，但实际上他们正是借助于"宿"的力量，从而避免了许多婚姻乱象。

当然，这些古老的习俗之中也存在一些滥用制度的恶习，以及与新时代价值观格格不入的恶趣味。因此，我绝不是赞成事到如今再使之死灰复燃，而是认为如今已经意识到农村青年男女婚姻问题的人们，需要与过去的生活进行比较，并发现欠缺什么，应当补充些什么。如果基于文字记载的史学尚不能解决这一问题的话，那么我们就只能将希望寄托于"folklore"的史学了。我称为"heya"集合体的"娘宿"以及"若者宿"对婚姻的参与，不用举例也广为人知，然而遗憾的是至今仍难以获得与之相关的足够精确、足够有说服力的研究报告。如果试着从这些海量的事例中重新进行筛选，并特意选取一些较为确定的例子的话，就能偶然发现位于出云大社附近，也就是簸川郡的一个叫作西滨的渔村的例子。这个村子的特点是婚姻基本在部落内部解决，与其他村落的通婚十分罕见，因此其各种组织能够一直保存下来。不论是"娘宿"还是"若者宿"，其主人都必须是德高望重的年长者，也就是说，血统并非确定的。父母们四处奔走，让自己的子女加入"娘宿"或"若者宿"，每天工作结束之后就带着他们前去与其他同龄人会合，在"娘宿"中的女孩子则会彻夜做一些女红，她们也能从中获取一些收入作为自己的零花钱积攒起来。而男子则并没有特别的夜间工作，只是聚集起来聊天歌舞而已，有时候也会结伴前往"娘宿"玩耍。虽然男女互相了解也有诸如盂兰盆会等其他的机会，但访问"娘宿"的效果却尤其显著。然而，他们仅仅试图建立亲密关系并了解对方品性，绝不会行有违道德伦理的不检点之事。若有了心仪的姑娘，他们会先将自己的心意传达给"娘宿"的主人，而后由主人来为其奔走。若是事成，多半是已经打听了女子父母的意思，一旦确定下来，就会将这个日子定为"初夜"，并做好红豆饭招待同住的其他女孩子，或者由男方送出某种特定的礼物。上述事项完成以后，当事女子则被称为"gensai"①，而她也不会在"娘宿"居住了。"嫁入"则会在很长时间之后选择双方都方便的日子进行，在此之前新郎会到新娘家中过夜，而这个行为被称为"kayou"②。在西滨等地，新娘怀抱刚出生的孩子出席婚宴是十分常见之事(《民族》二卷三号)。在越中经田村的渔业部落中，"宿"是男女混住的，被称为"asobuyado"③，年轻人们聚集其中，交谈玩耍直至十一点左右。当然，其中坠入爱河、步入婚姻殿堂的男女大有人在，但除此之外并无其他不妥之事(同上二号)。"其他不妥之事"确是一个微妙的表述，它指的正是误与"不以婚姻为目的而恋爱"之人缔结契约。各家的亲人长辈们无微不至的思虑在防止上述"灾难"发生上自然比"asobuyado"要更为稳妥。然而在如何选择最为圆满的婚姻上，他们却显得无所适从。这种无力感让人无比苦恼，甚至只能将希望寄托于神灵的眷顾了。

---

① "gensai"是一种隐语，指妻子。
② "kayou"就是"通う"，指的是来回往返于两地之间。
③ "asobu"是"游玩"的意思。

九

　　"宿"的主人对青年男女的指导与监管在不同的地方并不是从一开始就完全相同的。整体看来，诸如小学校长、村中的"文化人"等总会对这一制度的弊端更为敏感，因此，越来越少有稳妥保守之人参与这一事业，结果"宿"逐渐零落衰败，而兼任"媒人"之职的多是来自路旁粗点心店的除了"拉皮条"之外一无是处之辈，因此，许多"宿"最终都不能逃离关门大吉的命运。但是，即便是在年轻人们严格恪守习俗的情况下，"宿"的规矩也经历了几个或宽或严的阶段，并不一定像出云、越中的渔村里那样，到了夜里十一点就一定要结束聚会。在壹岐，供年轻男女玩乐的"宿"在现在的方言中叫作"tomariyado"①。在久喜浦，新婚夫妇在自家房子被让出之前，每晚都会前往那里过夜，这与上述"tomariyado"应属于同一种"宿"。在安芸仓桥岛的尾立浦等地，大概十几年前还能够看到"若众宿"②和"娘宿"。婚事若是说定，双方的"宿亲"理所当然地成为"嫁入"的

---

　　①　"tomariyado"日文原文为"泊り宿"，单纯指留宿、过夜之地。
　　②　"若众宿"与前文"若者宿"同义。

"媒人"，并会一直在他们面前保持相当的威信。但是"娘宿"的房门上既没有顶门闩也没有门锁，每晚，年轻的小伙子们遍访各个"娘宿"，不论去哪家，都能够自由留宿。虽然这是极其不合规矩的行为，但这个海港的女子却都拥有一种令人震惊的强烈的贞操观。就连撰写研究报告的人都认为，这恐怕是其他地方的人难以想象的情景。只要不是特别遭到厌恶的人，一般能够遵守规则的青年男子都被允许留宿，但只有某种所谓"贞操"，是需要年轻人们誓死守卫的。只有"gensai"也就是已经与其他男性有了约定的情人才能够以力量和情理来防止自己受到侵害，而尚未定下配偶的单身女性能够在男性的"放肆"中得以保卫自己却实在是不可思议之事。然而诞下私生子所带来的耻辱是最可怕的制裁，令她们无时无刻不心惊胆战。在此地，也像欧洲某个时代所流行的那样，男性一直受到来自同伴和异性的羡慕，他们甚至能够多次更换伴侣，当然，这对于女性来说则是十分不利的一种流行的观念。虽说女性在拥有一名男性之后也会变得风光无限，但是一旦孩子出生，则又会遭到嫌弃。尤其是当孩子出生之后被遗弃而成为私生子，她就会受到整个世间的冷落与排斥。因此，在这个村子中，如果已经身怀六甲的女性不能在婴儿出生之前嫁入夫家，女性会十分忌讳这种名不正言不顺的婚姻(《民族》二卷五号)。

所谓"tetenashiko"①在社会中地位的特殊性，其背后还有自古以来就存在的宗教原因。如今，在上述尾立浦等地，在生土②祭祀中私生子所担任的是最为风光最为重要的角色，然而一旦出头露面就等同于公开自己的身份，因此，私生子们都尽量避免参与祭祀活动。我感到好奇的是，为何这么重要的祭祀任务要强加在不得不谨慎行事的年轻人身上。然而这一问题如果不从另一个方面进行更为细致的考察，一朝一夕是无法揭开它的神秘面纱的。总之，在需要众多人手的渔村这样的地方，母亲们之所以非常厌恶自己单独抚养孩子，并不仅仅因为一人养育孩子的辛劳——这是近代式的理由。第一个原因是在因循守旧的地方，好坏暂且不论，母亲们极其不愿意自己的孩子被置于与常人不同的境地之中。因此她们都十分抗拒有可能生出私生子的男女交往。在如今依然残留的民间禁忌之中，与之相近的也有一二。例如，若是青年男女食用了供奉给神灵的食物，那么他们之间的缘分就会疏离，所以人们都会避免这一行为。参加祭祀的直会③虽说是一个神圣的任务，但其前提条件是能够严

---

　　①　"tetenashiko"日文原文为"てて無し児"，"tete"是父亲的意思，此处指没有父亲的孩子，即其父不知所终的私生子。

　　②　生土即生土神、土地神。

　　③　直会(naorai)指的是参加完祭祀神灵的活动以后，由掌管祭祀的神职人员和其他氏子共同食用供奉给神灵的食物。

格保持贞洁的生活，因此寻常家庭通常都会敬而远之，连一些表面的工作也尽量避免。此外，诸如一旦头发和指甲被火焚烧人就会疯癫，穿着袜子睡觉就无法见到亲人的最后一面等，过去曾有不少人巴不得做这样的事来加入神灵的队伍，而其他人则皆无此意，甚至在默默担心会招来这样的结果。因此，如果与之类似的动机能够让人从心理和行动上避免生出"tetenashiko"的话，那也不失为一个好的影响。第二个原因恐怕只是单纯的"女性的通病"。将委身于一位前途渺茫的轻浮之人，于是被始乱终弃伤心欲绝，对此却丝毫不加反省的行为视为一种令人颜面扫地的懦弱，认为遭到嘲笑与讥讽也理所当然，这种观念时至今日也依然左右着普通女性的言行。日本的文学作品均以华丽的辞藻描写"游女"的心理，也许其影响或多或少地削弱了这种"反面教材"的力量，但另一方面，随着经济上的困难愈发凸显，养育私生子的不安心理终究加强了她们的警戒心与自我约束。

然而我们必须承认，在如今的户籍制度下，即便同为私生子，也从一开始就存在着界限分明的两种类型。正如婚姻中也有不被父母认可的婚姻，私生子中也有单纯不被父亲接纳的"teteariko"[①]。

---

① "teteariko"日文原文为"てて有り児"，与上文中的"tetenashiko"相对应，这里指的是有父亲的孩子，即知道父亲的所在，却不被父亲接纳的另一种私生子。

在前述广岛县的例子当中，这种情况也被人们算作一种耻辱，但这并不是一种普遍的现象。例如，在位于广岛县西侧的山口县大津岛等地，与其他"tomariyado"并不发达的地方一样，男性会在相当长的一段时间内往返于妻子家与自家之间，女性在有怀孕征兆之前一般不会被带往夫家。在大多数情况下，父母们只是根据事实大概了解男方的身份，而在"嫁入"之前，女方一般不会正式告知父母男方的姓名，因此，父母的意见也只能在这个时候才能表达出来。偶尔会有十分强势的父母反对"嫁入"，而导致的结果就是自家要负责抚养私生子，这一点对于孩子的父亲来说是没有任何负担的。在这样的事情不断循环往复中虚度年华的女性也并不少见(《民族》二卷五号)。与之相反的是飞驒白川村的所谓大家族中，不知从何时开始出现了新郎家庭不接受新娘前来的习俗。在这种情况下，出生的孩子也归属于女方家，从现在的法律来看，与承受私生子的耻辱并无二致。新的风俗确实否认了上述两种陋习，而将二者统一概括为"私生子"这一种称呼，但这并不一定是基于私生子产生的两种原因（"tetenashiko"和"teteariko"）中存在差别而做出的判断。

一〇

以每个小规模社会的古老的道德体系为基准而遭到非议的并不是这种类型的私通。淫乱在任何时代任何社会都被视为不道德的行径，这与是否生出私生子并无关联。偶尔有些地方的试婚制度稍稍过于宽松，就会被夸大其词地扣上"道德败坏之地"的帽子并遭到蔑视。然而我们必须注意到，由于人们将包括自古以来就存在的"婿入"方式等不以"嫁入"为开始的婚姻一股脑儿地都看作伤风败俗之物，所以人们多少有些自暴自弃，男女关系的混乱程度在进入近代以后反而呈现出变本加厉的趋势。大体来说，在某些地方，由于村中的"tomariyado"的功能受到限制，人们习惯将配偶接到各家的"heya"，于是夫妻间短暂别离的情况越来越普遍。平安时期的上臈①们也时常过着浮萍般动荡飘摇的日子，虽然结局与一般女子并无不同，其背后却另有原因。但总而言之，集体生活的松散逐渐抹杀了婚姻的神圣与庄严，这一状况我们从当时的文字记录中便可窥

---

① 上臈，日文发音为"joro"，是日本古代皇室中女性的官职名称。也可写作"上腊"。

见一斑。尤其是在农村，并没有都府那般来自旁观者的严苛批判，一旦熟知情况的同龄团体间的相互约束与监督开始放松，人们立刻就会各自利用与之相应的"自由"，这正如一旦取消封山的规定，共有的山间田地就会瞬间一片荒芜一样。再加上女性一旦闭门不出，与男性互相接触了解彼此秉性、确认对方真心的机会也就几乎荡然无存。当然，盂兰盆舞会、祭祀活动以及插秧等自古以来就被视为婚姻前期准备的集会活动依然存在，给年轻男女们互相倾听声音、观察举止和检验劳动能力等提供了方便，不仅如此，有些地方还以聊天、乘凉等为由乐此不疲地召集众多年轻人前来自家做客，并把这当成自家孩子寻找良缘的一种方法。然而仅靠这些并不能满足年轻男女为了自己的终身幸福而需要彼此深入了解的强烈愿望。因此，在父母对孩子的保护还不能极尽周全的时代，对异性的爱慕之心就已经是虚无缥缈却又令人不知所措的体验了，于是所谓"不妥之事"越来越多，最终姑娘们只有在滴水不漏的严格监视和约束下才有希望寻得此生的良缘了。

其他可以算作原因的事项姑且不论，总之，我认为这种集体生活的松散与崩溃才是改变日本婚姻制度外部形态的罪魁祸首。直到最近还保留在农村的年轻团体(一般认为是现在的"青年团"改良以前的状态)实际上一直都在一味地维护婚姻旧习，因此可以想象这些旧习会一直存留下去。"五人组"①和"农业组合"②等许多团体皆是适应时代新的状况而成立并发展起来的，而与之相反的是，只有年轻人的团体与政府及行业的组织均不一致，甚至与现代的家族制度也水火不容的特殊功能却得到了人们的认可。我们只能认为这是来自前代社会的有必要传承下来的内容，但其发生的理由却无法解释。无论如何，每逢社会变革的转折点，这一组织的威力都会被稍稍削弱，尤其是在婚姻方面，逐渐让步于家长的权威已是不争的事实。如果我的判断无误，那么日本婚姻方式的变迁仅仅是一次时间跨度极长的改革。可以说，这一改革正是试图在年龄与阶级制度下业已形成的最古老的习俗与未来的家族制社会之间进行调和的改革事业的延续，而这一改革事业至今仍未完成。因此，正如现在婚姻制度仍在频繁发生变化，前代也曾经一直在缓慢地变化着，而且其变化的方向也基本趋于一致。因此，我们只能接受习俗甲逐渐被乙、丙、丁代替这一结果，硬要追寻其背后的原因，恐怕也只能是白费功夫了。

---

① "五人组"指的是日本江户时代，在领主的命令下成立的近邻互助制度。一般情况下其成员由百姓、町人构成，有时候武士之间也可以结成以军事为目的的"五人组"。

② "农业组合"指的是以农民为主要成员的行业组织。

然而，在此旧习与后来的世态之间进行调和的改革哪怕在今天也多半是无意识的运动，因此在这个过程中，也就难免产生一些令人不快的乱象。当初最先动摇村中的小型婚姻相关团体地位的是与其他部落的接触。当地方不再闭锁，交通逐渐便利，形形色色的旅人从四面八方远道而来，其中也就有人可能会成为当地女子的丈夫。他们不仅试图直接争取女方父母的同意，甚至会屡屡成为由女方主动迎入家中的"koimuko"①。走出偏远村庄，前往繁华的京城或是其他地方的人们当中，有许多都在体验了各种婚姻经历后返回故土。而在这个过程中，似乎有一种女性一直游走在他们中间。现在我还没有足够的资料可以证明"游女"原本就是以卖春为主业的女性。但不管怎样，她们的婚姻观念是十分淡薄的。她们在通常情况下即使知道离别近在眼前，也会与对方缔结临时的契约。她们时而对世态炎凉扼腕叹息，时而又轻吟充满哀愁的曲调，因此人们即使在心里暗暗蔑视她们的轻佻，同时也会被这纤细柔软的情绪感化。从村中流传的近世民谣"此地曾入花柳者大半"一句中也可窥见一斑。也就是说，人们逐渐对"asobuyado"感到单调无聊，从而对所谓萍水相逢、露水良缘等充满意

---

① "koimuko"日文原文为"乞婿"，意为由女方家庭提出而成为家中女婿的男子。与中国的"上门女婿"接近。

外的经历产生了兴趣，人与人之间的情感纠葛也正因此而渐渐产生了。

一一

诸如将"yobai"解释为"在夜间爬行"这样的滑稽而荒谬的误解也在此时开始出现。"gensai"一词后来仅表示"被藏匿的女性"，此后在北方的一部分地区又引申为"出卖色相的可怜女子"之意，这个变化所表现的也是与"yobai"相同的语言变迁的过程。就算在现在思想十分开放的乡下，在百年以前，村民们尚且认为正式"婿入"之前的男女关系已经是婚姻本身，他们并不会在毫无"嫁入"计划的时候就去与人"邂逅"。私生子的母亲之所以遭到嘲讽，也仅仅是因为她将自己尚未知根知底就以身相许的莽撞性格暴露了出来。也就是说，这是女性在婚姻问题上自我判断、自我决定这一惯例的最为质朴的形式。如果全部依赖于父母的指导和判断，那么遭到嘲笑的则必定是女子的父母，但现在来自世间的嘲讽即使在今天也只局限于当事人自身。可以说，这是一个奇妙的过渡阶段。

然而，父母的同意成为必备的条件，却不能彻底避免上当受骗毁终生的结局，反而结下许多不了了之的契约，这也是真实存在的现象。在男方父母做好养育私生孙子的心理准备，只是（女方父母）拒绝交出女儿的情况下，男女双方尚能维持"嫁入"以前的状态，但大多都因为这摆在眼前的难以逾越的障碍而痛下决心一刀两断。其中甚至有人事先预料到这一障碍，因此在毫无后续计划的前提下秘密私会。婚姻方式的严肃化反而催生了更多制度的破坏者，与集权思想的扩张使得盗贼愈发猖狂这两者之间并不能相提并论。盗贼的出现是事先无法预料、无法想象的，但制度的破坏者却从来都不曾缺席，只不过人们一直以来都选择性失明罢了。

总之，自从"宿"的功能受到限制，其中一半转移至各家的监督者之后，一时间女性受到欺骗的危险系数反而提高了许多。在某个时代，作为婚姻选择的一种方式，有些村庄的大户之家曾有夜不闭户的不成文规定。而在某些村庄，深夜手持提灯从正门进入的人也从不被看作盗贼。在这种状态下，谨慎的年轻男子要想保护好自己的妻子，无论如何都是一件辛苦的事。这与前述的深草少将不同，为了自己明媒正娶的妻子，他们不得不在寒冬酷暑里夜夜前往守护。同时，这也是农村的人们把迎亲的时间提前，夫妻双方带着孩子共同居住，从而导致家庭成员之间摩擦增多的原因之一吧。作为女性，一旦定下夫家，一般情况下不会再轻易受到诱惑，但是如果无度的试婚期持续过久，那这与订婚之间的界限就会变得模糊。不受约束的妇人们就会错失"嫁入"的时机，一旦年老色衰或是怀孕生子，就会成为没有任何人同情的不幸之人。在我们看来，这也是一种不得已的境遇，或者说，是制度与习俗之间的矛盾，不能够把所有的责任都归结到某个个人身上。但是在有些地方，用来称呼上述女性的特定名称竟然也是五花八门，人们一般对她们敬而远之，并尽量避免直呼其真名。如果将各地的这一方言进行比较，那么我们就能够自然而然地明白何种行为能够被世间允许，而又是何种行为会被认定为不端。例如，在肥前的平户等地，有"urotaemon"①这一称呼，恐怕该词就产生于某种古老的观念。在尾张，作风不检点的女性被称为"susobinbo"②，而在越后的西蒲原郡等地则被称为"yok-unashi"③。近世以来，女性单靠辛勤的劳作已经无法实现真正的独立，加之独自一人抚养孩子也是一个沉重的负担。就连花丛间野生的蝴蝶都会寻找秋天的避风港，但经历过这些劳苦的女性却不再为寻找遮风挡雨的归宿而奔波，也不再与谁立下海誓山盟，而是轻易就将自己许身于人。上述这些称呼，虽然都是为了批判女性的这种

---

① 动词"うろたえる"（urotaeru）的意思是"惊慌失措"，这里的"urotaemon"意思应为"惊慌失措的人"。

② "susobinbo"意为"好色之人"。

③ "yokunashi"是"好"一词的否定，就是"不好"。这里指的是"不好的人"。

"愚蠢"的行为，但是也有不少人注意到，从历史和结果两方面来看，当今社会中所有描述"私通"之意的词汇当中，具有两个明显不同的种类。不论今日的道德体系如何对其做出评价，从史学的角度讲，我们都决不能忽视这些区别。

一二

在方言之后，我想讲述一下有关"嫁人"仪式的重要问题。其中有些事例如果不从相当特殊的侧面切入，就很难实现近距离观察。人们普遍认为在当今的道德体系下，"游女"的出现不仅与婚姻制度不共戴天，还破坏了神圣而古老的法则，但如果去观察过去"游女"之间互相认可的习俗，那么越是向过去追溯，就越是能够发现更加明显的与婚姻制度之间的共通点，这同时也是婚姻制度的一种令人遗憾的退化。这也是为什么我们不能把这个问题只抛给那些编纂《色道大鉴》①之流的"穿凿家"②们的原因。在日本，如果不广泛涉

---

① 《色道大鉴》也称《色道大镜》，是藤本箕山（1626—1704）所著的江户时代前期的"花街指南"，共十八卷，成书于1678年。作者花费三十年时间走遍全国的花街柳巷，根据搜集到的资料，描述了青楼的内部结构、"色道"的含义以及"游女"的身世等。

② "穿凿家"指的是在这个问题上钻牛角尖、穿凿附会之人。

猎那些已经失传大半的"游冶郎"①的相关文献，对于这个问题就会不得要领。但其实我们如果能对其中一个名称进行比较的话，就能从中得出一些启示。关于娼妓的方言，我们大多很难把握其命名的理由和动机。例如，读作"keisei"对应的"倾城"或者"契情"，谁都能看出这只是发音与文字间的生搬硬套。而"土娼""私娼"等自古以来就有的方言中，有不少连"生搬硬套"的工作都没有做。当今尚存的方言中，有分布区域相对较广，不仅仅作为暂时的"隐语"而流行的词汇。试举一例。东北地区的"kusamochi（草饼）"一词在宫城、福岛两县的各个角落，甚至其邻县都广泛流传。其最初的含义是那些将食物放进容器，前往战争营地或是其他人员密集的地方进行售卖的女性。在越后的某些地方叫作"yomugimochi"②。在西边的鸟取县有"dango（团子）"一词，也至少扩散到了出云一带。毫无疑问，这两者的起源相同。在三重县北部四日市富田周边，"私娼"原本是读作"kemanji"。有人认为这是"贝馒头"③一词的讹传，但或许只是因为这里临海从而由此联想出来罢了，在这附近并没有将"贝"字的"kai"讹传为"ke"的现象。这里的"ke"指的是"笥"，一种盛食物的

---

① "游冶郎"指的是荒淫无度、道德败坏的男性。
② "yomugimochi"日文原文为"ヨモギ餅"，也写作"蓬饼"，是一种日式点心。
③ "贝馒头"发音为"kaimanju"，是海中的一种贝类，外形似馒头。

容器，也就是说，"kemanji"一词同样是指带着盛在容器里的食物前来售卖的女子。其他地方的"米馒头""船馒头"也是一样，人们只是对"manju"发音的特殊性感到有趣，于是渐渐从"团子""蓬饼"都变成了"馒头"。但是在埼玉县的某地，女性私会男性被称为"sageju"（《秩父郡志》）。同时，有些地方对"密娼"也用同样的词语称呼。"sageju"的意思是"多层食盒"，同样也表示将食物装进容器里前来售卖。在如今推着小车售卖食物的行商、路边临时搭起的小吃摊都已经不复存在的时代，随身带着糯米丸子也不足为奇，但过去不论是"晴"还是"褒"，饮食都应该是一众人聚集在一起进行的日常活动。江户前期的女训中写道，在房间内做"小火锅"①是女性最应该避讳的不端品行之一，直到今天这种行为也会被称为"rusugoto"②，也就是说趁丈夫不在家时偷偷制作奇怪的料理这种行为令人不快，这种观念在农民之中留存了下来。但是人们的观念随着时间的推移而发生变化，如今已经演变为"小锅万能"的习俗，于是家庭的统一难以维持，正如简单易行的"灯火火锅"③的流行使得围炉边的场景

---

① "小火锅"是用容积较小的锅烹饪的"锅料理"，只在用餐人数较少时食用。

② "rusugoto"日文汉字为"留守事"，专指女性在丈夫出门时在家制作料理。

③ "灯火火锅"是用蜡烛作为燃料，置于小锅底部为小锅中的食物加热的一种"锅料理"。这里的"围炉"前文翻译为"地炕"，即日文的"囲炉裏"，这里是为了迎合语境，译为"围炉"。

凄凉惨淡一样。这种"私人饮食"之所以受到限制，其最初的原因就在于这种行为与所谓"情事"相关联。年轻男女相对而坐共享美食，最初是意味着婚姻，它尤其是婚姻成立之日充满回忆的特殊仪式。然而，这世间却曾有独自一人携带装入容器的食物四处行走售卖的女性。可以想象，这就算不能令男性浮想联翩，也足够引起他们的强烈兴趣，给那些孑然一身的孤独旅人们提供谐谑的谈资。《今昔物语》中记录了一则令人作呕的故事，卖鲊鱼的"贩女"喝得酩酊大醉却不知有众人围观，呕吐在盛有食物的容器中，却装作若无其事地离开了。如果人们得知"贩女"也属于"那一种女性"的话，会更加鄙视吧。

在很多地方，人们将受尽凌辱的可怜"土娼"称为"kantsu"或者是"kantsuonigiri"。所谓"kantsubo（燗壶）"①指的是崭新的酒具，因此很多人草率地认为这个称呼与今天的"酌妇"②一词相同，而"酌妇"一词又是如何出现的呢？走到男性面前亲自奉酒的女性，不就是过去浅香山的"采女"③吗？这与现在人们吃"小火锅"相同，几

---

① "燗壶"是热酒的容器。

② "酌妇"指的是在酒馆里为人斟酒、陪人饮酒的女性，或者是装成"酌妇"的卖身女。

③ "采女"日文读音为"uneme"，指的是日本朝廷中侍奉天皇、皇后的日常起居饮食并打理其身边杂事的女官。平安时代以后这一官职被废除，此后成为仅在特殊祭祀活动中才存在的官职。

乎成为每天的例行之事，不论是哪位女性奉上的酒，男人们都会愉快地喝下，但是在那个时代，酒是为了举办仪式而特别酿制的稀罕物，考虑到这一点，又不得不说这一角色是举足轻重的了。以加贺白山的"菊酒"的由来为代表，所谓旅途中的"上臈"前来向路人贩卖美酒的故事，恐怕大多指的正是这些"游女"吧。如今，在轻佻低俗的游戏中，无论是多么不胜酒力的人都必然逃脱不了饮酒的行为，这虽说是一种无意识，但同时也是一种根深蒂固的惰性。在岛原的"游廓"①这种古香古色的地方，虽说今日只在形式上还落寞地残留着，但昔日"游廓"里作为游戏的"杯事"，皆是全然不解其中趣的麻烦事。然而大学问家们为了他们的所谓"杯论"②常常会争个你死我活，这意味着虽然看起来微不足道，但饮酒却伴随选择配偶这项"重大事业"的全部过程，酒绝不单单是一种助兴手段。"tsukesashi"一词已经成为这种宴席上的专用词语，之后虽然又转指长烟管③，但正如道祖神（sainokami）的男女石像所表现的那样，最初应该是限定于婚姻初夜的宴席和仪式上。

---

① 位于京都的岛原"游廓"是日本最古老的花街。

② "杯论"日文读音为"sakazuki ron"，意为就酒席上举杯的顺序进行争论。

③ "tsukesashi"指的是将自己的嘴唇接触过的酒杯或是烟管赠予他人。一般是人们在青楼等场所向对方表示爱意的一种行为。柳田在这里指出的是一开始人们只是赠送酒杯，后来也赠送烟管，而这一行为的起源与婚姻初夜的仪式有关。

酒食与婚姻的关系在现代仪式中也还有明显的残留。人们普遍用"行杯事"①来表示夫妇与亲子关系的成立。然而如今全国绝大多数人家都将如今的"杯事"纳入"嫁入"之日的惯常习俗中，即使算不上惯常习俗，也通常受到特别的重视，因此，所谓"taruire"的"taru"中盛满的酒，在此后的酒宴中都被当作"份子钱"赠予他人。然而这仅仅意味着增加了一次饮酒的机会，酒的更为古老的作用依然会在这一立下誓约的日子发挥出来。在宫古群岛的伊良部岛，最近流传的"ayago"②的歌词中也描述了男方最初为了征得女方父母的同意，携带"araide 酒"③前往的情节。于是女方父母以"那么我就恭敬不如从命，饮下此酒"来表示自己已经应允（《民族》一卷一号）。在东部志州的海滨村落中，也是由男方携带此酒与女方家人共同饮用的。"媒人"会提前往来于两家之间，择良辰吉日，在这一天，新郎自己携带一升④美酒，首先与新娘的父母共饮，之后再与新娘对饮。"媒人"在次日再次前往新娘家中表示祝贺，但此时不再有任何

---

① 原文中是"さかずきをする"，是"sakazuki"的动词。

② "ayago"是冲绳八重山群岛流传的歌谣，一般叫作"ayagu"，在文献记载中称为"ayago"。

③ "araide 酒"是男方为了请求女方答应婚事而专门带去女方家中的酒。出自《民间传承》一卷一号。

④ 日语中的"升"是日本特有的容积单位，一升相当于 10 合，约等于 1.8 公升。

款待，这被人们认为是正式的礼节。新娘的入家仪式会在几天后举行，但是其目的是与新郎的父母结为亲子关系，即"亲子关系成立"，也就是说与新郎一方的亲戚进行"杯事"是主要的环节。于是，女方以娘家人手不足为由，新娘会再次回到娘家，而男方则一直只在夜间前往女方家过夜，直到二人生养两三个孩子为止，这也已经成为一种惯例（《现代结婚宝典》）。这些惯例基本上明示了"katame no sake"①原本就是新郎自己的任务。而"婿入"的酒宴在事后再次隆重举办成为一种习俗之后，也就是说尽可能缩短"婿入"与"嫁入"之间的时间间隔的必要性产生之后，就逐渐演变成今天这样由"媒人"或者"代理人"代替新郎前往新娘家中赠送彩礼的习俗了。在福岛县田村郡的部分地方，在交换彩礼之前，人们会先举行"chaire"②的仪式。当天，"媒人"携带两袋茶叶前往新娘家中，将其中一袋茶与女方家的茶混合在一起，看着新娘及其父母将之饮下，再将剩下的一袋茶倒入女方家的茶混合，带到男方家中让男方及其父母品鉴。结束这一系列流程之后，再与全家人一同庆祝，也就意味着婚约正式成立了（同上）。

---

① "katame no sake"原本指人与人定下某种关系或者某种约定时饮下的酒。这里应指"定亲酒"。

② "chaire"即饮茶。以茶代酒。

"yuino"①的说法在各个地方也有所不同。在常陆的部分地区被称为"motai"。"motai"或许指的是某种餐具，因此彩礼也通常是年糕或者是包子。比较各种名称可以发现，赠送彩礼通常是端来美酒或者是某种食物的仪式，进一步讲，就是新郎与女方的父母及兄弟姐妹共享美食美酒的仪式。在必须征得女方家长认可才能够缔结婚约的年代，上述仪式实际上就是"婿入"的仪式，但后来演变为若不进一步征得男方亲戚的同意，婚约便是不完整的，于是早期的"婿入"方式就容易产生纠纷，此时一般都委托给"代理人"将这一仪式挪至"嫁入"之日完成。与此同时，在"露显"以前只要征得配偶的同意便意味着婚姻成立的年代，如在出云西滨等地，在新婚初夜，人们会在"娘宿"蒸煮红豆饭。从根本上说，即将一生同甘共苦的婚姻当事人双方的共同饮食在所有的仪式中是最为重要的环节。不论是年糕、美酒还是红豆饭，都是与日常饭食区别开来的"晴之膳"。而只有那些常年身着华丽服装的身份特殊的"上臈"们，才有义务与自己的丈夫随时随地都亲密无间地共同进食。于是，人们自然而然地根据她们的不同特点而称其为"年糕的分配者"，抑或是"美酒的提供者"。然而，在有些生于斯长于斯的寻常家庭中，女性四处漂

---

　　①　"yuino"即前文所说的彩礼。

泊、无固定职业并不被看作一种罪孽。在这样的家庭里，婚姻不仅仅是男女双方的结合，同时也是两个家族或门派的结合，有时甚至是两个部落的结合。因此，至少要经历三个环节也是无可奈何之事。而过去的人们不如说将这些环节看作确认生活变化、巩固生活质量的重要手段。人们相信，正如葬礼和出生礼上也要经历两道程序一样，婚姻也需要将各个环节结合起来，使之更为稳定、成熟。然而，这是仅仅在构成共同社会的所有人都朝着一个方向前进的时代才会发生的事。父母们一旦没有欲望用自己的年轻气盛所支配的法则来指导子女，就必须统一两种意愿，并使其中的一种处于优越的地位。新的文化形式尤其对家中的长辈有利。而应该消失殆尽的则是更为老旧、更难理解的婚姻团体的习俗。于是，虽然婚姻的中心逐渐由"婿入"转为"嫁入"，但"miai"以及"iiire"①等无害的行为还残留着些许痕迹。因此，一些必须履行的重要程序会不断地移向应该履行的场合，如所谓"床杯"就是在"改口"之后举行，"三日年糕"②则会在回门之日举行，这些都已经成了惯例。

---

① "iiire"日文原文为"言い入れ"，意思是"说媒、说亲"。
② "三日年糕"指婚礼后第三日的夜晚，新郎与新娘在新娘家中共同食用年糕。

一三

上述情况不仅仅局限于婚姻的仪式，在许多其他仪式中也会按照相同的顺序来进行，它们随着时间的推移发生变化，实际上是某个部分中被置于最重要地位的环节被移至其他部分而已。正如"元服"变得轻便易穿，在幼年时期完成"裳着""袴着"①，而在儿童最初的节日中祖父母也会出一份力；也正如在神社的祭典中只有进贡食物的仪式才办得庄重森严，而试图通过咒语来聆听神灵的教诲如今已经成为一种余兴节目等，我们从中都可以观察到在这些事例的背后，仍有一些还未探知的促使其产生的原因。毋庸赘言，这并不是因为拥有习惯甲的种族衰退，而能够守护习惯乙的人们开始登场，也并不是因为出现了某种引导国民习俗的强大力量，这些都可以运用常理推测出来，然而，一旦将有时间间隔的两个时期的记录摆在一起考察就能够发现，时代恰恰呈现出如梅树、桃树、李树分别结出不同的果实一样的形态。而解决这一问题的法则究竟何在？

---

① "裳着"指的是从平安时代到安土桃山时代，为了向家族成员和其他人表示家中女孩子已经成人而举行的一种仪式。"袴"是日式裙裤，是日本男性的标准服装，"袴着"指的是庆祝幼儿成长而为其穿上"袴"。

首先我们必须想到，文书记载的部分仅仅覆盖了繁多的民族、广阔的地域以及漫长年代中的冰山一角。其次，在进行古今比较之时，必须避免将最初就已经失去了类似情况的偶然事例摆在一起而惊叹于变化之巨大。婚姻是千千万万人经过数次计划并实行的重要事业，然而其形式却有着各自的标准，这些拥有不同境遇的人并未打算在这一事业上保持步调一致。例如，京都贵族的做法与各国^①武家土豪的做法在任何一个时代都不能被其中一方所代表。因此，即使是比较同一时代的现象，也能轻而易举地看出其中的区别，因此将其看作时代的变化是何其不妥可想而知。从最初的成立来看，武家与农民的情况相似，但后来渐渐被不同的生活方式所引导，率先开始采用新的婚姻法，并在规则改定方面做出了表率。属于这一流派的人大多生活在城市，再加上学问之力量的加持，逐渐征服了古老的风俗，即便如此，在所谓"标准文化"的影响尚未渗透到每个角落之时，这个世界已经在我们的眼前发生了巨大的变化。新旧两派的对立与混战，反而在农村更为激烈，因此，现实问题中尤为复杂的部分接连不断地在农村出现。农家青年择偶困难就是其中一个重要的问题。今后的史学是否能够不借助严谨周密的"folklore"就担任

①　这里的国指的是日本各地方。

解决问题的重任呢？而如今漏洞百出的民俗学对于这个问题又是否拥有投出一票的权利呢？这正是目前困扰我的切实问题。

但至少我们尚存一丝希望。我们所拥有的资料虽然稍稍有些滞后，但日积月累其数量也会有实实在在的增加。如果足够幸运，能够梳理出其中的一致性、类似性和变化，并能够理清相互之间的脉络的话，那么将来就能够证明现在社会状态的横断面就是遥远古代生活的投影，而如今令人不安的演绎法也会平静地结束使命。如此一来，为了就这一专题进行研究讨论，婚姻习俗的沿革对于我们来说是最为合适的切入点，在现实社会中也不会是不切实际的空谈。仅靠我们所能够入手的现有资料就能够断定的，首先是"嫁入"这一仪式与时代共同发展，并且其影响力是逐渐增强的。即使在将"yobai"看作恋爱"生命线"的京城的古老社会里，"迁移"也是婚姻生活中的一个要素，女性迟早要成为一家之主妇并与子女一同住在夫家，然而"迁移"的队列和进门的方式等却没有成为传记家笔下的谈资。而在武家却恰恰相反，他们将"嫁入"看作一家的脸面，有一整套与之相关的严格规定。然而另一方面，即使在当今社会中，也还残留着极其敷衍了事的"嫁入"习俗。例如，新郎故意离家，其间新娘前来与公婆进行"杯事"，或者新郎即使在家，也只是闲坐炉边，自始至终都不会参加酒宴。在所谓正式婚礼中，新娘堂堂正正地从正面入口进入，并且将其看作一生只有一次的华丽时刻。然而在九州、东部的有些地方却恰恰相反，新娘必须从厨房的方向进入家中。还有更加应付的情况，新娘穿着便装前来问候，然后从当天就开始在男方家劳动，甚至有人在男方父母需要看护或者有人生子前来庆祝之时就顺便留下来住。看一看中世时期上流阶层的嫁入方式就能够了解，没有兴师动众的仪式的婚姻实际上与"事实嫁入"没有区别。然而根据这一记录出现的顺序我们大概可以推测，曾经极尽奢华的武家时代的"嫁入"也由于穷困潦倒等而再次由奢入俭了。

根据我的观察，这仅仅意味着"嫁入"仪式只有在武家这一特殊阶层才出现了超乎寻常的发展。于是其影响逐渐通过町人百姓中那些满口门第血统、家风家法的人广泛传播到一般民众之中，最终将迄今为止的习俗强加给海边山间的偏远角落。如今我们仍然能够通过老人们的记忆来了解这其中的经过。仪式区别于其他日常行为的重要地方，首先是共同享用正式的饮食，其次是服饰的变更——也就是女性要成为"吉女"，但是在偏远地方的"嫁入"环节中，上述流程依然没有得到认可。虽然"晴着"不论贫富都是与"常服"不同的服装，但是在伊豆大岛、八丈岛，以及西海的屋久岛、对马地区（部分地方），直到最近还保留着"有什么穿什么"的习俗。在城市及其周边的许多家庭的婚礼中，有时会准备一些不太得体的"纹服"①或是"栉笄"②，并且在仪式过程中数次更换装扮，称其为"ironaoshi"③，还有以参观房间为理由偷窥新娘换装过程的人，在有些地方，会更加露骨地称其为"yomemise"或者"ishomise"④，不得不允许客人偷看新娘换装。然而另一种情况却与之相反，新娘将所有贴身物品和嫁妆暂时放在自己家中，然后再蚂蚁搬家一般一点一点取回。在能登半岛的某地，举行完"嫁入"，再进行"hatsuchohai"⑤后，新娘会留在自己娘家收拾东西。我之所以说"嫁入"仪式在近世以后得到了发展，就是以上述事实为根据的。新娘的随身嫁妆和行李是迎亲队列中最为华丽的点缀，对于仪式外部的展示效果来说，大多以迎接新娘时的长歌为中心，但在有些地方这个环节并没有被加入仪式中去。在伊贺上野附近，"嫁入"过后经过一个多月的时间，双方互相

① "纹服"指的是印有家族标志的服装。
② "栉"在日文中是"梳子"的意思，"笄"是盘发的工具，这里的"栉笄"指的应是可以用作梳子的发饰。
③ "ironaoshi"日文原文为"色直し"，指的是结婚仪式结束之后或者是在宴会的中途，新娘脱掉仪式的服装，换上其他的服装。
④ "yomemise"或者"ishomise"日文原文分别为"嫁見せ"和"衣裳見せ"，指的都是让别人观看新娘的换装过程。
⑤ "hatsuchohai"是富山县的方言，"hatsu"为"初次"，"chohai"新假名标记为"ちょーはい"，意思是在亲戚或娘家逗留几天后返回。这里应该指的是新娘在婚礼后回到自己家中。

了解了各自的秉性之后新娘的行李才会到来，而公开婚姻的仪式在此时才会举行。在阿波名东郡，迎亲队列与行李的搬运一定会分开在不同的道路行进。总之，后者最初并不是与前者密不可分的环节。

如前所述，"嫁入"一词原本是以"婿入"一词为基准，后来才出现的。在日本东部的农村被称为"mukasari"或者"okatamukae"，而在九州的一些地方则被称为"gozenke（御前迎）"，或者被简单称为"okatanari""kakanari"。因此可以看出，婚姻与进入对方家中在以前是两个完全不同的环节，正如当今男性结婚与继承家业是两件不同的事情一样，如果说伴随其中的有另外一个仪式的话，那么便是新娘荣登主妇之位的仪式。在对州佐须奈和伊豆大岛等地，新娘在入家的当天身着常服，而在父母的葬礼之日才首次着盛装，与之相同的例子在其他地方也以各种各样的形式出现，倘若如此，这一想象最终是可以成立的。总之，"嫁入"原本并不是如此提早且如此兴师动众的仪式。婚姻双方生活状况的变化使得人们选择男方家庭作为"婚舍"，同时委托男方来监督新娘并以此为方便，直到这时，这一环节才变得尤为重要，包括"婿入"在内的所有先于"嫁入"举行的仪式才开始自然而然地衰颓，仅仅留下了形式上的东西。即便没有完全消失，人们也会把精力全部集中在"嫁入"仪式上。其中，在全国范围内流传最广的"质朴"的奇特习俗，如涂墨、泼水、扔石头、打击臀部，或者在途中拦路索要糖果，在窗户纸上戳洞骂人等，大多都是各种为难新娘的行径，这些习俗的过去都无迹可寻，同时也应该不是后来出现而为人们所知的。而大多数所谓自由思想家都做出让步且以"习俗"一词进行概括，也是因为它们都姑且属于这一仪式的一部分吧。这只不过是在"婿入"之日曾经以"玩弄新郎"为形式出现的习俗，随着"嫁入"本位的婚姻制度的普及，矛头随即转向了新娘而已。过去，在"婿入"习俗还未发达的时候，人们或许是以别的方式来代替这一环节，但总之，针对个人的婚姻所必须表达的某种"群体意志"——当今有一种被称为"披露宴"的新形式，应该与之拥有相同的源头——将之称为"公认"或是"同伴的认可"都可以切中要害。正如父母叔伯与晚辈的配偶不能是毫不相关的陌生人一样，当事人周围的社会环境也必须参与这一结合，这是有明确的历史根据的。于是，仪式便是在关系发生变化的分界线上出现并发展起来的形式了。

一四

如果正如世人想象的那样，父母们的认可拥有绝对权威的话，那么仪式这一形式的余地反而会变得更小。对于仪式来说，众人的和睦友好是非常必要的。将足以抑制所有反对声音的强大力量压制起来，化为宽大的容忍，另外，就算明知对方不会去做，也尽量不去忽视那些潜在的可能性，仪式最有价值的地方便在这里了。因此，在不断地对一系列未经检验的事情进行认可的过程中，其力量往往在不知不觉间转移或衰退，用讽刺的观点来看，不如说是这一力量即将面临危机，仪式的重要性反而被更加强调了。自古以来，许多祭典总是在稍稍出现信仰倾向的时候最为完善，其目的是维持或复活。在婚姻中，或许也存在同样的情况。例如，不同家族的亲戚是最为热心的仪式参加者，同时他们也很少主动制造矛盾，但就算如此，如果不主动、积极地寻求他们的认可，他们中的绝大多数也都会感到心中不快而缺席仪式。农村青年的恶作剧无论是多么恶劣的行径，都绝不会达到妨碍婚姻成立的地步。但是如果明确表示他们的行为无关痛痒，事后他们定会心怀怨恨。他们的权力已经逐渐衰退，而仪式恐怕就相当于这种权力的"纪念碑"吧。

"嫁入"仪式也并不是许诺女方进入男方家中的方式，但至少其中保留着以这一许诺为必要环节的那个时代的痕迹。武家主张早期举行"嫁入"仪式的理由，也就是以"嫁入"作为婚姻开始的制度之所以对他们来说十分必要，只要参照坂东①各个名门的家谱就能够

---

① 坂东指的是关东一都六县的区域，古代是大和朝廷支配的领土的最东端。坂东武者指的就是在这一区域活动的强大的武士，相传他们异常勇猛，连女性也不例外。

一目了然。许多勇士的母亲都是家中侍女，有时甚至是"游女"，但大多是邻国大家族中的女儿。伊豆河津的三郎祐泰①的妻子是沼平太的女儿，是安房（地名）人。其夫英年早逝，于是前往相州曾我（地名）再嫁。在这种情况下，如果按照古老的方式先进行"婿入"仪式的话，那么最终新郎就会将最美好的光阴虚度在孤独的旅途中②。据说，甚至有人会将这些旅途中的年轻人迎往家中纳为女婿。《贞永式目》中有不得将达官显贵的公子纳为女婿的规定，这或许是那个时代的父亲们最为普遍的弱点，但正是离京的官员们才具有新的有利条件，同时也有应该遏制的弊端，因此在其他情况下立刻就会产生领地分配的问题。就算挽留、款待他们，从而使得自己一族鸡犬升天是大多数人的希望，但他们的力量原本也有限，因此也不能总是守株待兔，虚度时光。日本独特的婿养子制度逐渐局限于家中没有男性继承者的情况。于是，后来人们以结亲代替结党，即以亲家的亲密关系来互相增强彼此的势力，这种倾向逐渐明显。在战国时代，男子受到欺骗而被岳父杀害的事件屡见不鲜，也有些婚姻甚至分不清女方到底

---

① 三郎祐泰即河津祐泰，生卒年不详。平安时代末期的武将，伊豆国的豪族。

② 相州相当于现在的神奈川县，而安房相当于现在的千叶县南部，两地的陆路距离较远。

是人质还是新娘。如果不事先经过幕府的允许就不得谈婚论嫁的禁令也时有出现，从中可以看出，总体上来说当时的婚姻都等同于政治势力的强化。婚姻不经过许可就被视为无效，最终导致"嫁入"前的"私婚"变得再无可能。此外，新娘大多年幼弱小，即便年龄增长阅历也并不丰富，因此，不受父母监督的交往是不被允许的。这便是日本近世社会中，以父母亲情代替本人智慧的"家族婚姻"的源头。

而就男性来讲，他们渐渐开始不重视自己的婚姻问题了。这是军营生活培养出的刚毅作风，还是其他更为复杂的要素也在发挥作用不得而知，总之男性青年对于异性的感情在外表上变得十分淡薄。这一点与欧洲中世时期的骑士之风恰好相反。虽然一定有例外情况，但配偶的选择应该委任于父母的这一观念如今仍然有部分保留。这绝不是固有的习俗。由此必然导致的结果，是"嫁入"成了由娶亲一方的父母决定的事情，这也是近世以后才出现的新现象。就我所知，所谓"父母"同意或阻拦中的"父母"一般都指女方的父母。然而到了后来，"nyobo wo motaseru"①"moratteyaru"②

————————

①　"nyobo wo motaseru"使用的是日语中的使役态，即男方父母对自己的儿子说"给你娶个媳妇"。

②　"moratteyaru"使用的是授受动词，即"你们家女儿我们要了"。是一种傲慢的语气。

"ie ni ireru"①等各种各样的说法都出现了。我绝不敢将其解释为单纯的孝道的发展、儒教的感化。比这些更重要的，是牵动寻常家庭生活状态的经济上的因素。一言以蔽之，在家族成员人手不足而感到困扰的时候，得到嫁出子女一方的允诺尤其困难，而当对方特别为难的时候，娶亲的一方又会犹豫不决。也就是说，这是土地与人口的均衡问题，这与所谓"hitogaeshi"②"tachinoki"③等针对百姓的处理方法最初只是一种将人口送还的义务，后来逐渐变成了"oitate"④的权利一样。从我本人的观点来说，这可以看作新娘的地位变得更加重要了，或者说是父母们将自己的作用看得更轻了。因此，在女性不必从事劳动的中等以上家庭中，新娘的迁移都会尽早进行，同时也会大张旗鼓地举办。

虽然这是一种稍稍露骨的说法，但是在女性的勤劳品质被高度评价的阶层中，"嫁入"自然而然地被推后举行，而"婿入"则不得

---

① "ie ni ireru"是指让对方家女儿进入自己家中。上述三种说法是与前述必须征得女方父母同意相对的，这里是指男方在娶妻的事情上占了上风。

② "hitogaeshi"日文原文为"人返し"，指的是江户时代中期以后，农民大量流入城市造成了农村的荒废，针对这一现象而制定的归农政策。

③ "tachinoki"日文原文为"立退き"，指的是离开现在的住所，前往新的住所。

④ "oitate"日文原文为"逐立て"，指的是被命令离开现在的居所，尤其指房东将租户强行赶出租住的房子。

不尽早完成。其中的原因在于"婿入"是男方前去"讨媳妇"的方法。然而过去也曾经有过"婿入"仪式越来越受到重视且得到重大发展的时代，这与"嫁入"并无不同。也就是说，如果女方家长有各种各样的要求，并且不能满足其条件就会遭到拒绝的话，那么公开之前的"私婚"就是极其不稳定甚至是危险重重的。这就意味着有必要以"婿入"作为婚姻开始这一点与此后的"嫁入"（作为婚姻开始）相同，但是实际上父母的亲情一直以来都会对其进行干涉，为了心爱的孩子，在为其制定万全之策上不会有丝毫的怠慢。哪怕在以放纵为荣的才女文学期的婚姻生活中，至少母亲毫不知情的"私婚"是极少能够实现的。只不过按照当时的风俗，不允许公开询问男方的姓名而已，有些文献中甚至记录道，女孩子尽可能地收拾行装焦急等待着"tokoroarawashi"之夜的到来，将新郎的鞋履抱在怀中，兴奋得彻夜难眠。然而读一读《狂言记》等文献就能够看出，这一"koimuko"①"honsomuko"②的黄金时代持续了相当长的时间。这一现象在农夫们的平凡小家庭中究竟普及到了何种程度还是一个尚未明确的问题，但直到今天，远近各个岛屿上还有许多在父母的容许下奔走于

---

① "koimuko"日文原文为"乞婿"，指女方家心仪的女婿。

② "honsomuko"日文原文为"奔走婿"，指在自家与女方家间来回奔走的新郎。

自家和女方家的新郎，如此可以大致推测出，如今将"嫁入"视为正式仪式的各个村落也曾经经历过上述阶段。但是不能据此事实就判断为娘家亲戚权力的优越。如前所述，这只不过是长期利用家中女儿的勤劳，作为最终安全将其送入安乐之家成为一家主妇的一种手段而选择的方式罢了。

与当今的"嫁入"起点式婚姻进行比较的话，"婿入"本位式婚姻中还存在着若干内容上的古风残留。"媒人"这一特定的人物并不会竭尽全力往来奔走是其一；各方父母都不会多言，换句话说，男方自己的判断发挥了更强的作用，这是其二。此外，女方的才能与心性相对较为准确地为男方所把握，这也是一个事实，其中也有男方暗自帮助女方提高学识，甚至让女方代为书写情书的回信，总之需要自己主动抓住对方的心。此外，另一个特征是仍然有潜在的群体的引导力量发挥了重要的作用。从其他地方突然到来的男子会遭到威胁和戏弄，而本地出生的男子却会得到各种帮衬。当然，最初的选择会遭到干涉和批评，但是一旦被认定为般配的夫妇，其未来便可期。至少是那些毫无理由就要分家的人必须要做好永远离开这片土地的心理准备。虽然从外部来看，住所的孤立必然是影响婚姻持久的不安定因素，但村中有耳聪目明之人监督着，也有伶牙俐齿之人随时指正，多多少少都能够弥补父母在监管方面的不足。

这些都属于即将灭亡的婚姻团体的余威。或者说，这也是这个不符合时代潮流的机构虽然有一些缺陷，却在与漫长岁月的不断对抗中最终幸存下来的理由。如果能够将与新时代的感觉相契合的内容甄别并保存下来的话，那么也不必将所有的旧习都一概摒弃，但若要付诸实践，对婚姻史的论述必须更加客观。虽然学校与家庭的性别教育极其不完善，但过去承担这一任务的同龄团体的"实践"却也稍稍有些过火了。哪怕是加上诸多的限制条件也要复活这些团体的话，恐怕第一个站起来反对的就是"青年会""处女会"自己。而如今以"嫁入"为中心的婚姻法利用了女性容易获得满足的心理，只是为了将来的容身之处，就牺牲了一切具有积极意义的利益，并压制了一切"miai"和"婿入"等其他方法，这虽然是事实，但归根结底，究竟能否让与农民身份不符的"深闺淑女主义"不必暴露在危险中，同时还能利用新的选择自由呢？为了能够依靠自己的鉴别能力对配偶做出无悔的选择，仅仅复活强硬的农妇气质是远远不够的。若要知己知彼并看清未来的各种可能，走出迷茫与纠结，互相选择合适的对象，就必须服从悠悠众口和"媒妁之言"，但这些所谓"批判者"们从他们与过去的团体成员的境遇心情大致相同的时代开始，就已经时常做出各种错误且牵强的判断了，更何况如今贫富教育的变化极其剧烈，人们容易过分自大。他们只是偶然处在了对这种古老结合体的衰颓、其制裁力量的式微暗自欢喜的情况下。因此，我不会对这些团体寄予多大的希望。幸运的是只要未来的风俗改良能够首先排除那些缺乏理解能力的"老前辈"们的影响，再将若干毫无计划性的"乱婚"形式进行整顿，然后将"媒人"的职业性的，或者是基于私人动机的一些周旋方式一点点地抬升到中坚力量的地位，这些机构的存在就有了意义。我们必须想到，在对村落的勇气与正义进行礼赞的背后，有黑色的瞳孔和长长的睫毛在闪耀着光辉。青年们若要共同磨炼自己的品性和气节，绝无必要像战国时代的年轻武士那样，刻意将七情六欲挡在门外。女性的勤劳、刚强与温柔也是如此，"你是一个合格的妻子"这一句话，正是比任何说教都要精辟的德行标准。然而，此前两个阶段的婚姻形式，正是所谓"一朝被蛇咬，十年怕井绳"。而且这种一旦发展就无法停止的父权力量的行使，不仅没能根除旧习的力量，还被毫无意义地程式化，最终只留下了"mukoijime""yomeijime"①这等荒谬的习俗。我指出"婿入"式婚姻与"嫁入"式婚姻相同，在某个时期得到巨大的发展，

---

① "mukoijime""yomeijime"日文原文分别为"婿いじめ""嫁いじめ"，指的是前文中提到的对新郎、新娘的恶作剧。

而后又逐渐衰退，并试图证明它们中存在与更早时代相适应的习俗，绝不仅仅是追随古代史学者的兴趣。凡事有始就有终。如今的"嫁入"式婚姻中，也有许多基于深入思考的改变。而接下来出现的会是怎样的形式呢？这正是我们不得不回答的现实社会问题。

（昭和三年三月 史学会讲演）

附录一　日本历史时代及分期[①]

历史时代			起始年代
原始	旧石器时代		数十万年前—1 万年前
	绳纹时代		1 万年前—公元前 3 世纪
	弥生时代		公元前 3 世纪—3 世纪
古代	古坟时代		3 世纪后半叶—6 世纪末
	飞鸟时代		6 世纪末—710 年
	奈良时代		710—794 年
	平安时代		794—1192 年
中世	镰仓时代		1192—1336 年
	室町时代	南北朝时期	1336—1467 年
		战国时期	1467—1573 年

① 王京制表。明治时代以前不包括北海道及冲绳地区。

历史时代			起始年代
近世	安土桃山时代		1573—1603 年
	江户时代		1603—1868 年
近代	明治时代		1868—1912 年
	大正时代		1912—1926 年
	昭和时代	昭和前期	1926—1945 年
		昭和后期	1945—1989 年
现代	平成时代		1989—2019 年
	令和时代		2019 年至今

附录二　日本古国名及其略称与都道府县对应表①

五畿七道②	令制国名		略称		都道府县	大区名称
东山道	陆奥	陆奥	奥州、陆州		青森县	东北地区
		陆中			岩手县（秋田县）	
		陆前			宫城县	
		磐城	磐州			
		岩代	岩州		福岛县	
	出羽	羽后	羽州		秋田县	
		羽前			山形县	
	下野		野州		栃木县	关东地区
	上野		上州		群马县	

① 王京制表。

② 五畿七道按 701 年《大宝令》，国名按 927 年《延喜式》，陆奥、出羽分割为 1868 年。

五畿七道	令制国名	略称	都道府县	大区名称
东山道	信浓	信州	长野县	中部地区
	飞驒	飞州	岐阜县	
	美浓	浓州		
	近江	江州、近州	滋贺县(关西地区)	
北陆道	越后	越州	新潟县	
	佐渡	佐州、渡州		
	越中	越州	富山县	
	能登	能州	石川县	
	加贺	加州		
	越前	越州	福井县	
	若狭	若州		
东海道	安房	房州、安州	千叶县	关东地区
	上总	总州		
	下总			
	常陆	常州	茨城县	
	武藏	武州	埼玉县	
			东京都	
	相模	相州	神奈川县	
	伊豆	豆州	静冈县（东京都）	中部地区
	骏河	骏州		
	远江	远州		
	甲斐	甲州	山梨县	
	三河	三州、参州	爱知县	
	尾张	尾州		

五畿七道	令制国名	略称	都道府县	大区名称
东海道	伊贺	伊州	三重县	关西地区
	伊势	势州		
	志摩	志州		
南海道	纪伊	纪州	和歌山县	
	淡路	淡州	兵库县	
	阿波	阿州	德岛县	四国地区
	土佐	土州	高知县	
	伊予	予州	爱媛县	
	讃岐	讃州	香川县	
畿内	大和	和州	奈良县	关西地区
	山城	山州、城州、雍州	京都府	
	河内	河州	大阪府	
	和泉	泉州		
	摄津	摄州		
山阴道	但马	但州	兵库县	
	丹波	丹州	京都府	
	丹后			
	因幡	因州	鸟取县	中国地区
	伯耆	伯州		
	隐岐	隐州	岛根县	
	出云	云州		
	石见	石州		

五畿七道	令制国名	略称	都道府县	大区名称
山阳道	播磨	播州	兵库县(关西地区)	中国地区
	美作	作州	冈山县	
	备前	备州		
	备中			
	备后		广岛县	
	安芸	芸州		
	周防	防州、周州	山口县	
	长门	长州		
西海道	筑前	筑州	福冈县	九州地区
	筑后			
	丰前	丰州	大分县	
	丰后			
	肥前	肥州	佐贺县	
	壹岐	壹州	长崎县	
	对马	对州		
	肥后	肥州	熊本县	
	日向	日州、向州	宫崎县	
	大隅	隅州	鹿儿岛县	
	萨摩	萨州		

图书在版编目（CIP）数据

关于婚姻／（日）柳田国男著；史歌译. —北京：
北京师范大学出版社，2020.9
（柳田国男文集）
ISBN 978-7-303-25936-6

Ⅰ.①关… Ⅱ.①柳… ②史… Ⅲ.①婚姻-风俗习
惯史-研究-日本 Ⅳ.①K893.132.2

中国版本图书馆 CIP 数据核字（2020）第 105133 号

营 销 中 心 电 话 010-58805385
北 京 师 范 大 学 出 版 社
主题出版与重大项目策划部　http://xueda.bnup.com

GUANYU HUNYIN

出版发行：北京师范大学出版社　www.bnup.com
　　　　　北京市西城区新街口外大街 12-3 号
　　　　　邮政编码：100088
印　　刷：北京盛通印刷股份有限公司
经　　销：全国新华书店
开　　本：890 mm×1240 mm　1/32
印　　张：10.875
字　　数：200 千字
版　　次：2020 年 9 月第 1 版
印　　次：2020 年 9 月第 1 次印刷
定　　价：69.00 元

策划编辑：宋旭景　　　　　责任编辑：岳　蕾
美术编辑：王齐云　　　　　装帧设计：周伟伟
责任校对：张亚丽　　　　　责任印制：陈　涛